KB161421

10월 항쟁

10월 항쟁

— 1946년 10월 대구, 봉인된 시간 속으로

김상숙 지음

2016년 9월 26일 초판 1쇄 발행
2020년 6월 25일 초판 4쇄 발행

펴낸이 한철희 | 펴낸곳 돌베개 | 등록 1979년 8월 25일 제406−2003−000018호
주소 (10881) 경기도 파주시 회동길 77−20 (문발동)
전화 (031) 955−5020 | 팩스 (031) 955−5050
홈페이지 www.dolbegae.co.kr | 전자우편 book@dolbegae.co.kr
블로그 imdol79.blog.me | 트위터 @Dolbegae79 | 페이스북 /dolbegae

주간 김수한
책임편집 김진구
표지디자인 김동신 | 본문디자인 이은정·이연경
마케팅 심찬식·고운성·조원형 | 제작·관리 윤국중·이수민
인쇄·제본 영신사

ISBN 978−89−7199−747−5 (93330)

이 도서의 국립중앙도서관 출판시도서목록(CIP)은 서지정보유통지원시스템(http://seoji.nl.go.kr)과
국가자료공동목록시스템(http://www.nl.go.kr/kolisent)에서 이용하실 수 있습니다.
(CIP제어번호: CIP2016021600)

책값은 뒤표지에 있습니다.

김상숙

10월 항쟁

1946년 10월 대구
봉인된 시간 속으로

돌베개

항쟁을 살았던 임들과 항쟁의 후예들께

그리고 동생 김정동에게

낮은 목소리의 이야기를 따라

2007년 진실화해위원회에서 '대구 10월 사건'을 맡아 10월 항쟁과 인연을 맺은 뒤 9년이 가까운 시간이 흘렀다. 나는 진실화해위원회에서 일하던 첫 3년 동안은 항쟁 자체보다는 항쟁 후 일어난 민간인 학살 문제에 더 관심이 있었다. 당시 내가 맡은 일은 학살된 희생자들의 신원을 밝히고 그들이 공권력에 의해 불법적으로 살해되었다는 것을 증명하는 것이었다. 낡은 문서를 뒤지고 목격자를 수소문하며 시골 마을을 돌아다녔고, '처형자 명부'와 같은 명단을 처음 발견했을 때는 그 이름들 모두 빛을 보게 해야 한다는 압박감에 밤잠을 설쳤다. 늘 전쟁터에 사는 것 같았고, 마음속에는 시신 냄새가 가시지 않았다.

진실화해위원회가 산적한 과제를 남긴 채 문을 닫고 난 뒤에도 한동안 습관처럼 학살에 관한 글을 읽고 썼다. 그리고 여전히 유족들을 만나고 목격자들을 찾아다녔다. 시간이 흐르면서 마음의 여유가 생긴 덕분인지 조금씩 항쟁이 눈에 들어오고 사회운동이 눈에 들어오기 시작했다.

사실 내가 구술자 선생님들에게서 들은 이야기는 항쟁 이전의 이야기보다는 10월 항쟁을 출발점으로 하는 사회운동에 관한 이야기가 많았다. 사회운동에 관한 이야기라 해도 유명한 사람들이 거창한 이론으로 정리한 영웅담이나 이념적 선입견으로 채색한 금속성의 괴담이 아니라 그 시대에는 일상적이었던 삶에 관한 이야기였다. 낮고 작은 목소리의 그 이야기들은 주막과 사랑방에서, 여름밤에는 사람들이 모이던 개울가에서, 겨울밤에는 머슴들의 봉놋방에서 오갔다.

학교 운동장에서 삐라를 뿌리던 소년 소녀들. 노동자 파업을 지원하며 공장의 담을 넘던 학생들. 항쟁에 나섰다가 경찰의 매에 못 이겨 어느 날 산으로 간 형, 그 형의 소식을 지금도 기다리는 나이 든 소년. 형무소 소년수 방에서 옆방 동료들이 하나둘 불려 나가는 소리를 들으며 한국전쟁을 맞고 스무 살을 맞이한 청년들. 군경에게 끌려간 뒤 돌아오지 않는 남편을 찾아 골짜기마다 시신을 찾아다니던 어린 아낙네들. 그것은 어둡고 살벌하던 그 시대의 풍경담이기도 했고, 그 속에서도 생명력을 지니며 성장했던 한 세대의 성장담이기도 했다. 그리고 한 사회의 역사이기도 했다. 해방 후 한국전쟁에 이르는 시기를 학자들은 국가 형성기이자 분단체제 형성기라고 규정한다. 동시에 이 기간은 줄기차게 민중 항쟁이 일어났던 시기이다. 근대와 현대의 교차점에서 일어난 그 시기의 민중 항쟁이 현대 한국 사회 형성에 중요한 축이 되었다는 사실은 쉽게 간과되었다. 그리고 그 출발점이자 뿌리가 되었던 1946년 10월 항쟁은 아직 잊힌 채로 있다.

이를 제대로 보기 시작하면서, 구술자 선생님들을 다시 찾았을 때는 이미 많은 분이 세상을 떠난 뒤였다. 뒤늦게나마 이 이야기를 책으로 쓰겠다고 결심한 것은 동생 정동이가 권유했기 때문이다. 그 친구도 사회운동을 하느라 평생을 거리에서 보냈고, 몇 차례 옥살이를 하느라 적지 않은 시간을 감옥에서 보냈다. 수배생활의 피로와 고문의 고통이 뒤따랐던 것은 말할 나위도 없다. 아마 그 트라우마가 깊었을 것이다.

동생은 작년 여름에 세상을 떠났다. 누나가 10월 항쟁에 관한 책을 꼭 썼으면 좋겠다고 하던 말은 내겐 유언이 되었다. 이 글을 쓴다 해도 그를 돌아오게 할 수 없고, 그에게 아무런 도움이 될 수 없다는 사실에 뼈가 저리다. 그저 이 글 속에 그의 안식과 평화를 기원하는 기도를 담는다.

책이 나오기까지 함께해주신 분들께 고맙다는 말을 전하고 싶다. 우선 강창덕 선생님과 고故 유병화 선생님을 포함한 구술자 선생님들께 감사드린다. 그리고 이 주제를 연구한 앞선 연구자들과 틈틈이 함께 토론해주신 동료 연구자들께 감사드린다. 책이 출간될 수 있도록 돌베개에 다리를 놓아주신 김동춘 교수님과 사진 자료를 보내주신 정병준 교수님께 감사드린다. 상업적인 전망이 보이지 않는 주제의 글인데도, 이 글이 빛을 볼 수 있게 출간을 맡아주신 돌베개 한철희 대표님, 편집을 담당해주신 김진구 님과 출판사 관계자들께 감사의 말을 전하고 싶다.

효은에게도 고맙다는 말을 전한다. 효은이는 초고를 작성하는 동안 수시로 논평해주고 교정을 도와주었다. '글 쓰는 엄마와 함께 생활하기'라는 극한 직업을 감당하면서도 씩씩하고 알차게 삶을 꾸려 내게 힘을 주고 있다. 미안하다고, 사랑한다고 말하고 싶다.

2016년 9월
김상숙 쓰다

차 례

서장
10월 항쟁은 무엇이었는가

진실을 규명하기 위하여

"아직 안 온다. 67년 동안 기다렸는데……. 어데 가면 찾노?"

90대 할머니가 내 손을 잡고 우셨다. 이 할머니의 남편은 10월 항쟁 관련자라는 이유로 1949년 청도에서 경찰에게 학살당했다. 할머니는 당시 고인의 시신을 찾지 못했기에 아직도 남편을 '기다리며' 살고 있다. 한국전쟁 전후 사회사를 조사하다 보면, 학살되거나 행방불명된 가족을 70년 가까이 그리워하며 살아온 고령의 노인들을 자주 만난다. 그런데 놀라운 점은 대구·경북 지역에서 한국전쟁 전후에 일어난 민간인 학살 사건은 1946년 10월 항쟁이 원인이 된 경우가 많다는 것이다. 사실 현 대통령의 백부 박상희도 1946년 10월 항쟁이 일어났을 때 경찰에게 학살되었다.

1946년 10월 항쟁은 "해방 직후 미군정이 친일 관리를 고용하고 토지 개혁을 지연하며 식량 공출을 강압적으로 시행하자, 이에 불만을 가진 민간인과 일부 좌익세력이 경찰과 행정당국에 맞서면서 발생한 사건"(진실·화해를위한과거사정리위원회, 2010)이다. 동학농민운동이나 3·1운동에 버금갈 정도로 크게 일어난 이 항쟁은 수많은 인명 피해를 낳았고, 그 관련자들은 한국전쟁 시기까지 계속 학살되었다.

1946년 10월 항쟁은 그 뒤에 일어난 제주 4·3항쟁, 여순 항쟁(정부에서는 공식적으로 '여순 사건'으로 부르고, 시민단체나 학계의 일부 학자들은 '여순 항쟁'으로 부른다. 이 책에서는 이 사건의 명칭을 '여순 항쟁'으로 통일했다)보다 사건 규모는 컸으나, 일반 국민 사이에 그 진상이 제대로 알려진 편은 아니다. 학계 연구도 활발하지 않고 국가 차원의 진상규명 활동도 부족하다. 무엇보다도 제주 4·3항쟁과 여순 항쟁은 '좌익세력이 일으킨 폭동이나 반란이 아닌 민중 항쟁'으로 재규정되면서 사건의 역사적 성격이 어느 정도 '복권'되었다고 할 수 있으나, 1946년 10월 항쟁은 아직 그렇지 못하다.

그동안 1946년 10월 항쟁은 바라보는 쪽의 관점에 따라 '대구 10·1 폭동', '대구 10·1 사건', '10·1 소요', '10월 인민항쟁', '추수 봉기' 등 여러 명칭으로 불렸다. 특히 '좌익 주도의 폭동'이라는 시각 때문에 오랫동안 정부 차원에서 진상규명을 시도하지 않았다. 2010년 3월 진실·화해를위한과거사정리위원회(이하 진실화해위원회)에서 '대구 10월 사건'이라는 명칭을 사용하면서 이 사건을 국가의 공식적 조사 대상으로 인정하고 진상규명 활동을 했다. 그러나 이 위원회의 활동은 일부 사건만 조사한 상태에서 2010년 12월 정부의 방침에 의해 중단되어버렸다. 당시 진실화해위원회에서 '대구 10월 사건' 담당 조사관이었던 나는 이 위원회 활동이 중단된 후에도 항쟁 참여자와 유족들을 만나며 구술 조사를 해왔다. 그리고 중단된 진상규명 활동을 계속해나갈 방법을 찾으면서 이 책을 쓰게 되었다.

10월 항쟁에 관한 몇 가지 오해

평소에 1946년 10월 항쟁에 대해 대화를 나누다 보면 몇 가지 오해에 부딪힌다.

첫째, 이 항쟁을 보통 '대구 10·1 폭동', '대구 10·1 사건' 등으로 부르면서, 1946년 10월 1일 대구에서만 일어난 사건으로 알고 있는 경우가 많다. 그러나 1946년 10월 항쟁은 1946년 10월 1일 대구에서 시작하여 1946년 12월 중순까지 남한 전역 73개 시·군에서 일어난 사건이다. 즉 10월 1일의 대구 항쟁은 이후 일어난 항쟁의 출발점일 뿐이며, 참여 인원·범위·기간 면에서 도시인 대구의 항쟁보다는 그 뒤에 일어난 농민 항쟁 비중이 훨씬 크다. 그런데 학계에서도 대부분은 10월 1일에서 2일 사이에 일어난 대구의 도시 항쟁을 주된 연구 대상으로 삼고 있다. 물론 『한국전쟁의 기원』(1981)을 쓴 브루스 커밍스는 '추수 봉기'라는 차원에서, 그리고 『10월인민항쟁연구』(1988)를 쓴 정해구는 '전민 항쟁'이라는 차원에서 경북 항쟁을 포함하여 전국의 항쟁을 다루고 있다. 이처럼 대구 항쟁 후의 과정까지 다루는 연구자도 있지만, 대체로 항쟁 참가자의 다수를 차지했던 농민 항쟁에 대한 고찰은 부족한 편이다.

그러므로 이 책에서는 도시의 항쟁도 다루면서, 그동안의 연구에서 소홀히 했던 농민 항쟁을 비중 있게 다루었다. 그리고 브루스 커밍스와 정해구의 연구와 달리 농민 항쟁의 전체 실태를 개괄적으로 다루기보다는 특정 지역을 사례로 지역 단위의 항쟁을 미시적으로 분석하면서 농민 항쟁의 특징을 분석하고자 했다.

둘째, 보통 이 사건을 이야기할 때는 당시 활동했던 '좌익세력'의 급진성에 주목하는 경우가 많다. 이 사건을 '좌익이 사주한 폭동'이라고 보는 입장에서 사건을 설명할 때, 당시 조선공산당의 급진성과 항쟁 과정에서 일어난 민중의 폭력성에 초점을 둔다. 이러한 관점은 사건이 일어난 사회·경제적 원인을 무시하고 좌익의 역할을 과대평가하는 경향이 있다. 반면 이에 맞서 사건을 항쟁, 민란, 추수 봉기 등으로 보는 입장에서는 사건의 사회·경제적 배경과 함께 민중의 자발성을 설명하려고 노력했다. 그러나 이런 견해를 주장하는 학자들도 사건을 설명할 때 조선공산당의 신전술 등 급진적 노선이 항쟁의 원인이 되었다고 보는 경우도 많다.

항쟁의 발발 원인과 동력을 민중의 자주적 또는 자연발생적 측면과 진보세력의 목적의식적이고 조직적 측면으로 나눈다면, 이 책에서는 1946년 10월 항쟁은 전자가 훨씬 큰 비중을 차지한다고 본다. 그러나 항쟁 전개 과정에 좌익 또는 진보세력도 중요한 역할을 했다고 본다. 그런데 이때의 진보세력이란 통상 이야기하는 중앙의 진보세력이 아니라 지역의 진보세력이다. 1946년 10월 항쟁은 전국적인 항쟁 지도부 없이 각 지역에서 동시다발적, 또는 순차적으로 발생한 운동이고 각 지역의 진보세력이 개입한 운동이었다. 그리고 당시 중앙의 좌익과 지방 좌익의 관계는 상명하달의 유기적 관계가 아니었다. 지역의 운동 세력은 지역별로 자주적이고 독자적이었으며 이념적으로도 좀 더 다양한 사람들이 모여 있었다. 이 책에서는 당시 항쟁 전개 과정에 중요한 역할을 했던 소위 지방 좌익이라 불리는 지역 진보세력을 연구하여 항쟁의 성격을 분석해보고 과연 '좌익'이 급진적이었는지 살펴보았다.

셋째, 학계에서 1946년 10월 항쟁의 영향을 평가할 때, 항쟁 때문에 그 후의 사회운동이 침체되었다고 보는 견해가 많다. 즉 당시 좌익이 모험주의적 전술로 항쟁을 지속해 진보운동의 역량을 파괴하여 그 뒤의 남한 사회운동에 부정적 영향을 미쳤다고 평가하는 경우가 많다.

그런데 이런 평가가 나오게 된 것은 항쟁과 미군정의 탄압을 인과적으로 보았기 때문이다. 그리고 그 뒤에 일어난 제주 4·3항쟁과 여순 항쟁 등 다른 항쟁과 1946년 10월 항쟁을 분리해서 보았기 때문이다. 진보세력에 대한 미군정의 탄압은 항쟁의 결과라기보다는 항쟁의 원인이다. 항쟁 발발 여부와 관계없이 미군정은 남한에서 친미반공 정권을 안정적으로 세우고 대소봉쇄정책을 실현하기 위해 진보세력에 대한 탄압 강도를 계속 높여나갔다. 또한 1946년 10월 항쟁 이후의 사회운동 전개 과정을 보면 항쟁 때문에 그 후의 사회운동이 침체되었다고 보기 어렵다. 1946년 10월 항쟁은 미군정의 막강한 물리력에 의해 단기간에 진압된 뒤, 입산자들의 유격대 활동과 지역 내전이라는 또 다른 형태의 장기 항쟁으로 전화된 사건이다. 그 뒤 이것은 한국전쟁 전후의 민간인 학살로 이어졌다. 이러한 과정을 통해 진보세력은 말살·배제되고 초기 국가가 폭력적으로 형성되었다. 그러므로 이 책에서는 장기 항쟁의 관점에서 1946년 10월 항쟁 이후 전개된 지역 사회운동과 민간인 학살 문제를 함께 다루었다.

지역사, 사회운동사, 학살의 역사

이 책은 1946년 10월 항쟁을 포함하여 1945~1950년 사이 대구·경북 지역의 사회운동사와 민간인 학살의 역사를 다루고 있다. 그러므로 시간상으로는 1945년 해방 후부터 한국전쟁 직전까지의 시기를 다루었다. 이 시기는 첫째, 해방 후부터 1946년 10월 항쟁까지, 둘째, 1946년 10월 항쟁 후부터 1948년 8월 정부 수립까지, 셋째, 정부 수립 후부터 한국전쟁 직전까지 시기로 나눌 수 있다. 1부에서는 첫 번째 시기를, 2부에서는 두 번째와 세 번째 시기를 다뤘다.

공간상으로는 대구와 경북의 지역(지방)사를 중심으로 다루었다. 지역(지방)이라는 단위는 한국전쟁 전후에 여러 세력의 갈등이 구체적으로 일어났던 공간이며, 오늘날까지도 국가(중앙권력)와 지역사회의 주민들이 만나는 접점으로서 국가 대 개인의 관계가 구체적으로 드러나는 장이기도 하다.[1] 그러므로 해방정국과 한국전쟁 시기의 역사를 서술할 때, 유명인사의 활동사 수준에서 벗어나 지역민의 인식과 경험을 담아내고, 사건사적 수준에서 벗어나 구조사적인 측면에 도달하고자 하는 것은 '아래로부터의 연구'를 지향하는 측면뿐 아니라, 역사적 사실을 '있는 그대로' 복원하기 위해서도 중요하다.

이 책에서는 지역(지방)사를 다루되 내용 면에서는 사회운동사와 학살의 역사를 함께 다루었다. 해방 후부터 한국전쟁까지의 시기는 현대 한국 사회의 틀이 만들어지던 시기인데, 한국은 서구처럼 '시민사회→정치사회→국가'의 경로가 아니라, '국가→정치사회→시민사회'의 순서를 밟으면서 근대국가가 형성되었고, 사회로부터 국가가 나온 것이 아니라 국가가 사회를 주조하는 과정을 거쳤다.[2] 이 과정은 초기 국가기구에 의한 학살과 통제로 인해 해방 직후 왕성했던 지방 단위의 진보적 사회운동이 퇴조하고, 시민사회가 아래로부터 발전해나갈 가능성이 좌절되었던 과정과 일치한다. 그러므로 이 시기 지역(지방)사를 연구할 때에는 사회운동사와 민간인 학살의 역사를 함께 연구할 필요가 있다.

그리고 이 책에서는 지역 진보세력을 중심으로 고찰하되, 당시 청년 세대의 경험에 초점을 두었다. 당시 청년들은 진보세력과 대중이 만나는 접점에 있었던 대중운동의 선봉대였다. 동시에 무명의 말단 활동가들로서 한국전쟁 전후에 군경에게 가장 많이 학살당한 세대이기도 하다. 그들이 자주적인 조직 단위가 되지 못하고 좌우 양쪽 세력의 동원 단위가 되다가 학살당하면서, 한국 사회는 진보운동의 한 세대가 절멸했다. 어떤 점에서 이 책은 항쟁의 주역이면서 가장 많이 희생된 이 세대에게 바치는 글이기도 하다.

항쟁에서 학살까지, 그리고 오랜 기다림

이 책은 다음과 같이 구성되어 있다.

우선, 1부에 해당하는 1장에서 3장까지는 1946년 10월 항쟁을 다루었다. 1장에서는 해방 후부터 1946년 10월 항쟁이 일어날 때까지 대구·경북 지역의 대중과 진보세력이 벌이는 건국운동 상황을 살펴보고, 미군정에 의해 건국운동의 열기가 좌절되는 과정을 살펴보았다. 그리고 이를 통해 1946년 10월 항쟁의 배경과 원인을 살펴보았다. 2장에서는 항쟁의 전 과정 중 10월 1일과 2일에 일어난 대구 항쟁을 당시 항쟁 참여자와 현장 목격자의 증언 자료를 토대로 재구성했다. 특히 앞선 연구에서 명확하게 밝히지 않은 경찰 발포의 우발성 여부, 피살자의 신원, 항쟁 지도부의 성격, 항쟁 이전 지역운동의 성과와 한계 등을 중심으로 대구 항쟁의 특징을 논했다. 3장에서는 대구 항쟁에 이어 일어난 경북 각 지역 항쟁의 특징을 살펴보았다. 그리고 경북 영천 항쟁의 사례를 중심으로 항쟁 주도층의 구성, 항쟁의 조직적 기반, 항쟁의 전개 과정 등의 면에서 도시의 항쟁과는 다른 농민 항쟁의 특징을 분석했다.

2부에 해당하는 4장에서 6장까지는 1946년 10월 항쟁 이후의 이야기를 다루었다. 즉 1946년 10월 항쟁 후 대구·경북 지역 사회운동의 전개 과정, 1948년 정부 수립 후 합법적 대중운동이 무장투쟁을 중심으로 전환하는 과정, 이에 대한 정부의 통제와 민간인 학살 등을 다루었다. 4장은 1946년 10월 항쟁 후부터 1948년 8월 정부 수립 전까지 대구·경북 지역의 진보적 사회운동 상황을 다루었다. 이 시기에 있었던 미소 공동위원회 속개 요구 투쟁과 단독선거·단독정부 반대 투쟁 과정을 살피고, 지방 보수세력이 정비되던 과정도 살펴보았다. 5장은 1948년 8월 정부 수립 후부터 한국전쟁 전까지 비합법 무장투쟁이 중심이 되던 시기에 대구·경북 지역의 진보적 사회운동 상황을 다루었다. 그리고 구술 자료를 바탕으로 경북 농촌에서 있었던 빨치산과 군경 간의 지역 내전과 이중권력 상황을 살펴고, 그 시기 지역민들은 이 상황을 어떻게 받아들이고 경험했는지 살펴보았다. 6장은 앞의 과정이 국가에 의한 민간인 학살로 이어지는 과정을 다루었다. 특히 1960년 제4대 국회에서 발간한 『양민학살사건 진상조사 보고서』 기록을 분석하여 한국전쟁 전 대구·경북 지역에서 일어난 주요 민간인 학살 사건과 피살자의 수, 피살자의 특징 등을 조사했다.

에필로그에서는 국가기관 자료의 기록과 연좌제 문제, 민간인 학살 피해자 유족(특히 전쟁 미망인)의 삶, 유족회의 과거청산 운동 등을 다루었다. 그리고 70년 동안 '좌익 폭동이 아닌 민중 항쟁'으로 사건의 역사적 성격이 복권되기를 바라며 진상규명과 피해자의 명예회복을 염원하는 생존자와 유족의 기다림, 희생자들의 기다림에 관한 이야기를 담았다.

이 책 2장부터 6장까지는 2011년 2월에서 2016년 6월 사이에 여러 학술지에 발표한 논문들을 수정 보완한 것이다.[3] 각 장을 구성하는 원자료가 되는 논문은 발표한 시간대가 다르고, 원래 책의 출간을 염두에 두고 쓴 글이 아니어서, 구성이나 문제의식에서 각각 독립적이다. 그러므로 각 장의 유기성이나 일관성이 다소 부족할 수도 있다. 다만, 그 바탕에 흐르는 기본 문제의식은 앞에서 밝힌 바와 같다.

목격자들의 마지막 증언

이 책의 제1부에 해당하는 1946년 10월 항쟁과 관련해서는 브루스 커밍스Bruce Cumings의 연구 『한국전쟁의 기원』The Origins of the Korean War(1981, 한국어판은 1986)과 정해구의 저작 『10월인민항쟁연구』(1988),

언론인 정영진의 저작 『폭풍의 10월』(1990) 등 선구적이고 훌륭한 연구들이 있다. 그리고 사료 모음집인 심지연의 저작 『대구10월항쟁연구』(1991)도 있다. 이외에도 1946년 10월 항쟁은 몇몇 학자들이 간간이 연구해왔고 한국 현대사 관련 저작마다 부분적으로 언급되고 있으며, 김일수, 안소영, 이동진, 이영도, 이윤갑, 허은, 허종 등의 연구자들이 해방 후부터 한국전쟁 시기 대구·경북 지역 사회사를 연구한 논문도 있다. 이 책은 이와 같은 학계의 연구 성과를 활용했다. 그리고 정부기관 발간 자료와 1990년대 이후 국내에 입수된 미 6사단 G-2보고서, 미군 제99군정단 보고서 등 미군 문서[4]와 1945~1953년 언론보도 자료 등 1차 사료를 바탕으로 내용을 새로이 보충했다.

그런데 해방정국과 한국전쟁 시기 지역(지방)사는 문헌 자료가 많이 남아 있지 않은 편이며, 미군 문서, 언론 기사 등을 활용한다 해도 한계가 있다. 또한 기존 연구는 구술 자료를 활용할 때도 단순 목격자의 증언 등을 주요 사료로 삼다 보니 비합법·비공개로 진행되었던 사회운동의 내적 정황이나 사건의 이면을 파악하는 데 한계가 있으며, 따라서 수십 년간 진상 규명이 되지 않고 있는 부분도 있고 아예 다루지 않는 부분도 있다. 그래서 이 책에서는 상당 부분 사건 관련자의 구술 자료와 증언록 등을 적극적으로 활용하고자 했다.

우선 진실화해위원회의 여러 사건 조사보고서에 실린 진술 자료를 참고했다. 필자는 2007년에서 2010년 사이 진실화해위원회 조사관으로 근무하면서 지역민 400여 명을 만나 조사한 적이 있다. 그 내용은 '대구 10월 사건 관련 민간인 희생 사건', '영천 민간인 희생 사건', '영천 국민보도연맹 사건' 등의 사건 조사보고서에 실려 있다.[5] 이 책에서는 그중 일부를 참고했다. 그리고 진실화해위원회에서 의뢰한 '한국전쟁 전후 민간인 집단희생 관련 피해자 현황 용역조사' 보고서 등 다른 여러 기관에서 진

행한 구술 조사 자료를 활용했고, 사건 관련자들이 집필한 증언록도 활용했다.[6]

이와 별도로 2013년과 2015년에는 국사편찬위원회의 지원을 받아 사건 관련자 20명을 구술 조사했고, 이외에도 2010년 10월에서 2016년 7월 사이에 사건 관련자 20여 명을 만나 별도로 구술 조사를 했다. 조사에 참여한 구술자들은 10월 항쟁 참여자, 사건 목격자, 경찰, 군인, 우익 청년단원, 공무원, 마을 주민, 입산 경험자, 사회운동가, 입산자 가족, 민간인 학살 사건 생존자, 피해 유족에 이르기까지 다양한 위치에 있었던 사람들이다.

물론 구술 자료도 구술자의 기억이 왜곡되거나 주관적 견해가 개입될 수 있어 역사적 사실을 복원하는 데 한계가 있다. 그러나 당시 작성된 문서나 기사도 특정한 목격자들의 증언을 바탕으로 한 것이고 일정한 편향성을 지닐 수 있다는 점을 고려한다면, 오히려 오랜 기간 진실을 말할 수 없었던, 또는 예전에 말한 적이 있으나 학계 연구에 활용되지 못했던 사건 관련자들의 증언을 적극적으로 활용하는 것은 사건의 또 다른 측면을 규명하는 데 필요하다. 사건이 발생한 지 70년이 지났기에 사건 관련자나 목격자들이 고령으로 대부분 세상을 떠나서 당시 상황을 구술할 수 있는 사람이 이제는 거의 없으므로 앞으로는 이 정도의 연구도 불가능할 것이다. 그러므로 비록 불완전하더라도 그 내용을 정리해두는 일은 충분히 의미가 있다고 생각한다.

명칭과 표기

이 책은 사건의 명칭을 '1946년 10월 항쟁' 또는 '10월 항쟁'으로 표기했다. 그리고 당시 사회운동 세력의 성향을 구분할 때 '좌파'(좌익)와 '우파'

(우익)라는 용어와 '진보세력'과 '보수세력'이라는 용어를 병행하여 사용했다. 좌파(좌익)와 우파(우익)라는 용어는 지배권력과 다양한 세력의 모순관계를 정확하게 표현하는 개념은 아니라고 보기 때문에, 인용한 문헌에서 사용된 경우, 이 용어가 통상적으로 사용되어 문맥상 바꿀 수 없을 정도로 굳어진 경우, 그 외에 이 용어를 사용하는 것이 적절하고 자연스럽다고 판단되는 경우에만 그대로 표기했다. 지명은 가능한 한 사건 당시 기준으로 표기했다. 구술자들의 인적 사항은 이 책 말미에 참고문헌 목록과 함께 실었다. 구술자의 이름은 공개적으로 사회운동을 했거나 다른 기관에 증언 기록을 남긴 적이 있는 사람들 외에는 모두 가명 또는 익명으로 처리했다. 그리고 필자가 조사한 구술자라도 다른 기관에서 조사할 때 구술한 자료를 인용한 경우에는 인용문의 출처를 따로 명기했다.

1부

10월 항쟁

건국의 푸른 꿈

"민청에는 우리 또래가 바글바글했어.

매일 밤 30명 정도 모여 학교에서처럼 노래도 배우고

세상 돌아가는 얘기도 듣고. 만주독립군 노래, 혁명군 노래 같은 거 배웠어.

그런 노래 부르면 눈물이 나더라. 이제 우리나라가 완전 독립국가가 되는가 보다,

진짜 우리나라 된다, 우리 민족 세상이 왔다,

사무실에 가면 이런 생각이 들어 항상 기뻤지. 신바람이 나고."

1장에서는 해방 후부터 1946년 10월 항쟁이 일어날 때까지 다양한 대중조직 및 정당조직과 전선조직 결성 과정을 통해, 대구·경북 지역의 대중과 진보세력이 벌이는 건국운동 상황을 살핀다. 그리고 미군정에 의해 친일세력이 재등장하고 민중의 생활난과 사회경제적 불안정성이 심화하면서 건국운동이 좌절하게 되는 과정을 살펴본다. 이로써 1946년 10월 항쟁의 배경과 원인을 드러내고자 한다.

해방 후부터 1946년 10월 항쟁이 일어날 때까지 1년간의 기간은 건국운동기이자 진보세력 형성기였다. 대구·경북 지역에서는 해방 직후부터 각 부문에서 다양한 대중조직이 건설되었다. 대중조직 활동은 조선공산당과 조선인민당 등 정당 조직이 지도했으며 특히 조선공산당의 주도성이 강했다. 지역 진보세력은 일제강점기부터 꾸준히 사회운동을 해왔기 때문에 해방 후 신속하게 건국운동 조직을 결성할 수 있었다. 한편 경북 농촌 지역에도 군 인민위원회가 도 전역에 조직되었다.

그러나 해방 직후 고조된 건국운동의 열기는 미군정이 들어서자 곧 난관에 부딪치고 좌절하게 되었다. 첫째, 점령군인 미군정의 비호 아래 친일관리와 친일 경찰이 재임용되었다. 둘째, 미군정의 잘못된 경제정책 때문에 물가고·실업난·식량난이 가중되어 사회경제적 불안정성이 증대했다. 셋째, 토지개혁을 지연하면서 과거 봉건제의 문제점을 타파하지 않아 농민의 삶은 여전히 힘들었다. 넷째, 이에 반발하는 민중의 투쟁을 미군정은 진보세력의 선동에 의한 것으로 보고 진보세력 탄압을 강화했다.

해방된 지 1년밖에 되지 않은 시점에 이는 민중에게 일제 식민지의 악몽이 되풀이되는 것과 같았고 사회적 트라우마를 환기하는 것이었다. 결국 이러한 것들은 1946년 10월에 남한 전역을 휩쓰는 항쟁의 내인으로 작용했다.

1 　건국운동의 열기

해방 직후 건국운동의 조직

한국 사회는 일제강점기까지 누적된 반제·반봉건의 모순이 해결되지 않은 상태에서 1945년 8월에 해방을 맞았다. 해방 직후에는 이러한 모순을 해결하고자 하는 민중의 자발적인 활동과 진보세력의 자주적인 건국운동이 왕성했다.

해방 직후부터 1945년 12월까지 대구에는 80여 개의 정당과 단체가 결성되었다. 1945년 12월 말 결성된 조선신탁관리반대공동투쟁위원회(이하 반탁투위) 참가 단체는 76개였는데, 여기에는 다양한 단체가 망라되어 있어 당시의 조직 열기를 짐작해볼 수 있다. 당시 『대구시보』 기사에 실린 명단을 참조하여 참가 단체를 분야별로 나눠보면 〈표 1-1〉과 같다.[1]

〈표 1-1〉의 단체 중 괄호 안에 있는 단체는 1945년 11월 20일에 열린 민족통일대표자회의에 참가하여 보수 성향인 조선독립경북촉진회에 합류한 단체다.[2] 나머지 단체 중에도 보수 성향이나 중도 성향의 단체가 있을 수 있다. 그러나 인민위원회, 노동조합, 농민조합 등 주요 대중조직을 포함하여 당시 활동했던 단체의 상당수가 진보 성향의 단체였다. 이 표를 보면 통일전선조직으로는 경상북도 인민위원회, 대구시 인민위원회, 달성군 인민위원회가 참가했고, 경북 나머지 지역의 인민위원회는 참가하지 않았

구분	반탁투위 참가 단체
통일전선조직	경상북도 인민위원회, 대구시 인민위원회, 달성군 인민위원회, (조선독립 경북촉진회)
정당	조선공산당 경북도당 대표, 조선인민당 결성준비위원회
노동	노동조합대구지방평의회, 금속노조, 의무노조, 식량노조, 화학노조, 자동 차종업원노조, 철도노조, 출판노조, 전기노조, 토건노조, 운수노조
농민	달성농민조합, 농민조합경북도연맹
청년·학생	조선청년총연맹 경북도지부, 대구청년동맹, 대구청년회, 국군준비대 경북 지부, (학생동맹 경북본부, 경북유학생동맹, 경북불교청년회)
여성	대구여자청년동맹, 경북기독교부인회, 건국부인동지회, (경북불교부인회)
종교	천주교회, (경북기독교협회, 경북불교협회)
직업	요리옥조합, 음식점조합, 대구변호사회, 대구의사회, 신문인연맹, 여조, (대구치과의사회, 대구약제사회, 대구의생회, 경북토목건축협회)
문화·체육· 교육·복지	경북문화건설연맹, 대구문화연구소, 시월영화공장, 시월이동극단, 인민출 판사, 경북교육협회, 조선해방운동자구원회, 구휼동맹 남선지부, 무술회, (경북원호회, 영남교육협회, 대구영화협회)
대책위원회	경북양곡대책위원회, (경북금융비상대책위원회, 대구주택대책위원회, 경 북상공대책위원회)
소비자· 마을·기타	협동조합준비위원회, 정동연합회, 동력회, 예우회, 홍석유지회
공무원	형무소 직원 일동, 재판소 직원 일동, 경찰서 직원 일동, 부 직원 일동, 도 직원 일동, 부 고문 일동, 도 고문 일동, 세무서 직원 일동, 검사국 직원 일 동, 군청 직원 일동 등

〈표 1-1〉 반탁투위 참가 단체
출처: 『대구시보』, 1946년 1월 1일
(괄호 안은 1945년 11월 20일 지역 보수세력이 연대한 민족통일대표자회의에 참가한 단체
[출처: 『영남일보』, 1945년 11월 23일])

음을 알 수 있다. 그리고 당시 대구 지역 보수세력의 연합단체인 조선독립 경북촉진회가 참가하고 있다. 정당조직으로는 조선공산당 경북도당 대표가 개인 자격으로, 그리고 조선인민당 결성준비위원회가 참가하고 있다. 이를 보면, 이 무렵 대구 지역에는 이 두 정당만 결성되었고 아직 다른 정당은 결성되지 않은 것을 알 수 있다. 노동 부문에는 조선노동조합전국평의회(이하 전평) 대구지방평의회와 10개 산업별 노조가 결성되어 참가하고 있다. 그 외에도 공무원들은 '직원 일동'처럼 별도의 단체를 구성하지 않은 채 사회활동에 참여했다. 그리고 농민, 여성, 청년, 학생, 전문인, 문화, 체육, 교육, 복지, 종교 등 다양한 분야의 단체가 결성되어 참가하고 있다.

노동자의 조직 과정

부문별로 보면, 노동 부문은 일찍부터 조직화가 진행되었다. 당시 대구는 다른 지역보다 공업화된 지역이었지만, 노동자가 많은 편은 아니었다. 1947년 11월 기준으로 대구 인구 29만 3천 명 중 취업자는 6만 8천 명 정도였고 취업자 중에는 일용 노동자가 24퍼센트, 상업 21퍼센트, 공업 18퍼센트, 농업 13퍼센트, 공무원은 11퍼센트였다.[3] 즉 공업 종사자보다 일용 노동자와 상업 종사자의 비중이 높았다. 그러나 대구의 노동자들은 해방 직후부터 산업별로 노조를 결성해나갔다. 철도노조는 김회준을 중심으로 9월 말경에 결성되었다. 화학노조도 고용준을 중심으로 10월 말경에 결성되었다. 의무노조는 윤장혁을 위원장으로 11월 7일 대구공회당에서 결성되었다는 기록이 있다.[4] 이 노조들은 조선공산당 대구시위원회(이하 대구시당)에서 일제강점기에 활동했던 노동운동가들을 모아 준비 조직을 구성한 뒤 그들의 지도로 결성되었다. 다른 산업별 노조도 같은 방식으로 결성된 것으로 추정된다. 당시 구술자들은 나이가 어리다 보니 서울이나 다른 지역의 상황을 알지 못한 채, 각자 말단 활동가로서 노조 결성 준비에 참여했다. 서울은 9월 중순부터 전평 준비위원회가 움직이고 있었다고 하므로,[5] 이 무렵에 서울의 움직임이 지역에도 비밀리에 전달되어 산업별로 일제히 노조가 만들어진 것으로 추정된다. 하지만 지역의 노조는 지역 노동자들의 자주적인 힘으로 결성되었고, 서울보다 지역에서 먼저 결성된 부문도 있으므로 당시 서울과 지역의 관계를 상명하달의 위계적 관계로 보기는 어렵다. 산업별로 결성된 노조들은 10월 24일 조선노동조합대구지구협의회를 결성했고, 12월 10일에는 이 조직을 전평 산하의 대구지방평의회(이하 대구노평)로 전환했다.[6]

대구철도노조 조직부장이었던 유병화[7]의 구술을 통해 노조 결성과 운영 과정을 구체적으로 볼 수 있다. 당시 열일곱 살이던 유병화는 해방 전부터 대구역 구내構內(기관구: 현재의 운송과) 부서에서 조역助驛(오늘날의 철도 기술자)으로 일하고 있었다. 그는 일제강점기에 사회운동을 했던 아버지 유쾌동[8]을 따라 다니며, 대구 지역의 진보적 인사들을 만날 수 있었다. 해방 직후인 1945년 8월 말경 유병화에게 직장 상사이자 아버지의 친구인 김회준이 찾아왔다. 그는 김회준의 권유로 철도노조 결성 준비 모임에 합류했다. 철도노조 결성 준비 모임에는 김회준, 백상윤, 서영덕, 김재용 등 7명이 있었다. 그들은 8월 말경부터 철도병원 사무실에서 5~6회 정도 사전 회의를 했는데, 준비위원 중 절반 이상이 조선공산당 대구시당에서 배치한 사람들이었다. 이 중 대구철도노조의 초대 위원장을 맡았던 김회준은 조선공산당 당원으로, 1946년 10월 항쟁 후 안동으로 갔다가 체포되어 1948년 3월 안동경찰서에서 고문사했다.[9] 백상윤은 조선공산당 당원으로 서울의 중앙 조직과의 연락을 담당했다. 대구의전 출신 철도병원 의사인 서영덕과 김재용도 조선공산당 당원이었으며, 그들은 유쾌동, 이원식, 박

복조와 의무노조 활동을 병행했다.[10]

　대구공회당 소강당에서 열린 창립대회에는 철도 노동자 1천여 명 중 300~400명이 참가했으며, 결성 초기 노조 조직률은 30퍼센트 정도로 추정된다. 부서 중에는 구내 부서가 주도적이었다. 노동자들의 노조에 대한 지지와 호응도는 높았다. 미혼 여성 20여 명이 교환수로 일하던 전신과 부서 전체가 노조에 참여하기도 했다. 이렇게 대구에서 철도노조를 먼저 결성하자, 곧이어 부산에서도 철도노조를 만들었고 노조 결성 움직임은 전국으로 확대되었다. 전국철도노조는 1945년 11월 1일 서울에서 결성대회를 열었다.[11] 대구철도노조 노동자들은 정치적 참여 열기도 높아 1945년 9월 27일 좌익 청년들이 50여 대의 트럭에 나눠 타고 시내를 누비는 대구 최초의 '적색 데모'를 벌였을 때, "철도 종업원들을 위시한 노동자들이 츄럭에 분승하여 대구시를 휩쌌다"라는 기록이 있다.[12]

　그러나 유병화는 노조 활동을 어떻게 해야 할지 알고 있는 활동가가 부족하여 어려움을 겪었다고 말한다.[13] 즉 당시의 노동조합들은 노동자들의 자주적 열기를 바탕으로 조선공산당 주도로 하향식으로 급속하게 조직을 결성했으나 대중적 노동운동의 경험이 있는 활동가가 거의 없었으므로 현장 노동자들 속에서 조직적 토대를 마련하는 데 어려움을 겪었던 것으로 보인다.

학생운동과 청년운동의 활기

학생 부문도 지역운동에서 중요한 역할을 했다. 8·15 직후 대구에는 고등교육기관으로는 대구의학전문학교(이하 대구의전), 대구농업전문학교 학생 300명이 있었고, 대구사범학교는 중등교육기관으로 편제되어 있었다.

중학교는 13개교에 5,300명의 학생이 있었다. 미군정이 1946년에 새로운 학제를 시행하면서 전문학교는 둘 다 대학으로 승격되었고, 대구사범학교도 대구사범대학(이하 대구사대)으로 승격되었다. 중학교는 학제가 6년제로 변경되었다.[14] 그러므로 10월 항쟁이 일어날 무렵엔 학생 수가 해방 직후보다 상당히 늘었던 것으로 추정된다.[15] 학생들의 자치조직은 1945년 11월 초 대구의전에서 학생자치회 명의로 성명을 발표한 바 있으므로,[16] 이 무렵 이미 구성되어 있었던 것으로 보인다. 학생자치회는 학교 단위뿐 아니라 학년·학급 단위로도 있었으며 당시 학생운동의 주요 동원 단위였다.[17]

그러나 대구에는 당시 서울의 재경학생통일촉성회(학통)처럼 진보적 학생연합조직이 공개적으로 있었다는 증언이나 기록은 보이지 않는다.[18] 1945년 12월 말에 결성된 반탁투위 참가 단체 중에는 경북유학생동맹과 학생동맹이 있으나 이 단체들은 우익계 학생단체였다. 다만 1946년 4월 대구여상에서 동맹휴학이 일어났을 때, 대구의전 학생 3명이 배후조종 세력으로 검거되었다는 기사가 있고, 대구상업학교에 대구의전 학생이 오르그(조직 책임자)로 파견되어 지도했다는 증언이 있다. 그리고 10월 항쟁 시기에는 대구의대(구 대구의전) 학생자치회 회장 최무학이 조선공산당 학생부책을 맡았다는 기록이 있다.[19] 이를 볼 때 대구의대를 중심으로 하는 조선공산당 학생부의 세포조직이나 조선공산주의청년동맹(이하 공청) 세포조직이 있었던 것으로 추정되며, 중학교 조직은 주로 대학생 오르그를 통해 비공개로 학교 간 연대를 유지했던 것으로 보인다. 각 대학의 자치회장은 10월 항쟁 시기에는 대구의대는 최무학이, 대구사대는 이원호가, 대구 농과대학은 박준영이 맡고 있었다. 특히 최무학(당시 30세가량)은 대구사범학교를 다니다 자퇴하고 대구의전에 들어간 학생으로 대구 학생운동의 실질적 지도자였다.[20] 중학생 가운데에는 나중에 국회의원으로 활동하게

되는 이만섭이 대륜중학교의 학생 대표였던 것으로 확인된다.[21]

청년 부문은 훨씬 더 다양했다. 1945년 9월부터 건국준비위원회 치안대, 대구청년동맹, 경북국군준비대 등 다양한 단체가 결성되어 조선공산당 산하조직인 공청과 함께 활동했다. 11월 30일에는 각 군 청년단체 대표들이 모여 경북청년연합연맹을 결성했고, 경북청년연합연맹은 12월 11일 전국청년단체총동맹(이하 청총)이 결성되자 청총 경북도연맹으로 전환했다.[22] 청년조직은 다양한 역할을 했다. 첫째, 자발적으로 치안 유지 활동을 하고 이재민 구호 활동을 했다. 둘째, 교육 기능을 했다. 일례로, 대구청년동맹은 문화강좌회를 개최하여 청년들의 계급의식을 고양했다. 셋째, 청년단체들은 진보세력의 전위대 역할을 했다. 그들은 평상시에는 거리에서 시민들에게 선전 활동을 했다. 집회와 시위가 있을 때는 선봉대, 사수대 역할을 했다.[23]

청년운동도 다른 부문과 마찬가지로 핵심 간부들은 대부분 조선공산당 당원이거나 공청원이었으며, 주요 대중조직은 당의 외곽 단체로서 조선공산당 청년부가 지도했다. 1946년 10월 항쟁 당시 조선공산당 대구시당의 청년부책은 서영덕이었다.[24] 조선공산당 산하의 공청원들은 다른 청년단체처럼 독자적인 청년운동을 벌이고, 학생회와 노조의 핵심 활동가로도 활동했다. 1946년 4월에는 조선공산당 산하조직인 공청과 대중조직인 청총의 이중구조를 해소하기 위해 두 단체를 통합한 조선민주청년동맹(이하 민청)이 전국적으로 결성되자, 대구에도 5월에 민청 대구시위원회가 결성되었다. 이에 따라 공청원 중 일부는 민청으로 들어가고 일부는 다른 부문으로 산개했다.[25]

한편 진보적 여성단체로는 대구여자청년동맹이 대구청년동맹과 비슷한 시기에 결성되어 활동했다. 대구여자청년동맹은 1945년 12월 말 전국부녀총동맹이 결성되자 1946년 1월 13일에 부녀총동맹 대구지부로 확대

개편했다. 부녀총동맹 대구지부 결성대회에는 100여 명이 참가했으며, 위원장 우신실과 정귀악, 선전부장 박복조 등의 간부가 선출되었다.[26]

당시 대구에는 시월영화공장, 시월이동극단 같은 단체가 결성되어 영화·연극운동이 활발했다. 1945년 10월 초 이원식, 김해생 등이 경북영화협회를 창립한 뒤 만든 시월영화공장은 '시월영화뉴쓰'와 문화영화를 제작하여 상영했고, 10월 항쟁 시기에도 멈추지 않고 활동했다.[27]

빈민조직의 부재

8·15 직후 대구는 개성에서 출발하는 이재민 열차의 종착점이어서 중국이나 러시아 등 해외 각지의 귀향 이재민이 쏟아져 들어왔다. 이에 따라 1944년에 20만 7천 명이던 대구 인구는 1946년 8월에는 26만 8천 명, 1947년 11월에는 29만 3천 명으로 늘어났다.[28] 1947년 5월 기준으로 귀향 이재민 수는 8만 2,241명, 구호 대상자는 4만 125명에 이르렀다.[29]

이재민 중 소수는 칠성정 수용소 등에 수용되었으나, 나머지는 도시 주변부에 빈민촌을 형성하여 생활했으며 실업과 식량난으로 어려움을 겪었다. 토박이 영세민이나, 도시 주변부 농촌 지역에서 대구 부재지주의 땅을 경작하는 소작농들도 생활고가 심한 것은 마찬가지였다. 당시 대구의 중심지는 현재의 달성공원-남문시장-동성로-동인동-대구역으로 이어지는 반경 3킬로미터 정도에 불과했고, 그 바깥은 대부분 농지이거나 빈민 거주지였다.

빈민과 실업자가 차지하는 비중이 컸던 것에 비해 빈민조직의 활동상을 드러내는 기록은 보이지 않는다. 마을 단위 조직이나 활동과 관련된 기록을 찾아보면, 1945년 10월에 결성된 대구시 인민위원회가 일제하 부府

(요즘의 시市) 행정의 말단조직인 총대제總代制를 해체하고 정町 인민위원회를 조직하고자 했으나 실제로 조직하지 못했다고 한다. 시 인민위원도 마을 단위 조직을 기초로 선출한 것이 아니라, 직장단체에서 후보를 정하여 선출했다.[30] 1946년 1월 반탁투위 참가 단체 중에도 노동조합, 전문인·공무원 조직 등 직업별 조직의 비중이 큰 데 비해, 마을 단위의 조직은 보이지 않는다(《표 1-1》 참조). 빈민과 연관된 단체는 빈민의 자주적 조직보다는 구호·복지단체가 많다. 단체 중에 정동연합회町洞聯合會와 협동조합준비위원회가 있는데, 정동연합회는 마을 대표들의 모임으로 보이지만 구체적으로 어떤 성격의 조직인지는 확인하기 어렵다. 협동조합준비위원회는 소비자운동을 벌였던 단체로 보인다.

다른 기록을 찾아보면, 진실화해위원회 보고서에 1946년 10월 항쟁이 일어났을 때, 대구 산격동 마을에는 서씨들이 중심이 되어 활동했고 마을 주민 김이성(당시 16세, 행상)이 이들과 함께 참가했다가 희생되었다는 기록이 있다.[31] 그리고 '가두조직'이 있었는데, 1946년 1월 조선공산당 대구시당이 주도한 시민대회에서 '가두조직' 군중이 시위에 참가했다는 기록이 있고, 9월 총파업 때 조선공산당 대구시당에서 '가두세포'를 움직여 기아 시위를 조직했다는 증언이 있다.[32] 이를 볼 때, 빈민 일부는 청년단체나 조선공산당 대구시당의 '가두세포' 등을 통해 조직되었던 것으로 보인다. 그러나 당시 대구의 진보세력은 빈민을 구호 대상으로 보았을 뿐 적극적인 조직 대상으로 고려하지는 않은 듯하며, 직장 단위 조직은 활발했지만, 마을 단위 조직 활동은 그다지 활발하지 않았던 것으로 보인다.

정당과 통일전선조직

대구에서 1945년 12월 말에 반탁투위에 참여했던 정당으로는 조선공산당과 조선인민당이 있었다.[33] 둘 다 일제강점기에 항일운동을 한 사회주의 및 민족주의 좌파 계열 원로인사와 젊은 활동가들이 모여 만든 진보세력의 정당이다. 이 무렵만 해도 대구에 보수 정당은 만들어지지 않았으며, 진보세력의 정당, 특히 그중에서도 조선공산당의 세력이 강했다.

조선공산당 대구시당은 1945년 8월 27일 대구의 정당조직 중 가장 먼저 결성되었다.[34] 제1차 시당 대회는 8월 말에 열렸으며, 제2차 시당 대회는 10월경 당원 40~50명이 모여 비공개로 열렸다. 1946년 10월 항쟁 발발 직전 초대 경북도당 위원장은 장적우가 맡았으며, 도당 조직부책 황태성이 도당의 실질적인 중심이었다. 대구시당은 김일식이 위원장을 맡았으며, 조직부책인 염필수와 사업부책인 서혁수가 중심인물이었다.[35] 한편 해방 직전에 여운형을 중심으로 활동했던 건국동맹 관련자들과 여운형 지지 인사들은 조선인민당 대구지부를 결성했다. 조선인민당 대구지부는 1945년 12월 준비위원회 단계를 거쳐 1946년 2월 24일에 결성했으며, 최문식 목사와 이재복 목사가 주도했다.[36] 그런데 이재복 목사는 10월 항쟁이 일어날 무렵엔 조선공산당 경북도당의 인민전선부책을 맡았으므로 조선인민당도 사실상 조선공산당의 영향 속에 있었던 것으로 보인다.

당시 대구에서 활동하던 진보계열 정당 활동가들은 세대별로 봤을 때 세 부류로 나눌 수 있다. 첫째, 김관제·정운해·이상훈 등 1920년대 말 신간회 활동을 했던 원로 운동가와, 이선장·장적우·이재복 등 40대 운동가들로 이들은 일제강점기의 경력과 명망을 바탕으로 공개적인 활동을 담당했다. 둘째, 김일식·염필수·서혁수·윤장혁 등 1920년대 후반부터 사회주의 학생운동을 하다가 일본에 가서 공산주의 이론을 학습하고 돌아온

30대 중후반 활동가들로, 이들은 지역운동의 중견 핵심 세대이자 조직 지도부로 활동했다.[37] 셋째, 이원식·서영덕·최무학·이일재 등 일제강점기 말부터 해방 직후에 운동을 시작한 20대에서 30대 초반에 이르는 활동가들로, 이들은 각 부문 현장조직에서 선배 활동가들의 하부 단위이자 실질적인 행동 단위 역할을 했다. 활동가들은 세대별로 경험이나 정서적인 면에서 차이가 있었다. 이원식의 회고록에 따르면, 1945년 9월 27일 좌익 청년들이 대구 최초의 '적색 데모'를 일으킨 적이 있다. 이 시위는 조선공산당의 청년 활동가인 이원식이 '계획 책임자'였는데, 당시 지역의 노장 활동가들은 "데모 중지를 강력히 주장"하며 시위를 만류했다.[38] 즉 노장 활동가들은 좌우 합작 등 상층부의 통일전선 구축과 협상 활동을 중시했고, 청년 활동가들은 좀 더 급진적이고 전투적인 활동에 치중했던 것으로 보인다.

정당조직과 대중조직의 관계를 보면, 조선인민당은 공개적인 대중정당으로서 활동하면서, 학생, 부녀, 소시민층의 조직화에 주력했다.[39] 이와 달리 조선공산당은 비공개 전위정당으로서 각 부문의 대중조직에 당 활동가를 파견하여 지도하는 방식으로 활동하면서, 노동자의 조직화에 주력했다. 1946년경의 조선공산당 대구시당은 동서남북 4개 지구당과 직장 세포책을 중심으로 하는 체계를 취하고 있었다. 동부지역위원회(책임자: 섬유노조 위원장 이재영)에는 견직과 제사공장이 많았고, 서부지역위원회(책임자: 화학노조 위원장 박일환)에는 화학고무공장이 많았다. 북부지역위원회(책임자: 운수노조 위원장 박수성)에는 철도가 포함되어 있었고 섬유공장이 많았다.[40] 동서남북 4개 지구당과 직장 세포책을 중심으로 하는 이런 체계는 1949년까지 이어졌다.[41] 조직원 수는 1946년 3월 기준으로 경북 내 조선공산당 당원은 2천 명으로 추산된다는 기록이 있으며, 이 무렵 조선인민당 대구지부는 구성원이 3천 명이라고 당 중앙에 보고한 바 있다.[42]

한편 8·15 직후부터 1946년 10월 항쟁 시기까지 활동했던 대구 지역의 대표적인 통일전선조직으로 건국준비 경상북도치안유지회, 대구시 인민위원회, 대구민전이 있다. 1945년 8월 17일, 대구의 사회주의 세력과 민족주의 좌파세력은 건국준비위원회 경북지부를 결성하고, 우파세력은 경북치안유지회를 결성했는데, 8월 22일에 두 단체를 통합하여 건국준비 경상북도치안유지회(위원장 김관제)를 결성했다. 좌우 합작 단체인 건국준비 경상북도치안유지회는 치안 유지, 귀환동포 의식 제공, 초등학교 한글 보급 등의 활동을 했다.[43] 10월, 미군 진주 후 건국준비 경상북도치안유지회가 미군정에 의해 해산되자 건국준비위원회 경북지부에 모였던 진보세력 인물들이 중심이 되어 대구시 인민위원회와 경상북도 인민위원회를 결성했다. 1945년 12월 말에는 모스크바 삼상회의안이 보도되자 대구의 76개 정당·사회단체들이 모여 좌우 연합으로 반탁투위를 결성했다. 그러나 1월 초에 지역 진보세력이 서울의 영향을 받아 모스크바 삼상회의 결정을 지지하는 입장으로 방향을 선회하고 서울에서 보수세력이 반탁운동을 임시정부 지지운동으로 전환하자, 1946년 1월 20일 우파인 조선독립 경북촉진회는 임시정부 지지 및 반탁 노선을 주장하면서 반탁투위를 탈퇴했고, 이에 따라 남은 단체들은 반탁투위를 대구민전으로 전환했다.[44]

대구민전은 대구의 진보적 정당과 사회단체가 연대하여 민주주의 임시정부 수립 운동을 펼쳤던 조직으로 1948년 정부 수립 전까지 존속했다. 당시 대구민전 사무실은 원정 2정목에 조선공산당 시·도당 사무실과 같은 건물에 있었다는 기록이 있고, 원정 입구 야마구치 도기점 건물에 조선인민당 사무실과 함께 있었다는 기록도 있다. 그리고 조선공산당 대구시당과 대구노평이 같은 건물을 사용했다는 증언도 있다.[45] 주요 활동 인사가 중복되는 것을 볼 때 대구민전, 조선공산당, 조선인민당, 대구노평은 상당히 밀접한 관계를 맺으며 활동했던 것으로 보인다. 대구의 진보세력은 해방공간에서 다양한 활동가가 결합했으나 서로 노선의 차이를 앞세우기보다는 항일운동을 함께했던 공감대를 바탕으로 단결했다. 또 항일운동을 했던 애국자들이 모였다는 이유로 대중의 지지를 받았다.

그러나 그들은 당시 지역 전체의 인구 구성으로 볼 때, 소수에 불과한 노동자, 학생과 지식인층의 조직화에 더 주력했으며, 인구의 다수를 이루는 빈민을 조직하지 못했다. 활동 공간도 시 중심가에 밀집해 있었다. 활동가의 계급적 구성 면에서 볼 때, 자산가나 지식인이 많아 빈민 등 하층민과 거리가 있었다. 그래서 광범위한 계층·계급을 포용하는 대중정당이 되는 데는 한계가 있었다.

그리고 신생 정당으로서 훈련된 활동가가 많지 않았고 활동가를 양성할 시간적 여유도 부족했던 것으로 보인다. 일례로 조선공산당의 경우, 중앙에서 『8월 테제』, 『해방일보』, 『산업노동자시보』 등이 정치교육 자료로 전달되었으나 세포 단위에서 조선공산당의 혁명 총노선 등에 대한 토의가 활발하지 않았다고 한다.[46] 핵심 활동가들도 일제강점기에 항일운동을 했던 경험은 있으나 합법적인 대중운동 경험은 부족했던 것이다.

브루스 커밍스는 남한의 좌익세력은 대중을 조직한 경험이 부족했고, 자기 자신만을 조직하면서 계속 분파로 갈라졌으며 서울에만 역량을 지나치게 집중했다고 비판한 적이 있다.[47] 당시 조선공산당 대구시당은 1946년 5월 20일에 작성한 「대구시당 결정서」에서 당원들의 경험과 역량이 부족하고, 노동자와 농민이 당의 주요 구성원이 아니며, 당 재정이 취약한 것도 문제라고 스스로 평가하고 있다.[48] 즉 조선공산당도 스스로 이러한 한계를 알고 있었다.

민전은 미군정기에 대구 지역의 대표적 통일전선조직이었으나, 지방 명망가 중심의 상층 통일전선 단위로서 기층 민중의 움직임과 거리가 있었다. 그래서 대중조직의 실질적 지도부가 되지 못했고 행사 개최 단위나 수습대책 기구 수준에 머물렀으며, 치안과 행정까지 담당하는 수권적 자치기구 수준의 활동은 하지 못했다. 당시 진보세력이 미군정 협조 노선을 취한 것도 또 다른 한계로 작용했다. 진보세력은 미소 공동위원회 성사가 중요하다고 보았으므로 미군정을 자극하지 않기 위해 협조 노선을 취했는데, 이것은 그들이 활동을 제대로 펼치지 못하는 원인이 되었다. 특히 1946년 봄부터 미군정이 경북 농촌 지역의 진보세력을 탄압했으나 경상북도 인민위원회는 별다른 조치를 취하지 않았다.

경북정치학교, 건국의 푸른 꿈과 지역운동의 도전

당시 지역 진보세력은 해방 직후 사회운동의 열기에 비해 대중조직을 끌어갈 활동가가 부족한 상황을 극복하기 위해 청년들을 대상으로 강좌를 열거나 활동가 학교를 개설하기도 했다. 1945년 10월에 대구청년동맹에서는 정치경제학과 사회과학 등을 교육하는 문화강좌회를 개최하여 청년들의 계급의식을 고양하고자 했다는 기사가 있다.[49] 그리고 이와 별도로 각 단체에서 핵심적인 역할을 하던 청년들을 모아 교육했던 정치학교도 있었다. 이 학교는 경상북도 인민위원회가 주관한 것으로 추정되며, 관련 사진과 증언 자료가 남아 있다.

　42쪽 사진 자료를 보면, 첫 번째 사진은 대구 경상감영공원의 한옥 건물 앞에서 청년들이 모여 찍은 것이다. 사진 상단에는 '경북정치학교 제 1회 졸업 기념, 1946. 2. 7'이라고 적혀 있다. 앞줄에는 이 학교의 교사인 듯한 어른들이 앉아 있고, 뒷줄에는 20대 정도로 보이는 청년들이 서 있다. 겨울이라 코트나 두루마기를 입은 사람이 많다. 두 번째 사진은 일본식 (적산)가옥 건물 앞에서 청년들이 모여 찍은 것이다. 상단에 '경북정치

경북정치학교 제1회 졸업 기념 사진(1946년 2월 7일). © 정정웅

경북정치학교 제2회 졸업 기념 사진(1946년 3월 7일). © 정정웅

학교 제2회 졸업 기념, 1946. 3. 7'이라고 적혀 있다. 이 사진을 기증한 구술자 정정웅은 첫 번째 사진에서는 맨 앞줄 오른쪽 두 번째에 앉은, 넥타이를 매고 검은 양복을 입은 사람이 학교의 교장을 맡았던 자신의 아버지 정시명이라고 했다. 두 번째 사진에서는 앞줄 왼쪽에서 세 번째, 코트를 입고 넥타이를 맨 풍채 좋은 인물이 정시명이다. 정시명은 일제강점기에 신간회 활동을 했고 해방 후에는 경상북도 인민위원회 노동부장으로 활동한 인물이다.[50] 사진의 앞줄에는 정시명 외에도 이 학교의 교사인 듯한 어른들이 앉아 있는데, 두 장의 사진에 다 보이는 인물도 있고 한 군데만 보이는 인물도 있다. 두 군데 다 보이는 인물 중 앞줄 중앙에 두루마기를 입고 앉은 안경 쓴 이가 당시 경상북도 인민위원회 산업부장이었던 이선장으로 추정된다. 제1회 졸업 기념 사진에서 앞줄 왼쪽에서 두 번째, 양복을 입은 사람은 조선공산당 당원으로서 여러 대중조직에서 활동했던 이원식으로 추정되며, 제2회 졸업 기념 사진에서 앞줄 왼쪽에 앉아 있는 여성은 부녀동맹과 의무노조에서 활동했던 간호사 박복조로 추정된다. 그 외에도 앞줄에 앉아 있는 인물들은 당시 경상북도 인민위원회 간부들로 추정된다.

구술 자료를 보면, 당시 대구철도노조 조직부장이었던 유병화가 중구 교동시장 안에 있던 민청 사무실에서 열린 정치학교에 방문한 적이 있다고 했다. 그에 따르면, 이 학교에는 이선장이 교사로 수업하고 있었다. 학생 수는 20~30명쯤이었으며, 학생 중에는 대구철도노조 간부였던 정재익도 있었다. 이 학교는 직장조직 책임자가 추천하면 입학할 수 있었으나, 유병화 자신은 나이가 어려 입학하지 못했다. 유병화의 기억에 따르면 이 학교는 2기까지 진행되다가 미군정의 탄압으로 중단되었다.[51]

이원식의 수기에도 경북정치학교에 관한 기록이 있다. 1946년 1월 3일에 대구의 진보세력이 주도한 모스크바삼상회의결정지지대회에 조선공산당 대구시당 깃발을 선두로 인민위원회, 공청, 부녀동맹, 전평 산하 산업별 노조의 노동자, 그리고 수많은 '가두조직' 군중을 포함하여 시민 4만 5천 명이 참가했다. 이 집회 후 시가행진을 할 때 경상북도 인민위원회 보안대가 행진 대열을 경호했고, 경북정치학교 학생들이 후위를 했으며, 의무노조의 노동자구호대가 트럭을 타고 뒤따랐다고 한다.[52]

「공산주의 학교와 교육 프로그램」Communist Schools and Educational Program이라는 미군 문서에는 '공산당 간부를 위한 초보 훈련 과정'이란 대목에 "대구 지역에 당의 전위에 설 간부 훈련을 위한 단기 과정이 있고, 여기에 학생 약 40명을 등록시켜 정치학, 경제학, 철학, 농업문제론 등의 커리큘럼으로 교육했다"는 기록이 있다.[53] 또 다른 미군 문서에는 상주의 정치학교에 관한 기록이 있다. 이 기록에는 "인민위원회가 후원하는 상주 정치학교가 당국의 허가 없이 향교에서 운영되고 있었다. 이 학교의 교사는 4명, 학생은 약 30명이며, 학생들은 각 면에서 선발했다. 이 학교는 3월 25일 폐쇄되었다"라고 적혀 있다.[54] 이를 볼 때 1946년 초에 경상북도 인민위원회나 군 인민위원회 단위로 활동가 양성을 위한 정치학교가 열렸으나, 이 학교들은 1946년 3월에 미군정의 탄압으로 폐쇄된 것으로 보인다.

앞의 사진으로 다시 돌아가보면, 제2회 졸업 기념 사진에는 뒷줄에 서 있는 청년 중에 학생복을 입은 이가 다수 있고, 특히 중학교 교복을 입은 소년들이 많다. 당시 활동가 양성을 위해 일반 청년뿐 아니라 대학생과 중학생도 교육했다는 것을 알 수 있다. 아마 이 소년들, 청년들은 식민지에서 막 해방되어 건국의 푸른 꿈으로 가득한 채 해방 후 대구 지역운동을 건설한 새로운 세대였을 것이다. 그리고 반년 뒤 1946년 10월에 항쟁이 일어났을 때 항쟁의 주역으로 활동했을 것이다. 그들의 운명은 항쟁 이후 또는 한국전쟁이 일어났을 때 어떻게 되었을까.

농촌조직의 영향력과 폐쇄성

1946년 9월 기준 대구·경북 지역의 전체 인구는 317만 8,750명이었고 그중 대구 인구 26만 9,113명을 제외하면 경북 22개 군(달성군 포함)의 인구는 290만 9,637명에 달했다.[55] 이 정도로 전체 인구에서 농민이 차지하는 비중이 컸다.

경북 농촌 지역에는 해방 직후부터 각 군 단위로 자주적으로 건국준비위원회 지부, 치안유지회, 치안대 등을 조직했다. 미군 진주를 전후하여 각 군의 건국준비위원회 지부들은 인민위원회로 전환해나갔다.[56] 미군정이 탄압하자 중앙의 인민위원회는 세력이 약해졌다. 경상북도 인민위원회도 행정을 장악할 힘이 없었고, 미군정 협조 노선까지 견지하다 보니 활동을 뚜렷하게 벌이지 못했다. 그러나 경북 대부분의 군에서는 군 인민위원회가 강력한 영향력을 발휘했다.[57] 지방의 인민위원회들은 지역 단위에서 자발적으로 만들어진 상향 조직이기 때문에 생명력을 유지했다. 몇몇 지역에서는 인민위원회가 지방행정과 치안을 장악하고 통치기능을 행사하기도 했다.[58] 도시의 진보세력은 정당을 중심으로 활동했으나, 농촌에서는 인민위원회를 중심으로 농민조합, 청년동맹, 부녀동맹 등을 조직한 지역도 있었다. 농촌의 인민위원회 조직에는 도시의 정당조직에 비해 훨씬 더 다양한 인사들이 참여했다. 마을의 유지나 국졸 학력의 소지식인들도 참여했으며, 다수의 지역에서는 친족공동체를 기반으로 활동이 진행되기도 했다. 한편 계급적으로는 소작인이나 빈농층까지 포괄하며 활동이 진행되었다.

여기서는 1946년 여름까지 경산군 하양면에 거주했던 강창덕[59]의 구술을 통해 해방 직후 경산군의 면 단위 대중조직의 활동 사례를 살펴보고자 한다. 문서 기록에 따르면 1945년 9월에서 10월 사이에 결성된 경산군 인민위원회는 신학근이 위원장을 맡았다. 그리고 1946년 1월에 청년동맹이 동맹강화임시대회를 개최한 일이 있었다.[60] 강창덕의 구술에 따르면, 신학근(당시 40대)은 지역 전체 진보세력의 지도급 인사였고 당시 하양면에는 민족주의 인사 조희윤이 초대 면 인민위원회 위원장을 맡았다. 그리고 해방 직후 치안대, 면 인민위원회뿐 아니라 농민조합, 부녀동맹, 청년동맹 등 여러 단체가 이 지역에 조직되었다. 1946년 삼일절 행사는 하양장터에서 면민 500여 명이 모인 가운데 개최되었다.

> 하양장터가 부글부글했어. 각 동에서 몇십 명씩 나무 꼬쟁이 만장형의 깃발 들고 나왔어. '토지개혁을 하라', '소작은 삼칠제로 하라', '남녀동권을 하라' 외치고, 좋다고 환호를 올리고, 만세 부르고. 문 종이 잘라서 거기에다 붓으로 '토지는 무상몰수 무상분배', '우리 농민들은 해방돼야 된다' 쓰고. 그때는 진보세력이 기세가 대단했지. 우익단체 사람들은 행세도 못 해. 조직 없고 사람도 안 보이고. 나중에 들으니 하양읍 내 어느 교회당에 모여 삼일절 행사를 했다는 얘기가 있더라고. 우파는 주로 기독교인들이 많더라고.
>
> _ 강창덕, 2013년 9월 28일

강창덕은 1946년에는 하양에서 청년단체인 하양 민청에 소속되어 활동했다. 당시 하양 민청 회원은 50명 정도였고, 이 지역의 20세 전후 젊은이들은 대부분 가입했다. 사무실은 하양시장의 일본인 정미소 사택을 접수해서 썼으며, 위원장은 일본에서 대학을 나온 지식인인 정문조가 맡았다. 당시 민청은 청년들에게 학교나 마찬가지였다.

> 민청에는 우리 또래가 바글바글했어. 매일 밤 30명 정도 모여 학교에서처럼 노래도 배우고 세상 돌아가는 얘기도 듣고. 만주독립군 노래, 혁명군 노래

같은 거 배웠어. 그런 노래 부르면 눈물이 나더라. 삐라 붙일 일 있으면 학교 교과서 종이에 '토지개혁', '남녀평등', 이런 거 써서 이 동네 저 동네 붙였어. 밤에는 치안 유지 활동하고. 어떤 날은 교양이라고 변증법적 유물론도 공부했어. 연극, 운동회도 했고. 그땐 인민공화국 조각한 벽보가 나붙었거든. 이제 우리나라가 완전 독립국가가 되는가 보다, 진짜 우리나라 된다, 우리 민족 세상이 왔다. 사무실에 가면 이런 생각이 들어 항상 기뻤지. 신바람이 나고.

_ 강창덕, 2013년 9월 28일

연구자들은 지방 인민위원회나 여러 진보적 조직이 민중에게 지지받았던 이유는, 일제강점기부터 민족해방운동에 참여했거나 신간회, 농민조합 등 지역운동에 참여했던 인물들, 건국동맹 참여 인물들, 그리고 해방 직전까지 친일하지 않았던 인물들이 핵심이었다는 데 있다고 본다.[61] 구술자 강창덕은 농민들이 인민위원회나 농민조합을 지지했던 가장 큰 이유는 토지개혁을 통해 봉건제의 속박에서 벗어나려는 열망과 연관이 있다고 말했다.

우리 어릴 적에 농민들은 80프로 이상이 소작 아닙니까. 부자 땅 얻어 일만 쎄빠지게 하고 토지에 대한 한이 얼마나 있었는지 몰라요. 해방된 뒤 그 사람들에게 일본놈 땅, 부자들 땅을 무상몰수해서 갈라준다니까 얼씨구 좋다지. 당시에 좌익 쪽에서 대중을 모을 수 있었던 거는 토지 문제야. 인권, 평등, 이런 거는 둘째 문제고, 우선 땅 준다니까, 이제는 우리 꺼 된다 이거라. 그러니 인민공화국이 최고라는 거라.

_ 강창덕, 2013년 9월 28일

경북 지역의 군 인민위원회는 1946년 봄부터 미군정으로부터 본격적으로 탄압받았다. 미군정 협조 노선을 견지했던 경상북도 인민위원회는 군 인민위원회가 탄압받아도 수동적으로 대응했다. 도 인민위원회는 군 인민위원회의 상위 부서로 자리 잡지 못했고, 그 관계도 유기적이지 못했다. 중앙-도-군 인민위원회 사이의 유기적이지 못한 관계는 모스크바 삼상회의 결정에 대한 대응 과정에서도 드러났다.[62]

브루스 커밍스는 당시 남한 농촌 지역 조직의 폐쇄성에 대해 분석한 적이 있다. 그가 보기에, 농촌 지역의 폐쇄성은 식민지 시대 일제의 통치 방식에서부터 비롯된 것이다. 많은 좌익 지도자들은 현대 정치의 기술을 익힌 마을의 어른에 지나지 않았고 좌우의 충돌 대다수는 실제로는 가문 간의 충돌이었다. 각 지방의 인민위원회는 '방수가 된 격실'과 같이 세포구조를 형성하면서 다른 지역과는 거의 무관하게 지역 내부의 일에만 자족하며 존재했다. 이것은 마르크스-레닌주의의 계급적 세포구조와 다른 것으로, 이러한 구조적 약점은 인민위원회의 탄압을 더 쉽게 만들었다.[63] 농촌 지역 조직의 이러한 경향은 1946년 10월 항쟁이 일어났을 때도 항쟁이 지역마다 고립 분산적으로 전개되는 원인이 되었다.

2 되풀이되는 식민지의 악몽

점령군의 등장, 친일파의 귀환

1945년 9월 11일, 38선 이남의 남한에는 미 24군단이 진주했고, 경상남북도 지역에는 24군단 휘하 40사단이 점령했다. 대구에는 9월 24일 미군 시찰단이 파견되었고, 전술 부대는 10월 1일과 2일에 도착했다. 대구에 들어온 미군은 제일 먼저 그동안 치안을 맡아왔던 자치기구인 건국준비 경상북도치안유지회에 해산 명령을 내렸다. 그리고 친일파인 경북지사 김대우 등 일제강점기에 일했던 한국인 관리들을 다시 등용했다. 이에 따라 경상북도와 대구부에는 국장·과장급 대다수가 일제 관료 출신으로 채워졌다.[64]

미군정은 진보세력을 제압하여 남한에 소련의 영향력이 확산되는 것을 막으려고 경찰 조직 창설을 서둘렀다. 그들은 일본에서는 국립경찰 체제를 해체했으나 남한에서는 반공의 필요성 때문에 중앙집권화된 국립경찰 체제를 수립하여 경찰에 막강한 권한을 부여했다. 국립경찰은 1945년 9월 16일부터 경찰관 모집을 시작해 10월 21일에 창설되었다.[65] 그리고 일제 강점기에 진보세력을 탄압한 경험이 있던 한국인 경찰을 대거 재기용했다. 경북의 경우 일제 말기 경찰관 2,100명 가운데 873명이 한국인이었는데 이 대부분이 미군정에 의해 다시 임용되었다.[66]

이 점은 진실화해위원회의 조사에 참여한 경찰 참고인들의 이력에도 나타난다. 1945년에서 1950년 사이에 임용되어 대구·경북 지역에서 근무한 전직 경찰 중 '대구 10월 사건 관련 민간인 희생 사건'과 '영천 국민보도연맹 사건' 조사에 참여한 사람은 20명이다. 그중 일제강점기 경찰 출신으로 해방 직후 특별채용 형식으로 임용된 사람은 3명이다. 일본군 출신 또는 우익 집안의 자제이거나 우익 청년단 출신으로 경찰에 임용된 사람은 11명이다. 그리고 오늘날 정보계에 해당하는 사찰계 근무자가 많았다. 해방 직후에 임용된 경찰 중 상당수가 고령으로 사망하여 현재 생존자가 많지 않고 면담이 가능한 사람도 소수이므로 이 20명을 당시 경찰 근무자 전체의 표본으로 삼기엔 수가 적고 한계가 있다. 그러나 이 20명의 이력을 보면, 당시 경찰의 성향을 어느 정도 추정할 수 있다. 특히 영천 국민보도연맹 사건 조사에 참여한 경찰 참고인 마○○는, 당시 제5관구(경북) 경찰청에 배치된 특별경찰대(대장 이강학)는 일본군 출신자들을 뽑아 특공대처럼 양성했다고 진술했다.[67] 이를 보면, 친일 경찰과 우익 청년단 출신자 상당수가 해방 직후부터 한국전쟁 전 시기에 경찰조직과 정보계에 임용되었던 것으로 추정된다. 그들은 오늘날 한국 경찰조직의 토대가 되었을 뿐 아니라, 지역 하부의 마을 단위까지 국가권력을 이식하는 역할을 했다.

1945년 11월 1만 5천 명으로 출범한 경찰은 1946년 7월에는 그 수가 2만 5천 명에 이르렀다.[68] 1948년 2월에는 전국 총 3만 5천 명의 경찰과 500명의 여성 경찰이 있었다. 이 무렵 대구·경북 지역은 5관구(E사단)에 속해 있었으며, 3,800명의 경찰이 있었다.[69]

미군정 초기에 경찰은 정규군이 없는 상황에서 법과 질서를 강제할 가장 강력한 조직이었다. 경찰은 친일조직 출신이라는 약점을 지녔기 때문에 자신의 생존 여부를 우익정권 수립에 걸면서 극우적 성향을 띠게 되었다. 미군정기 경찰조직의 특징을 분석한 김진웅은, 당시 경찰은 단순한 치

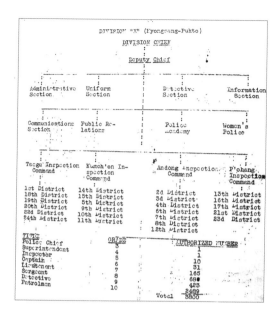

DIVISION "E" (Kyongsang-Pukto)

DIVISION CHIEF

Deputy Chief

Administrative Section	Uniform Section		Detective Section	Information Section

Communications Section	Public Re- lations		Police Academy	Women's Police

Taegu Inspection Command	Kumch'on In- spection Command		Andong Inspection Command	P'ohang Inspection Command
1st District 18th District 19th District 20th District 22d District 24th District	14th District 15th District 5th District 9th District 10th District 11th District		2d District 3d District 4th District 6th District 7th District 8th District 12th District	13th District 16th District 17th District 21st District 23d District

TITLE	GRADE	AUTHORIZED NUMBER
Police Chief	3	1
Superintendent	4	1
Inspector	5	10
Captain	6	31
Lieutenant	7	165
Sergeant	8	686
Detective	9	423
Patrolman	10	2489
	Total	3806

미군정기 경상북도 경찰조직 편제도(1948년 2월 10일 기준). 1948년 2월 기준으로 국립경찰은 10개 사단과 1개 감찰사령부로 구성되어 있었다. A부터 H까지 8개 사단은 8개 도에 주둔하고, 서울은 M사단, 철도경찰은 R사단, 제주도는 감찰사령부로 편성되어 있었다. 이 사진에는 5관구에 해당하는 경북의 경찰조직이 E사단으로 표시되어 있다.
ⓒ 미국 국립문서기록 관리청

안 유지 도구가 아니라 이승만-한국민주당 세력의 '전위'로, 우익 청년단체들의 '큰형'으로, 우익정권 수립의 '산파'로 기능했다고 보고 있다.[70]

경찰은 일제의 잔재인 비민주적 수사 관행과 인권 탄압 행위로 민중의 반발을 샀으며, 이는 특히 양곡 수집 과정에서 극명하게 드러났다. 경찰의 이러한 행태는 당시 민중이 일제강점기부터 갖고 있던 트라우마를 환기하는 것이었다. 1946년에 10월 항쟁이 발생했을 때 항쟁 직후 좌우 합작위원회와 미군 측 대표로 구성된 조미공동소요대책위원회에서도 항쟁이 일어난 첫 번째 원인으로 "경찰에 대한 반목, 군정 내의 친일파 침입, 군정에서 통역관의 영향, 일부 조선인 관리의 부정행위" 등 인사 문제를 들었다. 미군정도 "경찰의 전반적인 부패, 경찰에 대한 국민의 적대감" 등을 사건의 원인으로 제시했다.[71]

지방 보수세력의 형성

해방 직후 대구 지역에서는 친일파를 제외한 좌우세력이 함께 건국준비 경상북도치안유지회를 결성하여 건국운동에 참여했다. 1945년 10월 대구에 들어온 미군정은 건국준비 경상북도치안유지회를 해산하고, 11월에는 협의기관의 성격을 지닌 행정고문회를 설치했다. 행정고문은 관선과 민선으로 구성되었는데, 미군정은 관선 고문 선출 과정에 친일 보수인사를 후원했고 민선 고문도 부정 선거를 통해 친일 인물이 상당수 당선되었다. 이러한 상황에서도 경상북도 인민위원회 위원장이었던 이상훈 등 당시 대중의 지지를 받던 진보세력의 일부 인사가 민선 고문으로 당선되어 이들과 함께 활동했다.[72] 그 뒤 대구의 진보세력은 인민위원회로 결집했고, 보수세력은 11월 7일 조선독립경북촉진회로 결집했다.[73]

　대구·경북의 보수세력은 초기에는 조직을 별로 가지지 못했다. 그리고 여기에는 친일세력도 있었지만, 항일운동을 했던 이들도 다수 있었기에 진보세력과도 협력 관계를 유지했다. 1945년 12월 말에 모스크바 삼상회의 결정안이 전해지자 좌우 연합으로 반탁투위를 결성하기도 했다. 그러나 1946년 1월 12일 서울에서 신탁통치반대 국민총동원위원회의 임원들이 오고 그 영향을 받으면서 조선독립경북촉진회 인사들은 반탁투위를 탈퇴했다. 반탁투위에 남은 진보계열의 단체들은 민전을 결성했고, 보수세력은 3월 9일에 조선독립경북촉진회와 신탁통치반대 국민총동원위원회를 통합하여 '대한독립촉성경북국민회'를 결성했다.[74] 이 조직의 지도부 인사들은 일제강점기에 민족운동에 참여한 사람들이었지만, 조직 구성원 중에는 적극적으로 친일 활동을 한 사람들도 상당수 있었다.

　해방 후 지역 보수세력이 자리 잡는 과정에는 기독교(개신교)계의 역할이 컸다. 해방 직후 대구 기독교계에서는 지도급 교역자들이 모여 김봉도를 회장으로 하는 조선건국기독교협회를 결성했다. 이 협회는 기독교 정신에 바탕을 둔 국가 건립을 설립 취지로 내세우면서 교계의 정치세력화를 꾀했다. 그들은 1945년 11월 조선독립경북촉진회가 결성될 때 합류했다. 그리고 이 무렵에 결성된 학생기독교청년회와 몇 달 뒤 1946년 2월에 결성된 학원건설회 등 해방 후 대구에서 보수세력의 돌격대 역할을 한 우익 학생·청년단체도 모두 기독교 세력이 중심이었다.[75]

1946년 4월 하순에는 이승만이 남선南鮮 순행 과정에 대구와 경북을 방문했다. 이승만의 방문을 계기로 경북 각 군 단위의 보수세력이 결집하여 각지에서 대한독립촉성국민회(독립촉성국민회) 지부가 결성되었다.[76] 대구의 독립촉성경북국민회는 중앙의 영향을 받아 결성되었고 일부 친일세력이 결합했지만, 다른 지방에 비해 항일운동 경력자들이 다수 참여한 편이었다. 그러나 경북 군 단위 지역으로 갈수록 독립촉성국민회 지부에는 친일 지역 유지의 참여가 두드러졌다. 또한 기독교 인사들이 독립촉성국민회 결성의 주축이 된 경우가 많았다. 독립촉성국민회 김천지부장 강익형, 청도지부장 김복문, 예천지부장 이만녕, 안강지부 청년단장 심의진 등 다수의 기독교계 인사들이 지부를 구성했다.[77]

지역사회의 보수세력의 결집체인 독립촉성경북국민회는 한국민주당 (이하 한민당)과 한국독립당(이하 한독당) 지방 조직이 생겨나면서 분화되어 갔다. 한민당은 미군정이 지방행정을 장악하기 시작한 후 군정의 후원 아래 1946년 6월 9일 대구지부를 결성했다. 여기에 참여한 인물들은 일제 하에서 민족운동을 한 사람도 있었지만, 친일 경력자가 많았다. 한독당은 1946년 6월 26일에 대구시당부를 결성했다. 이 정당은 친일 경력이 없는 이들이 중심이 되어 결성했지만, 세력이 미미했다.[78]

결성 시기	지부 명칭	결성 시기	지부 명칭
1945. 11. 16	경산 조선독립촉진회 결성	1946. 5. 5	영천군 대한독립촉성영천군총연맹 결성
1945. 11. 20	구미 조선독립촉진회 결성	1946. 5. 6	칠곡군 구미 대한독립촉성국민회 결성
1945. 12. 14	안동 조선독립촉진회 결성	1946. 5. 7	경산군 하양면 대한독립촉성국민회 하양분회, 교회예배당에서 결성
1946. 1	영일군 독립촉성청년회 결성	1946. 5. 7	청송군 대한독립촉성국민회 결성
1946. 2. 24	봉화군 대한독립촉성국민회 결성	1946. 5. 11	성주군 대한독립촉성국민회 결성
1946. 2	김천군 조선독립촉진회 존재	1946. 5. 15	경주군 독립전취국민대회 개최
1946. 3	경주군 대한독립촉성국민회 결성	1946. 5. 20	대한독립촉성국민회 경산지부 독립전취국민대회 개최
1946. 4. 2	칠곡군 대한독립촉성국민회 결성	1946. 5. 24	대한독립촉성경주군청년연맹 결성
1946. 4	영덕군 대한독립촉성국민회 결성	1946. 6. 5	상주군 모동면 대한독립촉성국민회 결성
1946. 5. 1	상주군 함창면 대한독립촉성국민회 결성	1946. 12. 14	안동군 조선독립촉진회 결성

〈표 1-2〉 경상북도 각 지역 대한독립촉성국민회 및 청년연맹 결성 현황
출처: 정해구, 「10월인민항쟁연구」, 1988, 71~78쪽(최태육, 「남북 분단과 6·25전쟁 시기(1945~1953) 민간인 집단희생과 한국기독교의 관계 연구」, 2015, 139~140쪽 재인용); 「대구시보」, 1945년 11월 16일; 「영남일보」, 1945년 11월 23일, 12월 2일 등 신문기사.

식량난과 사회·경제적 불안정성

1946년 10월 항쟁 직후, 좌우 합작위원회와 미군 측 대표로 구성된 조미

공동소요대책위원회에서는 항쟁이 일어난 또 다른 원인으로 경제 문제를 들었다. 즉 "미곡 수집계획, 미곡 배급계획, 임금·물가 및 인플레, 전재민의 주택 및 생활 문제, 경제회복 지연으로 인한 인민의 실망"이 항쟁의 주요한 원인이라는 것이다. 그리고 미군정 측에서도 "군정의 양곡 수집과 식량 배급이 불충분한 점, 경찰의 자의적이고 잔악하고 부적절한 양곡 수집 방식, 수집된 하곡이 분배되지 않았다는 소문, 피난민 유입으로 인한 전반적인 실업" 등을 사건의 원인으로 들었다.[79] 당시 실업 문제와 물가 문제 및 식량 문제에 대한 미군정의 잘못된 정책과 이에 따른 사회·경제적 불안정성은 나중에 항쟁이 촉발되는 배경이 되었다.

해방 직후부터 대구와 경북에는 귀환동포가 유입되어 인구가 급증했으나 미군정이 대책을 세우지 않았기 때문에 1946년 봄부터 자살자가 늘고 범죄도 늘었다. 당시 경북에 유입된 귀환동포 수는 31만 2천 명(남한 전체 귀환동포의 14퍼센트)으로 1944년에서 1946년 사이 고령·청도·칠곡 등은 인구가 30퍼센트 이상, 대구·달성·선산·김천·영천 등은 20퍼센트 이상 증가했다. 이에 따라 1946년 11월 15일 기준 경북의 실업자 수는 약 20만 명으로 전체 경제활동 인구의 56.5퍼센트에 달했다. 절도 등 치안범죄는 1945년 8월부터 1946년 4월까지의 기간에 해방 전보다 6배 정도 증가했다. 게다가 1946년 5월과 6월에는 콜레라가 창궐하고 수해까지 발생했다. 경북은 콜레라 발병률이 전국 1위였던 지역으로, 5,348명이 발병하여 4,332명이 사망했다. 도시 지역인 대구 시민들은 당국이 방역을 위해 교통을 차단하자 식량 반입이 금지되어 대부분 기아 상태가 되었다.[80]

한편 미군정은 식량 공출을 가혹하게 했다. 식량 문제에 대해 미군정청은 군정 초기에는 자유곡가제를 시행하다가 1946년 1월부터 공정가격제를 실시했다. 그러나 사정이 호전되지 않자 2월에 '미곡수집령'을 발표하고 쌀 강제 수집과 제한 배급정책을 시행했으며 춘궁기에 하곡까지 수집했다. 춘궁기에 식량 사정이 악화하면서, 경북 청송 등 북부 산간 지역에는 아사자가 속출했다. 당시 경북은 하곡 수집이 상당히 심하게 시행되었던 것으로 알려져 있다. 영천에서는 군수 이태수가 직접 나서서 미곡수집령을 위반할 경우 엄벌에 처하겠다고 주민들을 위협했고, 청도 군수 김종환은 하곡 수집 실적이 부실하다고 도지사인 헤론Gordon J. Heron 대령과 김의균에 의해 회의석상에서 파면되기도 했다.[81]

봉건적인 지주-소작 관계로 고통받던 농민들에게 토지개혁을 지연하는 것도 큰 고통이었다. 미군정에 대한 농민들의 불만은 1946년 봄에 단행된 북조선의 토지개혁 소식이 전해지면서 더욱 증폭되었다. 북조선에서는 1946년 토지개혁법령을 공포하고 무상몰수 무상분배의 원칙에 따라 토지개혁을 단행하여 5월 하순에는 농민들에게 토지소유권 증명서를 교부했다. 이 소식은 미군정의 정책에 반발하는 농민들의 저항을 고조시켰다.[82]

대중투쟁의 폭발

1946년에 접어들면서 터져나온 대중투쟁은 크게 세 가지로 나눌 수 있다. 첫 번째는 도시의 학생과 노동자 등 조직 대중에 의한 투쟁이다. 두 번째는 도시의 미조직된 빈민들의 '기아 시위'와 같은 투쟁이다. 세 번째는 농촌 지역에서 농민들이 벌였던 투쟁이다.

학생운동의 움직임은 1945년 가을부터 이미 나타났다. 1945년 10월에 경북중학교에서 동맹휴학이 일어났고, 11월에 일어난 대구사범, 대구의전의 투쟁은 이듬해까지 지속되었다. 1946년 4월에는 대구여상에서, 5월에는 경북고녀에서 학생들이 동맹휴학을 했다. 9월에도 능인중학교에서 교장의 부정행위에 항의하는 교원들의 움직임이 있었다. 당시 학생운동의 주요 이슈는 민주학원 건설, 일제 잔재 배격, 교육현장의 민주화와 관련된 것이었다. 그리고 대부분의 운동이 교사, 학부형회, 동창회가 동참하거나 호응하며 진행되었다.[83]

노동자들의 경우, 1946년 초부터 주요 노조에서 투쟁이 일어났다. 2월에서 5월 사이에는 남선합동전기주식회사 대구지점 노동자들이 친일파 사장을 배격하는 투쟁을 4개월 동안 벌였다. 대구 전매국에서는 2월 초순부터 2개월 동안 노동조건 개선 투쟁을 벌였다. 잇달아 4월에는 월성고무공장과 삼원제재공장 노동자들이 임금인상 투쟁을 벌였다. 당시 개별 사업장의 투쟁은 민생 문제에 의해 자발적으로 일어났으며, 대구노평이 지도·후원하고 대구민전이 중재하는 형태로 해결했다.[84] 그러나 9월 총파업 전까지는 노조가 조직화된 정도에 비해 개별 사업장의 투쟁이 활발하지는 않았던 것으로 보인다.

각 부문 조직 대중의 지역 정치집회 참여는 활발했다. 1946년 10월 항쟁이 일어나기 전까지 있었던 주요 집회나 행사로는 대구민전 주최로 열린 민주주의 임시정부 수립 촉성 시민대회(1946년 1월 27일), 대구민전 결성대회(1946년 3월 27일), 미소 공동위원회 속개 촉구 시민대회(1946년 5월 19일) 등이 있고, 대구노평 주최로 열린 노동절 행사(1946년 5월 1일)도 있다. 좌우세력이 공동 개최한 행사로는 삼일절 행사(1946년 3월 1일), 대구 시민 대운동회(1946년 5월 5일), 8·15 기념대회(1946년 8월 15일) 등이 있다.[85] 당시 이런 행사에는 학생회, 노동조합, 청년단체 등 각 부문의 대중 조직이 총집결했고 일반 시민까지 수만 명씩 모였다. 특히 학생들은 지역 정치집회와 시위의 주요 세력이었다. 당시 대구에는 대학과 중학교 대부분이 대봉동을 중심으로 중구와 남구에 집중되어 있었고 도보 10~20분 거리로 연결되어 있었으므로, 집회나 시위가 있을 때 학교 간 연대가 활발했다.[86] 그리고 집회가 주로 대구역 광장에서 열렸으므로, 대구역 광장은 해방 직후 대구에서 대중정치 투쟁의 상징적 중심 공간이 되었다.

그러나 전반적으로 볼 때 1946년 한 해 동안 노동자와 학생의 시위보다 더 격렬했던 것은 빈민과 농민들의 움직임이다. 기아와 민생고에 시달리던 빈민들은 식량 배급을 요구하는 '기아 시위'를 여러 차례 벌였다. 1946년 1월 4일에는 미가 공정가격 실시로 쌀을 구하지 못한 시민 수백 명이 경북도청으로 몰려갔다. 3월 11일에는 쌀의 자유 반입·매매 금지에 항의하며 시민 수백 명이 도청 앞에서 시위를 벌였다. 4월 1일에는 대구역 뒤편 칠성정 5구 4반 극빈 가정 부녀자 80여 명이 대구부청 앞에서 시위를 벌였다. 콜레라와 홍수가 휩쓸고 난 7월 1일과 2일에는 쌀자루를 든 빈민 수천 명이 대구부청 앞에서 4차 기아 시위를 벌였다. 이 시위에는 경찰이 출동하여 주동자들을 구속했으며, 사건 직후 이경희 부윤이 사표를 내기도 했다. 8월 19일에는 기아로 탈진한 시민 수백 명이 부청과 도청 앞에 누워서 시위를 벌였다.[87] 10월 항쟁 전에 수백 명에서 수천 명 단위의 '기아 시위'는 남녀노소의 빈민 미조직 대중을 중심으로 자연발생적으로 일어난 것이다. 빈민들의 시위가 일어나자 대구민전에서는 4월 초에 식량대책위원회를 급히 조직하고 대구역 광장에서 식량난 해결을 촉구하는 시민대회를 열고자 했다. 그러나 대회는 미군정의 집회 불허로 무산되었다.[88]

경북 농촌 지역에서는 농민들이 시위부터 테러에 이르기까지 다양한 형태로 당국에 저항했다. 이미 1945년 10월부터 친일 관리를 공격하고 지서를 습격하는 사건이 영일군, 김천군, 상주군, 고령군, 칠곡군 등지에서 계속 일어났다. 1946년에는 경북 농촌 곳곳에서 식량 공출을 반대하는 시위와 봉기가 있었다. 3월에는 의성군과 달성군에서, 4월에는 경주군에서, 7월에는 칠곡군과 경주군에서 미군정의 식량 공출을 반대하는 농민 시위와 폭동이 일어났다. 여름부터 농민들은 추곡 수집을 피하고자 미리 벼를

베는 행동을 벌이며 식량 공출에 반대했다.[89] 소작쟁의도 많이 일어나, 경북에서는 1946년 한 해 동안 1,552건의 소작쟁의가 있었다.[90] 특히 영천처럼 논농사 비율이 높거나 소작률이 높은 지역은 지주-소작 관계의 갈등이 심해 농민들이 격렬하게 저항했다. 이런 지역에서는 나중에 10월 항쟁 기간에 봉기가 최고 강도로 일어났다.

좌우 합작과 대구공동위원회

미군이 한국에 들어올 때만 해도 그들을 해방군으로 대하던 한국인들은 미군정이 정치와 경제 영역에서 여러 가지 잘못된 정책을 펼치자 불만이 높아졌다. 미군정의 여론조사에 따르면, 1946년 4월 1일경부터 미군정에 대한 한국인들의 우호적인 태도가 감소했으며 4월 말과 5월에는 불만이 가장 고조되었다. 6월의 조사에서 미군정의 정책에 만족한다고 대답한 사람은 31퍼센트에 불과했다. 반면 진보세력에 대한 지지도는 높았다. 1946년 8월에 보도된 미군정의 여론조사 결과를 보면, 당시 민중이 찬성하는 체제는 자본주의 14퍼센트, 사회주의 70퍼센트, 공산주의 7퍼센트로 나타났다.[91]

1946년 5월, 미소 공동위원회가 결렬된 후 미군정은 서울에서는 소위 '정판사 사건' 등을 통해 진보세력을 탄압함과 동시에 중간파 중심으로 좌우 합작을 추진하여 진보세력의 정국 주도권을 약화하려고 했다. 대구에서도 미군정청은 6월 말에 좌우 합작 기구인 대구공동위원회를 구성했다. 이는 미군정이 스스로 해결하기 힘들었던 식량 문제를 해결하고 민심을 무마하는 데 현지인의 협조를 얻고자 하는 의도도 있었다. 대구공동위원회는 한민당, 한독당, 조선인민당, 조선공산당 등 4개 당의 대표 5명씩 좌우 동수로 구성되었으며, 10월 항쟁이 일어날 때까지 존속했다.

대구의 진보세력은 대구공동위원회에 적극적으로 참여했다. 특히 민전 요인으로서 미군정과 영어로 의사소통이 가능한 손기채, 황태성(이상 조선공산당), 최문식, 이재복(이상 조선인민당) 등이 대구공동위원회에서 주요 협상자로 활동했다. 따라서 대구에서는 7월까지 진보세력에 대한 미군정의 탄압이 심각하지 않았다. 대구 진보세력이 좌우 합작에 적극적으로 참여하고 미군정 협조 노선 기조를 유지한 것이 당시 조선공산당의 신新전술에 반대하던 여운형의 조선인민당 계열 노선을 따랐기 때문은 아닌 것으로 보인다. 그보다는 분단을 극복하고 자주적인 민족국가를 수립하기 위해서는 미소 양국의 협력과 좌우 연합이 중요하다고 여기고 당장 민의를 대변하여 미군정에 식량대책을 건의할 필요가 있다고 보았기 때문으로 보인다.[92] 대구 지역에서는 해방 직후부터 몇 차례 좌우 합작을 했던 경험이 있고 좌우 대립이 심각하지 않았던 점도 대구공동위원회가 성사된 배경이 되었다.

대구공동위원회 활동을 포함하여 대구 진보세력의 좌우 합작 활동은 "미군정의 본격적인 탄압을 피해 좌익의 역량을 상대적으로 강화한 것"으로 평가되기도 한다.[93] 그러나 대구공동위원회는 아래로부터 솟아오르는 미조직 대중의 운동을 통제하는 역할도 했다.

1946년 7월 1일과 2일에 빈민들이 기아 시위를 할 때 미군정과 행정당국 인사들이 시위를 무마하지 못하자 좌익 요인들이 군중을 설득하여 해산시켰다.[94] 7월 말에는 대구공동위원회 위원 황태성 등이 유세대를 구성하여 경북 각지를 방문하여 농민들에게 하곡 수집을 독려했다. 당시 신문에는 '대구좌우 합작회의, 경북 농민에게 군정청 하곡 수집정책 협력 호소'라는 제목으로 "회원들은 경상북도 도내 농민의 애국심에 호소하여 하곡을 공출함으로써 국민의 기근을 면할 수 있다는 것을 강조하며 군정당국에 협력하기를 동의했으며 회뢰와 불공평을 기본 삼던 일제시대의 방법과는 반대로 정의에 입각하여 공평한 할당량을 확립하도록 요청했다"는 기사가 실렸다.[95] 이 기사는 당시 미군정 하에서 대구공동위원회가 했던 역할을 보여준다.

경북 곳곳에서 농민들이 공출에 반대하며 저항했으나, 대구공동위원회의 독려와 미군정의 강제 수집으로 경북은 각 도 가운데 하곡 수집량이 가장 많았다. 즉 대구의 진보세력은 좌우 합작 기구인 대구공동위원회를 통해 지역 정치에 주요 협상 주체로 참여했으나, 이 활동은 미군정에 건의하고 협조하는 민간 자문기구 수준의 활동에 그쳤고 때로는 미조직 대중운동을 억누르는 역할까지 하며 미군정의 민심 무마용으로 이용된 측면도 있었다.

미군정의 탄압과 9월 총파업

1946년 8월에는 전매국 연초공장 노동자들이 파업을 했다. 전매국 파업은 전주에서 전평 조직을 깬 전력이 있던 정도영이 전매국 국장으로 부임하면서 촉발되었다. 정도영은 8·15 기념행사에 참석한 노동자들을 해고했다. 관리자들은 기아에 시달리던 노동자들이 궐련을 말아 붙이는 데 쓰는 풀을 가끔 먹었다는 이유로 가혹 행위를 했다. 이에 8월 23일, 노동자 800여 명이 항의하며 단식 농성을 했다. 경찰은 24일에 현장을 급습하여 노동자들을 구타하고 관련자 8명과 파업에 앞장선 여성 노동자 20여 명을 검거했다. 그럼에도 전매국 노동자들은 9월 초·중순까지도 밤마다 공장 벽에 구호를 쓰고, 악질 간부의 집을 습격하며 싸움을 벌였다.[96]

미군정은 경북 농촌 지역에서는 이미 1946년 초부터 각 지역의 인민위원회 간부를 검거하며 탄압했으나, 대구에서는 좌우 공동으로 주최한 8·15 행사에 지지를 보내면서 유화적 태도를 보였다. 그러나 빈민들의 기아 시위, 농민들의 하곡 수집 반대 시위, 노동자의 파업 등 아래로부터 올라오는 투쟁을 막을 수 없게 되자, 이러한 시위와 파업이 모두 진보세력의 선동에 의한 것으로 보았다. 위기의식을 느낀 미군정은 대구에서도 좌익 탄압에 나섰다. 8월 말에는 진보세력의 사무실을 압수 수색했고, 9월 12일에는 민전과 조선공산당 지도자 5명을 체포했다.[97]

그 무렵 서울에서도 미군정은 조선공산당 지도자 박헌영, 이강국, 이주하에 대한 체포영장을 발부했고, 『조선인민보』·『현대일보』·『중앙신문』 등 3개 좌익계열 신문의 폐간을 명했다. 1946년 9월에 이르면 대부분의 조선공산당 지도자들은 투옥되거나 추적을 받는 신세가 되었다. 이에 조선공산당 중앙은 이미 7월부터 미군정 협조 노선을 버리고 적극적 공세를 통해 수세적 국면을 타개한다는 '신전술'을 내세우며 탄압에 맞서고 있었다.[98]

1946년 9월 23일, 부산철도노조의 파업을 시작으로 전평 주도의 총파업이 일어났다. 대구와 경북에서도 철도노조원 1천여 명을 선두로 30여개 업체의 노동자 5천여 명이 대구노평 의장 윤장혁을 위원장으로 하는 남조선총파업 대구시투쟁위원회(이하 대구시투)를 결성하고 파업을 벌였다.[99] 9월 30일, 서울의 파업은 미군정에 의해 폭력적으로 진압되었다. 그러나 대구에서는 파업과 시위의 규모가 확대되었다. 정해구는 대구에서 9월 총파업이 강력했던 이유에 대해 첫째, 대구의 노동운동이 비교적 탄압을 덜 받으면서 주요 노조의 쟁의를 통해 대구노평이 조직 역량을 키울 수 있었던 점, 둘째, 대구의 파업은 서울의 파업처럼 강력한 경찰이나 우익에 의해 일찍 분쇄되지 않았던 점, 셋째, 대구 지역 진보세력이 분열되지 않았던 점을 들고 있다.[100]

더불어 9월 총파업이 일어나기 전부터 노동자·학생·청년·시민들이 함께 민전 주도로 연대집회와 시위를, 미조직 빈민들은 식량 요구 시위를, 농민들은 공출 반대 시위를 계속 벌이면서, 여러 계층·계급 대중의 반복된 투쟁 경험이 대중정치 투쟁의 역량으로 축적되어 있었다. 이는 10월 1일 후 대규모 민중 항쟁으로 나타난다.

3 혼돈 속의 건국운동과 항쟁 전야

1945년 8월, 일본이 항복하자 전국 각지에 건국운동 조직이 만들어졌다. 대구에서는 좌우 합작 단체인 건국준비 경상북도치안유지회가 만들어져 활동했다. 10월에 미군이 들어와 이 단체가 해산된 후에는 경상북도 인민위원회와 대구시 인민위원회가 민중 자치기구로 활동했다. 1946년 1월부터 대구민전이 중심이 되어 미소 공동위원회 지지와 민주주의 임시정부 수립 운동을 펼쳤다. 진보적 정당과 사회단체가 연대하여 결성한 이 단체는 1948년 정부 수립 전까지 존속하며 각종 행사와 집회를 주최하여 대중 정치 공간을 열었다.

정당조직의 경우, 해방 후 대구에도 여러 정당이 만들어졌는데 가장 먼저 결성된 조선공산당 경북도당과 대구시당이 주도적으로 활동했다. 이 조직은 일제강점기에 신간회 활동과 사회주의 학생운동을 했던 활동가들을 중심으로 구성되었으며, 공개적 대중조직이 아닌 비공개 전위조직으로서 노동조합 등 각 부문에서 대중조직을 만들고 지도했다. 뒤이어 여운형 계열의 조선인민당 대구지부가 창당되어 학생 조직화에 주력했다.

이에 따라 해방 직후부터 다양한 대중조직이 결성되었다. 노동운동은 산업별로 노조를 만들어 전평 산하 조직인 대구노평을 결성하여 활동했다. 학생운동은 대구의전(대구의대) 등 대학생 조직의 지도로 중학생들이 주축이 되어 진행되었다. 당시 학생들은 공개적인 연합조직은 없었지만 각 학교의 학생자치회를 기반으로 조직적으로 활동했다. 그 외에도 대구의 진보세력은 청년·여성·문화 등 다양한 부문에서 대중조직을 만들어 활동했다. 경북 농촌 지역에는 군 인민위원회가 도 전역에 조직되었다. 인민위원회 역시 일제하 신간회 운동과 적색 농민조합 운동을 했던 항일운동 세력이 주축이었다. 농촌 조직은 도시와 달리 이념적인 기반보다는 지역 유지와 마을 지식인들이 중심이 되어 친족공동체와 혈연관계를 바탕으로 결성된 경우가 많았다.

당시 대구·경북 지역에서 진보세력의 힘이 강했던 이유는 우선 대중의 지지도가 높았다는 데 있다. 보수세력은 친일 경력을 지닌 인사가 많았으나, 진보세력은 항일운동 경력을 지닌 인사가 많았으므로 대중은 이들을 지지함으로써 건국운동 의지와 사회 참여 열기를 표현했다. 농촌에서는 농민들이 토지개혁을 통해 봉건적 신분제의 속박에서 벗어나고자 하는 열망으로 진보세력을 지지했다. 대구의 진보세력은 분파 갈등이 거의 없었고, 조선인민당과 조선공산당 사이의 갈등도 거의 없었다. 심지어 보수세력과도 노선 차이를 앞세우기보다는 항일운동을 함께했다는 공감대 속에서 지역 문제를 협의하고 몇 차례 좌우 합작을 실현했다. 대구의 진보세력은 이러한 유연성 때문에 강력한 힘을 발휘할 수 있었다.

그러나 그들은 신생 조직으로서 여러 가지 한계가 있었다. 첫째, 대중조직을 이끌어나갈 훈련된 활동가가 부족했다. 핵심 활동가들은 일제강점기에 항일운동을 했던 경험은 있으나 합법적인 대중운동 경험은 부족했다. 둘째, 지방 유지 출신의 지식인·엘리트들이 모인 정당으로서 계급적 한계가 있었다. 그들은 당시 지역 인구의 소수에 불과한 노동자와 학생·청년 조직에 주력했고, 인구의 절대다수를 차지하는 빈민은 제대로 조직하지 못했다. 민전은 미군정기에 대구 지역의 대표적 통일전선조직이었으나, 지방 명망가 중심의 상층 통일전선 단위로서 기층 민중의 움직임과 거리가 있었다. 셋째, 당시 진보세력은 미소 공동위원회 성사가 중요하다고 보았으므로 미군정을 자극하지 않기 위해 협조 노선을 취했는데, 이것은 그들이 활동을 제대로 펼치지 못한 원인이 되었다. 넷째, 각 시·군별 조직이 서로 유기적이지 못했다. 중앙조직과 지방조직의 관계도 그러했고 도시와 농촌의 관계도 그러했다. 이러한 경향은 나중에 1946년 10월 항쟁이 일어났을 때 항쟁이 지역마다 고립·분산적으로 전개되는 원인이 되었다. 물론 이러한 한계는 대구·경북 지역만이 아니라 당시 남한 진보세력 전체의 한계라고 볼 수 있다.

해방 직후 사회운동 세력과 민중으로부터 고조된 건국운동은 미군정이 들어서자 난관에 부딪친다. 첫째, 미군정의 비호 아래 친일 관리와 친일 경찰이 재임용되고 보수세력이 육성되었다. 둘째, 해방 후 귀환 이재민이 다수 유입되어 인구가 급증한 상태에서, 미군정이 잘못된 경제정책을 펼쳤다. 이에 물가고와 실업난에 식량난이 가중되어 사회·경제적 불안정성이 증대했다. 특히 1946년 여름 콜레라가 유행하고 수해가 일어나서 도시 빈민의 식량난은 극심해졌다. 셋째, 토지개혁을 지연하면서 봉건적 질서를 타파하지 않아 지주-소작 관계로 고통받던 농민의 삶이 여전히 힘들었다. 이는 민중에게 일제 식민지의 사회적 트라우마를 환기하는 것이었다.

미군정은 1946년 봄부터 경북 지역 각 군의 인민위원회를 탄압했다. 그러나 대구에서는 식량 문제 등으로 지역 민심의 이반이 심했으므로 6월에 좌우 합작 기구인 대구공동위원회를 구성한 뒤 민중을 설득하려고 했다. 대구의 진보세력은 미군정과 식량 문제 등을 협상하기 위해 대구공동위원회에 적극적으로 참여했다. 그러나 대구공동위원회는 미군정에 건의하고 협조하는 민간 자문기구 수준에 그쳤고, 때로는 미조직 대중운동을 억누르는 역할까지 하며 미군정이 민심을 무마하는 데 이용된 측면도 있었다.

이에 따라 1946년으로 접어들면서 각계에서 대중투쟁이 터져나왔다.

지역에서 폭발한 여러 계층·계급의 대중투쟁은 크게 세 가지로 나눌 수 있다. 첫째, 도시의 학생들은 동맹휴학을, 노동자들은 파업을 벌였다. 그리고 조직 대중은 민전 주도의 대규모 시민 집회와 시위에 참여했다. 청년들은 치안 유지 활동을 하고 시민 집회나 시위의 사수대와 선봉대 역할을 했다. 둘째, 도시의 미조직 빈민들은 식량 배급을 요구하며 '기아 시위'를 여러 차례 벌였다. 셋째, 농촌에서는 농민들이 친일 관리를 공격하고 지서를 습격하는 한편, 공출 반대 시위를 벌이고 소작쟁의를 하면서 다양한 형태로 미군정과 당국에 저항했다.

대구·경북 지역에는 해방 후 1년 동안 여러 계층·계급 대중의 사회운동이 정치적 행동으로 분출되었다. 전반적으로 조직 대중과 미조직 대중의 활동 방식은 다르게 나타났다. 전자는 목적의식적이고 체계적이고 계몽적인 유형이라면, 후자는 자연발생적이고 테러적인 유형이었다. 이러한 특징은 그 후에 일어난 10월 항쟁에 그대로 반영된다. 미군정의 정책에 반발하는 여러 계층·계급의 대중투쟁이 계속 일어나자, 위기의식을 느낀 미군정은 민중의 투쟁을 진보세력의 사주에 의한 것이라고 여기며 대구의 진보세력을 탄압했다. 건국운동 및 사회운동의 탄압에 대한 저항은 9월 총파업과 10월 항쟁으로 폭발한다.

대구, 10월 항쟁의 서막

"사람들이 철도 요원이 죽었다고 웅성거리기에

깜짝 놀라 가보니 죽은 사람이 김용태라요.

보고만 있으니 철도병원 의사 서영덕과 김재용이

적십자 완장을 차고 와서 시체를 수습해 당가에 싣더네요.

사람들 사이에서 시체를 들고 대구경찰서로 가자는 말이 나왔어요.

그런데 그날은 못 갔던 모양이라요. 서영덕과 김재용이 당가를 둘러메고 갔는데,

이튿날 대구경찰서로 가보니 거기에 메고 왔어요.

그 사람들이 시신 옆에 계속 같이 있었어요. 내가 확실히 봤어요."

2장에서는 항쟁의 전 과정 중 10월 1일과 2일에 일어난 대구 항쟁을 당시 항쟁 참여자와 현장 목격자의 증언 자료를 토대로 재구성했다.

1946년 10월 1일과 2일에 일어난 대구 항쟁의 경과는 관련 저작마다 상세히 소개되어 있다. 그러나 기존 연구서들은 미군 문서, 언론 기사, 단순 현장 목격자의 증언을 주요 사료로 했기 때문에 수십 년간 진상이 규명되지 않고 있는 대목이 많고, 비합법·비공개로 진행되었던 사회운동의 내적 정황이나 사건의 이면을 파악하는 데 한계가 있다. 그래서 이 장에서는 항쟁 참여자와 목격자들의 증언을 토대로 지금까지의 연구에서 정확하게 규명되지 않고 있던 다음의 질문을 중심으로 대구 항쟁의 전개 과정을 살펴보고자 했다.

첫째, 경찰의 발포는 우발적이었는가? 둘째, 피살자는 누구이며, 시신 시위는 어떻게 조직되었는가? 셋째, 항쟁 지도부는 누구이며, 그들의 목표와 역할은 무엇이었나? 넷째, 대구 항쟁에는 항쟁 이전 지역운동의 성과와 한계, 또는 항쟁 이전 각 계층·계급운동의 특징이 어떻게 반영되었는가? 다섯째, 조선공산당 중앙조직과 지역운동의 관계는 어떠했는가?

이러한 질문을 토대로 아직 진상이 밝혀지지 않고 쟁점으로 남은 부분들을 파악하여 대구 항쟁의 특징을 분석해보기로 한다.

1　대구역 광장 시위와 경찰의 발포

10월 1일: 노동자·시민이 연대한 시위 그리고 경찰의 발포

"배고파 못 살겠다, 쌀을 달라!"

1946년 10월 1일 오전 10시 반경, 대구부청 앞에서는 여성과 어린이가 중심이 된 시민 1천여 명이 시위를 벌였다. 성난 군중을 해산하려고 한 경관이 공포를 세 발 발사하자, 군중은 더 분노하여 그를 구타했다.[1] 그들은 그 길로 10여 분 거리에 있는 경북도청 광장으로 이동하여 계속 시위를 벌였다.

1946년 가을에 전국을 휩쓴 10월 항쟁은 이렇게 시작했다. 두 달 동안 계속된 전국 항쟁의 출발점인 대구 항쟁은 다음과 같은 6개의 사건으로 이루어져 있다.

① 10월 1일 오전 대구부청과 경북도청 앞: 빈민들의 식량 요구 시위
② 10월 1일 오후 대구역 광장: 파업 노동자 중심의 시위
③ 10월 2일 오전 대구부청 앞: 빈민들의 식량 요구 시위
④ 10월 2일 오전 대구역 광장: 파업 노동자 중심의 시위
⑤ 10월 2일 오전 대구경찰서 앞: 청년·학생·시민 연합 시신 시위
⑥ 10월 2일 오후 시내 전역: 기층 민중의 봉기

10월 항쟁의 주요 사건과 전개 과정. ⓒ 10월항쟁유족회

10월 1일과 2일 대구역 광장 시위에서 경찰 발포가 있었다. 10월 1일의 오후 대구역 광장의 상황, 경찰의 발포 계기에 대해 기존 연구는 여러 갈래의 주장을 하고 있다. 그리고 대개 경찰의 발포 과정을 어느 정도 우발적인 것으로 설명하고 있다.

미 24군단 사령부 감찰참모실에서 작성한 「한국 대구에서 발생한 소요 사태에 관한 조사보고서」Report of Investigation regarding Disturbances at Taegu, Korea(1946년 11월 22일)에는 이날 오후의 상황을 다음과 같이 기록한다.[2]

① 1946년 10월 1일 이른 오후에 1천~1,500명으로 추산되는 군중이 철도역 근처 노조본부에 집결했다. 제5관구 경찰청장과 미군 장교가 그곳에 가서 노조 지도자들과 대화를 나눴는데, 이들은 당국이 경찰력을 사용하지 않는다면 군중을 해산시키겠다고 약속했다. 이에 100명가량의 경찰이 철도역에 파견되어 있었으나 군중을 해산시키려고 하지 않았다.

② 오후 5시쯤 군중의 숫자가 3천~4천 명으로 증가했다. 추가로 경찰 50명이 도착했다. 군중은 돌과 몽둥이 등으로 무장하고 있었다. 오후 5시 30분쯤 경위 1명과 순경 3~4명이 군중 속에서 발생한 소요를 조사하기 위해 노조본부 근처에 갔다가 군중의 공격을 받았다.

③ 경찰의 주력이 군중을 해산시키기 위해 이동하는 과정에서 총을 발사했다. 그 결과 민간인 1명이 피살되었다. 사격은 밤 11시까지 산발적으로 계속되었다.

같은 상황에 대해 정해구는 미군 문서뿐 아니라 당시 공안당국에서 발표한 보고서 등 각계에서 작성한 자료를 근거로, 대구시투 사무실 앞에 모인 동맹파업단 500여 명이 해산하지 않자 1차로 대구경찰서 경찰이 출동하고 2차로 제5관구 경찰청장과 무장 경찰이 출동하여 대구시투 위원장과 교섭을 벌였으나, 1만 5천 명으로 불어난 군중이 해산을 거부하면서 경찰과 대치하고 충돌하는 가운데 경찰이 발포했다고 서술하고 있다.[3]

미 24군단 사령부 감찰참모실의 기록이나 정해구의 서술은 이날 대구역 광장 시위의 성격이나 모인 군중의 성격, 그리고 노동자 시위가 대규모 군중 시위로 변한 경위 등을 설명하지 않고 있다. 그러므로 이 글에서는 당시『경북신문』편집국 차장 최석채의 회고와 대구경찰서 보안주임 박경호의 회고록을 근거로 당시의 상황을 다시 한 번 살펴보기로 한다.

최석채의 회고 내용을 보면, 이날 오후 5시쯤 대구역 광장에는 대구시투 주도로 '전매국 노조 쟁의 지원 시민궐기대회'가 열렸다. 이 집회에는 군중 5천~6천 명이 모였으며 손기채, 최문식, 이선장, 황태성, 윤장혁 등이 연설을 했다. 오후 7시쯤 경찰이 이 집회를 '무허가 집회'라 하여 강제 해산시켰고 해산하는 군중이 돌아가는 길에 금정(지금의 태평로 일대) 부근에서 충돌이 생겨 경찰대가 공포로 위협 발사를 했으며, 그 유탄에 한 사

1946년 10월 대구의 시위 군중. © 미국 국립문서기록 관리청

람이 맞아 도립병원으로 옮겨졌다.[4]

　당시 사건 현장에 있었던 경찰 박경호의 회고록도 같은 내용을 담고 있으나 좀 더 자세하다. 박경호의 회고록에 따르면, 이날 오후 대구역 광장에서 대구시투 주도의 집회가 열렸으며, 노동자 500여 명을 주축으로 하는 동맹파업단을 포함하여 시민 5천~6천 명이 모였다. 집회에서는 손기채, 최문식, 윤장혁이 연설했고 군중은 "쌀 배급 반대", "일급제日給制 반대", "박헌영 선생 체포 취소하라" 등의 구호를 외치고 '해방의 노래'와 '혁명가'를 합창했다. 집회 해산을 위해 이성옥 서장을 포함한 대구경찰서 경찰이 현장에 파견되었다. 집회는 오후 7시쯤 끝났으나 군중은 해산하지 않고 경찰과 대치했고 이 상태에서 경찰의 발포가 있었다.[5]

　너무나 많은 군중에 경찰이 포위된 상태로 몸으로 밀리고 있었다. 경찰의

해산하라는 고함소리도 군중에게는 우이독경. 통할 리가 없다. 드디어 이성옥 서장의 발포 명령이 떨어져 공중을 향한 수발의 총소리가 울려퍼졌다. 군중들은 총소리를 듣고 우왕좌왕 해산했으나 군중 가운데 경찰 총에 맞아 사람이 죽었다는 소리가 멀리서 들린다. 유탄에 맞아 쓰러진 사람이 있었는지 여부는 그때 현장에 있었건만 나는 확인할 수가 없었다. 이런 혼란 속에서 석양이 지면서 군중들이 거의 해산되었으므로 경찰은 여세를 몰아 주동자와 동조한 좌익분자들을 검거하기 시작했다. 나윤출도 이날 저녁에 붙잡혀 유치장에 수감되었고 많은 좌익분자들도 수감되어 유치장은 만원을 이루었다.

_ 박경호, 「10·1폭동사건과 나 ─ 45년이 지난 그때를 회상하며」, 2005.

미군 제99군정단의 부대일지에도 발포 상황과 발포 이후의 상황에 대한 기록이 있다. 이 기록에 따르면, 대구역 부근에서 오후 6시 반부터 다섯 발의 총성이 들렸으며, 발포 후에도 흩어졌던 군중의 시위가 계속되어 오후 9시 반에 해산이 가능했다. 경찰의 발포는 자정까지 산발적으로 계속되었다.[6]

이상의 내용을 종합해보면, 대구역 광장에서 대구시투 주도의 집회가 열렸고 경찰이 이 집회를 불법으로 간주하여 해산시키는 과정에서 대구경찰서 이성옥 서장의 명령으로 발포가 있었다. 경찰의 발포는 한두 경찰에 의해 우발적으로 일어난 것이 아니라 경찰의 지휘·명령 계통에 의해 일어난 것으로 자정까지 계속되었다.

대구역 광장의 집회는 대구시투가 주최한 집회이고 동맹파업단 노동자 500여 명이 주력이었다. 이때의 동맹파업단은 운수·금속·화학노조가 중심이었다고 하므로, 대구공회당 건너편 마루보시(대한통운)의 화물 노동자(운수노조), 북성로 일대의 철공소 노동자(금속노조), 전매국 연초공장 노동자(화학노조) 등 대구시투 바로 인근에 작업장이 있는 노동자들이 주축이었던 것으로 보인다. 그러나 이날 열린 집회는 노동자 집회가 아닌 시민대회였다. 집회의 주축이 동맹파업단이었지만, 당시 모인 군중이 5천~6천 명에 달했다고 하므로 노동자 수에 비하면 일반 시민이 상당히 많이 참가한 것으로 추정된다. 특히 집회 장소인 대구역 광장은 1946년 초부터 지역 진보세력의 대표적 통일전선조직인 민전 주최로 수만 명 규모의 시민대회가 여러 차례 열렸던 곳으로, 해방 직후부터 대구 지역 대중정치 투쟁의 중심 공간으로 상징성을 지녔던 곳이다.

당시 노동자 파업이 전국에서 진행되었으나 대구에서만 노동자 파업이 시민 항쟁으로 전환했다. 그 이유는 대구에서 실업난과 식량난 등 사회·경제적 문제가 더 심각한 탓도 있었지만, 다른 지역과 달리 지역의 건국운동 과정에 노동자와 시민이 계속 연대해왔고 총파업 기간에도 노동자와 시민의 연대를 적극적으로 추진했다는 데 있다. 1946년 10월 1일 오후 대구역 광장에서 열린 시민대회는 노동자의 파업이 시민 연대로 확산하는 결정적인 장이었으며, 해방 후 1년 동안 누적된 대중투쟁 역량이 지역 중심부에서 표출된 것이었다. 그리고 이것이 당국의 위기의식을 불러일으켜 경찰 발포 상황으로까지 이어졌다.

10월 2일: 시위의 전개와 경찰의 발포 시점

10월 2일 대구역 광장 시위는 전날 대구시투 사무실과 각 공장에서 철야 농성을 하던 노동자와 시민 수천 명이 모여 일어난 것으로 추측된다. 10월 1일 시위와 마찬가지로, 10월 2일 시위의 경찰 발포 과정에 관해서도 자료에 기록된 내용은 명확하지 않다. 경찰의 발포 이유에 관한 기록도 분명하지 않다. 대구화학노조 서기인 이일재는 시위자 중 누군가가 돌을 던졌기 때문이라고 증언했고, 언론인 정영진의 저작에는 '대구경찰서 순경 송재익이 시위자 중 누군가가 총을 쏘았기 때문에 경찰이 발포했다고 증언했'는 내용이 있다.[7] 박헌영의 기록에는 군중이 대구시투 본부 앞에 모여 집회를 하는 도중에 경찰이 와서 단상에서 선동하는 노동자를 사살했으며, 이에 분노한 군중이 경찰과 충돌하여 양측에 사상자가 발생했다는 내용이 있다. 그런데 그의 기록에는 대구경찰서 앞 시위대가 경찰서를 점거하고 난 뒤 집회가 열려 경찰의 발포가 있었다는 내용도 있고,[8] 오전 11시 반경 이 일이 있었다는 내용도 있다.[9] 기존의 연구는 둘 중 전자의 기록에 근거해, 학생 시위대가 대구경찰서를 점거하고 기층 민중의 봉기가 일어난 뒤 경찰이 집회 중인 노동자를 사살했다고 정리한 경우도 있다.[10]

이 글에서는 당시 현장에서 사격에 가담했던 제5관구 경찰청 소속 특경 대원 최○○의 구술과 시위 참가자인 학생 배일천의 구술, 그리고 경찰 박경호의 회고록을 통해 당시의 상황을 살펴보겠다.

당시 대구 지역의 경찰은 제5관구(경북) 경찰청 특경대와 제19구(대구) 경찰서 경찰부대, 제24구(달성) 경찰서 경찰부대가 있었다. 최○○는 당시 제5관구 경찰청 소속 특경대원들이 대구역 광장에서 10월 1일 저녁부터 2일까지 철야를 하며 주둔했으며 지휘관인 특경대장 이강학의 명령에 따라 시위 군중에게 사격했다고 증언했다.

제5관구 경찰청에 있다가 10월 1일 대구역 앞에 출동해서 현장에서 저녁 먹고 철야했어요. 10월 2일까지 이틀 있다가 돌아왔죠. 폭동 진압하는 경찰은 5관구 경찰청 특경대. 5관구 경찰청이 전체를 지휘했어요. 현장 지휘자는 특경대장도 있고 경찰서 수사과장도 있고. 총을 발사한 것도 명령에 따라 졸병들이 한 거예요. (검지를 치켜들어 위를 향해 올리며) 경찰 지휘관이 손가락을 올리며 사격 명령을 하면 한 발씩 발사하고.

- 최○○, 2009년 3월 27일, 진실화해위원회[11]

경찰 최○○는 이 사격이 허공을 향해 쏜 공포탄인지, 군중을 향해 실탄을 쏜 것인지는 말하지 않았다. 다만 그의 구술을 볼 때, 이 사격은 경찰 한두 명이 우발적으로 한 것이 아니라 지휘관의 명령으로 일제히 한 것으로 보인다.

대륜중학교 학생 배일천은 10월 2일 아침에 학교에서 스크럼을 짜고 나와 거리 시위를 했으며, 중앙로에 도착했으나 학생 중 일부는 모인 사람들이 많아 대구경찰서 네거리까지 들어가지 못해 대구역 광장 방향으로 갔다가 경찰의 총격을 목격하고 해산했다고 증언했다.

점심시간쯤 됐는가 몰라요. 중앙통이 인산인해라요. 우리 학교 학생들은 대구역 쪽으로 쭉 갔는데 거기에 마루보시 노동자들이 나와 고함지르고 시민들도 북적거리고 있고. 경찰들도 총을 들고 설치샀더라고. 그래서 우리는 대구공회당 쪽으로 돌아서 대구경찰서로 가려고 하는데 뻥, 뻥, 빠빠빠빠빵 총소리가 마구잽이로 납디다. 그러자 바로 우리 앞에서 사람이 피를 흘리며 총상을 입은 거예요. 놀란 시민들이 뿔뿔이 흩어지고. 우리도 어린 마음에 겁이 안 납니까? 나는 그 길로 학교로 돌아가 가방 챙겨서 쌔가 빠지도록 집으로 도망왔지요.

- 배일천, 2013년 7월 20일

이 구술을 통해 사건 발생 시각을 추정할 수 있다. 경찰 박경호의 회고록은 사건 발생 시각과 함께 그 뒤의 상황을 자세히 알게 해준다.

12시경 서장실에서 전갈이 와서 갔더니 이성옥 서장, 권 청장과 군중의 대표인 듯한 외부 인사 서너 명이 앉아 있다. 서장은 나를 보고 "역전에 배치한 경찰부대와 보통 노무자 간에 총격전이 벌어지고 있으니 박 경위가 현장에 가서 경찰대원들을 경찰청으로 철수하도록 하시오"라고 한다. 권 청장이 명함을 꺼내더니 (명함에다) 자필로 명령서를 써서 나에게 준다. (……) 대구서에서 북쪽 통운 쪽으로 우리 일행이 (군중을 뚫고) 겨우겨우 걸어가는데 약 200미터쯤 되는 북성로에 이르자 군중은 끊어지고 인적이 없이 탁 트이게 된다. 태평로까지 와서 대구역 쪽을 바라보니 경찰관들이 전투태세인 '엎드려 총 자세'로 있지 않는가. 고개를 왼편으로 하여 통운 쪽을 보니 여기는 사람의 그림자도 없이 고요하다. 역전과 통운 사이는 겨우 400미터 거리가 될까. 이 사이에 총격전이 있었다니……. 나는 즉시 큰길 한가운데 서서 손수건을 내어 흔들었다. 그리고 역 광장을 향해 걸어가 역전에 배치된 대원들을 불러 모으니 모두 20여 명이나 된다.

_ 박경호, 앞의 글, 2005

이 회고록에 따르면, 대구경찰서에서 대표단 면담이 진행되고 있을 때 대구역 광장에서 군중과 제5관구 경찰청에서 파견된 특경대 경찰 사이에 총격전이 일어났고, 박경호는 대구경찰서에 있던 권영석 경찰청장의 철수 명령을 전했다. 한편 미군 제99군정단의 부대일지에는, 10월 2일 오전 11시에 철도역 앞 구덩이에서 경찰 4명이 민간인을 향해 사격을 시작한 뒤 철도 조차장으로 철수했다는 기록이 있다.[12]

이상을 종합하면, 10월 2일 대구역 광장에서 경찰의 발포가 있었으며, 이 발포는 특경대장 이강학의 명령에 의해 일제 사격 형식으로 실행된 것으로 보인다. 사건 발생 시각은 오후가 아닌 오전 11시에서 12시 사이로 추정되며, 이 일이 그 뒤에 일어난 대구경찰서 경찰의 무장해제와 시위대의 경찰서 점거에 영향을 준 것으로 보인다. 그러나 경찰이 발포하게 된 계기에 대해서는 여러 기록이나 증언의 내용이 엇갈리므로 좀 더 확인이 필요하다.

10월 1일 경찰 발포 피살자는 누구인가

지금까지의 연구에서는 1946년 10월 1일 대구역 광장에서 경찰 발포로 사망한 피살자의 신원을 밝히지 못하고 있다. 그리고 이튿날 대구경찰서 앞 '시신 시위'에 사용된 시신의 신원에 대해 몇몇 저작에서는 대구의대 학생들이 의대 시체 보관실에 있던 행려병사자의 시체를 가장한 것으로 보인다고 서술하고 있다.[13] 다만, 당시 대구화학노조 서기였던 이일재는 10월 1일 저녁에 국제고무공장 노동자들에게서 대팔연탄 노동자 황말용이 경찰의 발포로 사망했다는 소식을 들었다고 증언한 적이 있다.[14] 이 증언은 언론에 여러 차례 보도되어 꽤 많이 알려진 편이다. 그러나 이일재가 진술한 '황말용'의 신원은 다른 자료에서는 확인되지 않는다. 2006년 경찰청과거사위원회에서도 황말용의 신원을 구체적으로 확인하려고 노력했으나 자료를 확보하지 못했다고 보고하고 있다.[15] 1946년 11월 13일 대구부 후생과에서 발표한 민간인 피살자 명단에 유사한 이름인 '황팔봉'이 있으나 그의 직업은 양복업으로 이일재가 말한 '황말용'의 직업과 다르다(81쪽 〈표 2-1〉 참조).

필자는 진실화해위원회 조사를 통해 10월 1일 시위 현장에서 경찰의 발포로 노동자 이상익과 김용태 2명이 총격을 당했고 이 중 시위 현장에서 즉사한 김용태의 시신으로 10월 2일 학생들이 시신 시위를 했다고 밝힌 적이 있다. 이는 미 24군단에서 작성한 문서와 대구부 후생과에서 발표

한 민간인 피살자 명단, 당시 사건 현장에 있었던 목격자 2명의 진술 등에 근거한 것이다.[16]

우선, 1946년 10월 24일 미 24군단 사령부 헌병참모실에서 작성한 「대구사태 보고서」Report of Taegu Situation(1946년 10월 26일)를 보면, "이상익(칠성정〔현 칠성동〕144, 노조 지도자)과 신원미상의 노동자 1명 등 총 2명이 10월 1일 시위 현장에서 경찰에게 피격되었다. 이 중 신원미상자는 즉사했고, 이상익은 중상을 입은 뒤 병원에 실려가 10월 3일에 사망했다. 신원미상자의 시신으로 최무학 등 학생들이 시신 시위를 했으며 이것이 10월 항쟁이 시작된 계기가 되었다"라는 기록이 있다.[17]

둘째, 대구부 후생과에서 발표한 1946년 11월 13일 기준 대구·달성 지역 피살자 명단을 보면, 명단에 실린 피살자 중 경찰·관리 피살자는 11명, 민간인 피살자는 23명이다(〈표 2-1〉 참조).[18] 이 명단에는 피살자들의 이름, 나이, 직업 이외에는 인적 사항이 밝혀져 있지 않고 구체적인 희생 경위도 적혀 있지 않다. 그러나 명단에 실린 '이상익(46세, 노동)'은 앞의 미군 문서에 기록된 '이상익'과 같은 인물로 볼 수 있다.

셋째, 진실화해위원회의 참고인 조사 과정에서 건국준비위원회 대구지부 구성원이자 항쟁 참가자인 성기연은 1946년 10월 1일 대구공회당 부근에서 노동자 2명이 사살되었다고 진술했고, 대구철도노조 조직부장 유병화는 대구역 구내(기관구)에서 일하던 철도노조원 김용태金龍泰(20대 후반, 칠성동 거주)가 10월 1일 대구공회당 북쪽 도로(일명 마루보시 길) 시위 현장에서 경찰의 발포로 사망했으며, 그가 10월 2일 봉기의 기폭제가 된 시신 시위의 주인공이라고 진술했다. 진실화해위원회 조사에서는 유병화가 진술한 '김용태'가 피살자 명단에 실린 '김용태(27세, 역수)'와 같은 인물이라고 판단했다.[19]

	성명	나이	직업		성명	나이	직업
1	정순이	71	무직	13	김용태	27	역수
2	김득성	63	무직	14	신일봉	26	목공업
3	김학도	55	상업	15	박영호	24	조해朝海 직원
4	홍명수	47	기자	16	박돈생	24	운수 서기
5	이상익	46	노동	17	□태석	24	노동
6	심낙원	45	무직	18	문석출	23	조해朝海 인부
7	김용준	42	식량배급소	19	박도문	23	부서기
8	추홍엽	40	노동	20	박성호	22	□회 간사
9	장용현	38	노동	21	이철연	20	행상업
10	변익진	37	기재 착오	22	황팔봉	19	양복업
11	권인택	32	철공	23	서철군	17	역기관구원
12	이성윤	29	철공				

〈표 2-1〉 대구부 후생과에서 발표한 민간인 피살자 명단 (1946년 11월 13일 기준)

출처: 『대구시보』, 1946년 11월 14일

10월 2일 경찰 발포 피살자의 신원 추정

기존 연구에는 10월 2일 대구역 광장 경찰 발포 피살자의 신원이 전혀 확인되지 않고 있으며, 사망자 수도 기록마다 차이가 있다. 정해구는 박헌영의 기록[20]에 근거하여 민간인 18명과 경찰 4명이 사망했고 다수의 부상자가 발생했다고 정리하고 있다.[21]

필자는 다음의 두 자료를 근거로 이 문제를 분석해보았다.

첫 번째 자료는 미국 국립문서기록 관리청에서 공개한 현장 사진들이

대구 항쟁 발포 현장 사진(1946년 10월 2일). ⓒ 미국 국립문서기록 관리청

대구 항쟁 현장 피살자 사진(1946년 10월 2일). ⓒ 미국 국립문서기록 관리청

다. 경찰 발포 현장 사진에는 거리 한쪽에 장총으로 무장한 경찰들이 엄폐물 뒤에 쪼그려 앉아 있고, 반대편의 피신한 시위 군중 쪽에는 여러 명이 바닥에 쓰러져 있다. 그리고 시신을 촬영한 사진에는 번호가 24번까지 매겨져 있으므로 적어도 24명이 사망했음을 알 수 있는데, 이 24명이 민간인만 해당하는 것인지 경찰을 포함한 것인지는 확인되지 않고 있다.

두 번째 자료는 앞에서 언급한 대구부 후생과에서 발표한 피살자 명단이다. 이 명단에 10월 1일 경찰 발포 피살자 이상익과 김용태가 포함된 것 등 여러 정황으로 볼 때, 이 2명을 제외한 민간인 피살자 21명 중 대다수는 10월 2일 대구역 발포로 현장에서 즉사했거나 병원 이송 후 사망한 사람으로 보인다. 〈표 2-1〉을 근거로 피살자 21명의 특성을 살펴보면, 직업별로는 노동자가 다수를 차지한다. 나이별로는 20대가 많으며, 성별로는 남성이 다수인 것으로 추정된다. 그리고 유병화의 구술에 따르면, 명단에 적힌 피살자 중 역기관구원 서철군(17세)은 노동조합원이 아닌 미조직 대중이라고 한다.[22] 이 진술과 명단에 실린 다른 피살자의 인적 사항을 근거로 추정해볼 때, 피살자 중에는 미조직 대중도 상당수 있는 것으로 보인다. 이날의 현장 피살자에는 당시 부산철도노조원인 이수갑의 동생이 포함되어 있다는 증언도 있다.[23]

2   청년·학생 연합 시위와 시민 항쟁

1946년 10월 1일 경찰 발포로 노동자가 사망한 뒤, 10월 2일 오전에는 대구부청 앞의 부녀동맹 주도 시위, 대구역 광장의 노동자 시위, 대구경찰서 앞의 청년·학생 시위가 동시다발적으로 일어났다. 이 중 대구부청 앞 시위는 참가 인원이 적었고, 대구역 광장 시위는 경찰 발포로 쉽게 해산됐지만, 대구경찰서 앞 시위는 상당히 많은 인원이 참가하여 조직적으로 일어났다. 그렇다면 항쟁 지도부는 누구이며, 지도부의 목표나 수준은 어느 정도였을까?

경찰 발표에 따르면, 1946년 10월 1일과 2일 밤사이 대구의대에서 조선공산당 대구시당 간부이자 민전 부의장인 손기채의 주도로 각 학교 좌파 교원과 학생들이 모여 관공서 파괴와 경찰서 접수에 관한 계획을 수립했다고 한다.[24] 이에 근거하여 연구자 허종은 10월 1일과 2일 밤사이 손기채를 중심으로 조선공산당 산하에 특별대책위원회가 구성되었고 10월 2일 투쟁계획은 이 특별대책위원회가 결정한 것으로 보이며, 특별대책위원회는 조선공산당 대구시당 위원장 김일식이 위원장으로서의 직무를 위임했다는 발언을 볼 때 항쟁 최고기구 역할을 한 것으로 보인다고 분석했다.[25] 한편 대구사대 교수이자 조선공산당 당원인 이종하는 대구사대에서는 조선공산당 경북도당의 조직부책인 황태성이 당 세포회의에서 시위 방침을 전달했다고 했다.[26] 언론인 정영진의 저작에는 10월 1일 저녁에 민전 사무실에서도 비상대책회의가 열렸으며, 이튿날 대구경찰서에 조선공산당의 간부인 장적우, 이상훈 등과 조선인민당 간부인 최문식, 이재복 등이 경찰 측과 면담을 하러 나왔다고 기록되어 있다.[27] 그리고 미 24군단 사령부 헌병참모실에서 작성한 「대구사태 보고서」를 보면, 1946년 10월 2일 대구경찰서 앞의 시위는 대구의대 학생 최무학이 주도했다고 한다.[28]

여러 자료에서 항쟁 지도부 역할을 했다고 거론되는 사람으로 조선공산당 간부이자 대구공동위원회 위원인 손기채와 황태성, 학생 최무학 등이 있다. 경찰서에서 면담을 한 대표단 중에는 최문식과 이재복 등 조선인민당 계열의 민전 인사들도 거론된다. 항쟁 후에 이 사람들 가운데 황태성과 이재복은 피신하고 손기채, 최문식, 최무학은 항쟁 주도 혐의로 검거되었다. 파업 지도부인 윤장혁(대구시투 위원장)과 조선공산당 대구시당 위원장 김일식, 그 외에 많은 인사도 역시 검거되었다. 그런데 특별군정재판 결과를 보면, 손기채와 김일식은 집행유예로 풀려났고,[29] 최문식은 징역 3년을 선고받았으며, 윤장혁은 징역 5년을 선고받았다.[30] 반면 최무학은 무기징역을 선고받았다. 게다가 달성군 화원면에 거주하는 의사였던 최문학(최무학의 형)은 사건과 무관한데도 '화원지서 습격 지서원 살해죄' 혐의로 사형을 선고받았다.[31] 다른 사람에 비해 최무학은 왜 이렇게 중형을 선고받았을까?

이 글에서는 유병화의 구술과 이종하의 민주화운동기념사업회 구술 자료를 통해 기존의 연구에서는 전혀 언급되지 않았던 청년·학생 시위 지도부와 시위대 대표단의 상황을 살펴보고 조선공산당 특별대책위원회, 민전 대책위원회의 역할을 파악하고자 한다.

시신 시위의 조직과 청년·학생 연합 시위의 지도부

유병화는 10월 1일 김용태의 피살 과정을 구술하면서 10월 2일 그의 시신으로 시신 시위가 조직된 과정도 함께 말했다. 당시 철도노조 조직부장이었던 유병화는 파업을 시작한 뒤 9월 25일경 파업 현장에서 철도경찰에 체포되었다가 10월 1일에 석방되었다. 그는 풀려나서 보니 철도노조 간부들은 모두 수배된 상태여서 조선공산당 대구시당 위원장 김일식을 찾아갔다. 김일식은 유병화에게 "지금 큰 소요가 일어날 징후가 보이는데, 잘못하면 전국적으로 조직이 다 와해된다. 우리 조직은 소요에 휘말리면 안 된다. 그러니 조합원은 시위에 참가하지 않도록 하라"고 지시했다. 이에 유병화는 조합원들에게 김일식의 지시를 전하고자 대구공회당 앞 시위 현장으로 갔는데, 경찰의 발포가 있었고 군중 사이에서 철도노조원이 죽었다는 말을 들었다.[32]

> 사람들이 철도 요원이 죽었다고 웅성거리기에 깜짝 놀라 가보니 죽은 사람이 김용태래요. (경찰에서 석방된 지 얼마 되지 않는) 내가 '철도 요원 맞다'고 나설 수 없어 보고만 있으니 철도병원 의사 서영덕과 김재용이 적십자 완장을 차고 와서 시체를 수습해 당가에 싣더네요. 사람들 사이에서 시체를 들고 대구경찰서로 가자는 말이 나왔어요. 그런데 그날은 못 갔던 모양이라요. 서영덕과 김재용이 당가를 둘러메고 갔는데, 이튿날 대구경찰서로 가보니 거기에 메고 왔어요. 그 사람들이 시신 옆에 계속 같이 있었어요. 내가 확실히 봤어요.
>
> _ 유병화, 2013년 9월 5일

이 구술을 보면, 9월 30일 서울에서 철도 파업이 폭력적으로 진압된 뒤

였기 때문에, 조선공산당 대구시당 지도부는 조직 보전 문제 때문에 사태의 확산을 염려했던 것으로 보인다. 그러나 10월 1일 시민대회 후 경찰 발포로 철도 노동자 김용태가 현장에서 사망했고, 그의 시신은 철도병원 의사 서영덕과 김재용이 수습하게 되었다.

여기서 유병화가 말한 서영덕, 김재용이 어떤 인물인지 살펴볼 필요가 있다. 유병화의 아버지 유쾌동은 해방 직후 조선공산당 활동을 하면서 당 재정을 충당하기 위해 자신이 살던 집을 팔아 헌납한 일이 있었다. 그래서 10월 항쟁 직전까지 온 가족이 적산이었던 철도병원 관사에 임시로 거주했다. 유병화는 이곳에서 철도병원 의사이자 조선공산당 당원인 서영덕과 김재용을 자주 접했다. 유병화는 아버지의 영향으로 낮에는 철도노조 활동을 하고 밤에는 공청 활동을 하면서, 종종 서영덕과 김재용의 지도를 받았다. 서영덕과 김재용은 철도노조 결성 준비에도 참여했을 뿐 아니라 유쾌동, 이원식과 함께 철도병원에서 의무노조 회합을 하기도 했다.[33]

서영덕과 김재용의 이름은 다른 연구 자료에는 거의 거론되지 않는다. 그런데 미군 측의 한 문서(「대구 폭동 조직도」Taegu Riots—chart of organization)에는 10월 항쟁 당시 조선공산당 대구시당 청년부책은 서영덕이었으며, 조선공산당 대구시당 학생부책은 최무학이었다는 기록이 있다.[34] 그러므로 항쟁이 일어날 무렵 서영덕은 민청 등 청년조직을, 최무학은 학생조직을 담당했던 것으로 추정된다. 서영덕은 1946년 10월 1일 시위 현장에서 철도노조원 김용태가 사망하자 직접 시신을 수습한 뒤, 최무학과 긴밀하게 협조하여 시신 시위를 조직했던 것으로 보인다. 즉 조선공산당 대구시당 청년부책 서영덕과 조선공산당 대구시당 학생부책 최무학 등 청년 활동가들이 파업 지도부와는 별도로 움직였던 시위 지도부로서, 이튿날 각 학교 학생회와 청년조직을 동원하여 대구경찰서 앞 학생·청년 연합 시위를 구체적으로 기획하고 조직했던 것으로 보인다.

시위의 실질적 지도부는 누구였는가

1946년 10월 2일 아침 대구경찰서 앞에서 학생·청년 연합 시위가 일어나자, 손기채, 장적우, 최문식, 이재복 등 민전 요인들은 아침에 민전 사무실에 집결했다가 10시 30분쯤 대구경찰서로 이동했다.[35] 이종하의 구술에 따르면, 이 무렵 대구경찰서에는 민전 측과 별도로 구성된 시위대 대표단이 있었다.

시위대 대표단은 대구사대 교수 이종하와 백갑룡, 대륜중학교 교사인 정희준 등 대학교수와 중학교 교사 5명으로, 그날 시위 현장에서 학생들의 추천으로 구성되었다. 당시 시위대 대표단의 대표격인 이종하가 조선공산당 당원이었으므로 이 대표단도 조선공산당의 청년·학생 시위 지도부가 추천한 인사로 구성된 것으로 보이지만, 시위대 대표단의 나머지 구성원들이 조선공산당 당원이었는지는 확인되지 않고 있다. 대표단이 대구경찰서에 들어가서 미군정 경찰 고문 플레지어John Charles Plezia 소령 등과 면담을 한 뒤에, 민전의 최문식, 이재복 등이 도착했다.[36]

우리가 대표자를 나, 정희준, 백갑룡이 포함해서 교수, 교사 다섯을 뽑았어요. 그렇게 5명이 미군 고문한테 항의하려고 2층으로 올라갔어. 경찰서 계단을 올라가는데 사람들이 와와 뒤따라와. 내가 제일 앞장서서 올라가니 미군이 나타나 피스톨을 탁 대더라. 솔직히 겁이 납디다. 그래서 주춤하며 내려올라 했는데, 글마가(그놈이) 피스톨을 도로 넣더라고. 그래서 계속 올라가서 미군 고문한테 경찰이 총으로 노동자 사살하는 걸 중지시키라 이야기했어요. 우리가 그러는 동안에 경찰서 유치장을 언제 누가 열었는지 모르지만 벌써 열렸어요. 그때 최문식, 이재복이 나타났어요. 수습을 위해 나왔겠지. 그리고 경찰서 뒷마당으로 나오니 경찰 수십 명이 땅에 주저앉아 있었어요. 총을 던져놓은 놈들도 있었고.

_ 이종하, 2003년 7월 4일, 민주화운동기념사업회

당시 경찰서에 들어간 협상단은 시위대 대표단과 민전 대책위 두 팀이었으며, 협상 내용은 노동자 학살 사건 수습과 장례 문제, 경찰 무장해제와 발포 중지, 구속자 석방 등이었다. 그들은 경찰서 점거와 무기 탈취, 시민권력 쟁취까지 염두에 둔 것은 아니었다.

조선공산당 산하 특별대책위 주도자로 거론되는 손기채와 황태성은 둘 다 당시 대구공동위원회와 민전의 일원으로 활동하던 공개 인사들이다. 이를 볼 때 조선공산당 대책위와 민전 대책위는 인적 구성이 중복되고 역할 구분이 어렵다. 그들은 실질적인 투쟁 지도부라기보다는 공개 인사 중심으로 구성된 사태 수습 기구의 성격이 강하며, 그들의 활동은 어떤 측면에서는 대구공동위원회 활동의 연장이었던 것으로 보인다. 그들은 광범위한 미조직 대중의 항쟁을 조직하고 치안과 행정까지 담당하며 시민권력 쟁취까지 염두에 둘 수 있었던 항쟁 지휘부는 아니었다.

10월 2일 시위의 실질적 투쟁 지도부는 서영덕, 최무학 등 청년 활동가들이었던 것으로 보인다. 이들은 파업 지도부와도 구분된다.[37] 그래서 특별군정재판에서도 시위 지도부였던 최무학에게 수습대책위원이나 파업 지도부보다 훨씬 무거운 형을 선고한 것으로 보인다. 최무학과 달리 서영덕은 항쟁 직후 피신해 경찰에 검거되지 않고 월북했다.[38]

10월 2일 오전: 청년·학생 연합 시위, 시민 항쟁으로의 전환

1946년 10월 2일 오전에 일어난 대구경찰서 앞 청년·학생 연합 시위와

오후 시내 곳곳에서 일어난 기층 민중 봉기는 극명한 차이가 있다. 전자는 청년·학생이 중심이 되어 조직적으로 진행했으며, 기층 민중은 시위의 주변부를 구성했다. 반면 후자는 지도부가 없는 상태에서 산발적이고 비조직적인 봉기로 나타났다. 1946년 10월 항쟁을 좌익 폭동으로 규정하는 보수세력의 주장에는 이 두 사건의 성격이 명확히 구분되지 않고 있다. 이 글에서는 오전의 청년·학생 연합 시위와 오후의 기층 민중 봉기 과정을 재구성하고 그 차이점을 살펴보겠다.

1946년 10월 2일, 오전 9시쯤 대구의대 학생과 교원 150여 명으로 구성된 시위대는 노동자 김용태의 시신을 앞세우고 대구의대에서 출발하여 대구사대로 행진했다. 대구사대에서 사대와 농대 등 3개 대학 대학생이 합세한 시위대는 9시 40분쯤 거리로 진출하여 시내 중심가(봉산국민학교-중앙파출소-중앙통-도청 앞)를 거쳐 오전 10시경 대구경찰서 앞에 도착했다. 중학교 학생들도 학교마다 연락되어 몇 갈래로 시내를 행진하여 이 대열에 합세했다.[39] 당시 연합 시위가 진행되던 모습을 대구사범대학 교수 이종하와 대륜중학교 학생 배일천은 다음과 같이 묘사했다.

그날 아침에 사범대학에서 학생들과 모여 있었어요. 경찰 발포로 노동자가 죽고 있다고, 그걸 중지시키기 위해 대구경찰서에 가서 미군 책임자에게 항의해야 되지 않겠나 어쩌냐 카고 있는데. 의대 쪽에서 당가를 들고 왔는 기라. 그걸 보자 사살된 노동자가 바로 저기 막 실려 온다. 그 정도로 굉장히 그렇게 (긴박한 느낌을) 느꼈어요. 학생들 몇백 명이 앞뒤 가릴 것 없이 와악, 운동장으로 튀어 나갔지. 그래서 당가 가는 대로 따라서 대구경찰서까지 갔는 기라. 세 대학 학생들이 합쳐 경찰서에 도착했는데 어디서 왔는지 중학교 여학생, 남학생들도 막 모여들어 꽉 찼어요.

_ 이종하, 2003년 7월 4일, 민주화운동기념사업회

2교시 수업이 끝나기도 전에 교실 밖에서 학생 전부 다 나오너라는 소리가 들렸어요. 내다보니 선배들이 다 나와 있어요. 나는 무슨 일인동 모르고 스크럼 짜고 교문을 나갔습니다. 와샥 와샥 고함지르면서 삼덕로타리, 반월당 지나 중앙통에 가니 하마 대구의 중학교 학생들이 거의 다 나왔는지 꽉 깔려 있었어요.

_ 배일천, 2013년 7월 20일

이 구술을 보면, 연합 시위대의 목표는 미군과 경찰을 상대로 전면전을 벌이는 것이 아니라 경찰 폭력에 항의하고 발포 중지를 요구하는 수준이었다. 그리고 시위 참가자들이 전체 상황을 인지한 상태에서 시위에 참여한 것은 아니었다. 이종하의 구술을 보면, 시위의 구체적 계획이나 동선은 대구의대 쪽의 시위 지도부만 알고 있었고, 대구사대 쪽에서는 이종하 교수를 포함한 지도급 인사들도 몰랐던 것으로 추정된다.

그런데도 대학생과 중학생, 교원, 청년이 함께하는 연합 시위가 이처럼 신속하게 조직된 것은, 해방 직후부터 학생들이 연합 시위를 여러 차례 조직한 경험이 있었기 때문이다. 특히 대학생보다 숫자가 10배 이상 많은 중학생들은 해방 직후부터 지역 정치집회와 시위의 주요 세력이었다. 당시 대구에는 대학과 중학교가 공간적으로 집중되어 있었으므로, 집회나 시위가 있을 때마다 학교 간 연대가 활발했다.[40] 이때 학교 단위뿐 아니라 학년 단위, 학급 단위로도 구성되어 있던 학생자치회는 대학생 오르그들과 연결되어 있었는데,[41] 이러한 구조를 활용하여 시위가 있으면 대부분의 학생이 일사불란하게 참가했던 것으로 보인다.

1946년 10월 2일 11시~12시경 대구경찰서 앞에는 수천 명의 학생이 집결했고 여기에 전매국 노동자를 비롯한 노동자와 시민들까지 합세하여 동서남북 네거리가 1만 5천 명의 인파로 꽉 찼다. 경찰서 앞에 집결한 시위대는 경찰서 앞 계단에 놓인 시신을 향해 묵념을 올린 뒤 '경찰의 발포 중지, 살인 경찰의 무장해제, 애국자 석방' 등의 구호를 외쳤다.[42] 신재석 경위 등 경찰도 일부 시위에 동조했다. 대구역 광장 시위대와 달리 대구경찰서 앞 시위대는 주력이 10대 중학생이었으므로, 경찰은 쉽사리 무력을 사용할 수 없었다고 한다. 결국 대구경찰서 경찰은 군중의 위세에 눌린 상태에서 스스로 무장을 해제했다. 즉 10월 2일 오전 대구경찰서 앞 시위에서는 청년·학생들, 특히 수천 명에 달하는 10대 중학생들이 조직적이고 선도적인 세력이 되면서 노동자 파업이 시민 항쟁으로 전환했다. 그들은 경찰의 무장해제를 이끌어냄으로써, 경찰과 시민의 세력관계에서 시민이 우세한 상태를 만들며 항쟁의 전환점을 만들었다.

경찰의 무장해제 후 대구경찰서 앞의 시위 군중 중 일부가 경찰서를 점거하고 유치장에 갇혀 있던 구속자 100여 명을 석방했다. 이종하의 구술에 따르면, 시위대 대표단이 미군 경찰 고문과 면담하기 위해 경찰서로 들어갈 때 이미 경찰서 안에는 시위 군중이 다수 뒤따라 들어갔다. 즉 항쟁 대책위나 시위대 대표단이 통제할 겨를도 없이 시위대 앞자리에 있던 청년·학생들이 경찰서를 점거하고 유치장을 열었다는 것이다.[43]

10월 2일 오후: 지도부 없는 기층 민중의 봉기, 사회적 트라우마의 폭발

대구경찰서 점령 소식이 퍼지자 오후 1시 이후에는 대구 시내 곳곳에서 빈민 등 기층 민중의 봉기가 일어났다. 달성공원 등 몇몇 지역에서는 적십자 완장을 찬 청년들이 물건을 빈민들에게 배급하고 교통정리를 하는 등 자발적으로 치안 유지 활동을 했다.[44] 그러나 이 봉기는 전반적으로 경찰과 관리를 살해하거나 친일 우익인사의 사택을 공격하고 재산을 빼앗는 형태

대구경찰서 앞에 주둔한 미군 장갑차(1946년
10월 2일). ⓒ 미국 국립문서기록 관리청

로 일어났다.

시내 곳곳에서 민중 봉기가 일어나는 순간에도 청년·학생 시위대는 대
구경찰서 앞에 연좌하고 있었다. 그들은 오후 3시쯤 미군이 장갑차를 앞
세우며 진압하자 대체로 미군의 무력에 순응하고 해산했다. 시위대 대표
단도 해산하고 시위를 벌이던 중학생들은 대부분 귀가했다. 3개 대학의
학생들은 오후 4시에 대구사대에 별도로 모여 정리집회를 했고 노동자들
은 노조 사무실로 돌아갔다.[45] 이종하의 구술을 보면, 당시 항쟁 지휘부라
기보다는 사태 수습 기구 수준에 불과했던 시위대 대표단은 대중 봉기 상
황을 인지조차 하지 못하고 있었다.

나는 이튿날 아침까지 경찰이 민중들 손에 맞아 죽었다 어떻다 하는 거 몰
랐어. 사실이여. 경찰에 뭔가 원한을 가진 사람들이 상황이 그래 되니까 달

라 들어가 돌로 막 때리죽이고 했는데. 그때 공산당 지령으로 그랬다 카는데, 그런 지령은 없었어. 그야말로 자연발생적이지.

_ 이종하, 2003년 7월 4일, 민주화운동기념사업회

민중 봉기는 오후 5시 미군정이 계엄령을 선포한 뒤에도 이어졌다. 한편 민전 대책위원과 조선공산당 대책위원 중 최문식, 이재복, 손기채 등 몇 명은 사태 수습을 위해 경찰서에 남았다. 대구지구 계엄사령관 포츠 Russell J. Ports 대령은 최문식, 이재복, 손기채를 불렀고 오후 8시 반에는 최문식, 손기채가 대구방송국을 통해 사태 수습을 호소하는 선무방송을 했다. 방송 뒤 최문식은 구속되었다.[46] 미군정의 탄압이 있음에도 10월 3일에도 의료인들의 진료 거부와 관공서 직원과 상인들까지 합세한 휴업과 파업이 이어졌다. 대구의 항쟁은 10월 8일에야 파업 노동자들이 직장에 복귀함으로써 표면상 일단락되었다.[47]

대구 항쟁에서 운동 목표나 운동 방식 면에서 조직 대중의 운동과 미조직 대중의 운동은 뚜렷한 차이를 드러냈다. 10월 2일 오전의 시위가 청년·학생 등 조직 대중 중심의 운동이었다면, 오후의 봉기는 조직 대중의 시위에서 주변부 역할을 했던 빈민을 중심으로 한 미조직 대중의 운동이었다. 기층 민중 봉기는 운동 목표나 방식 면에서 청년·학생들의 시위와 차이가 있다. 청년·학생의 운동이 목적의식적이고 체계적이고 계몽적인 유형이라면, 기층 민중 봉기는 자연발생적이고 테러적인 유형이었다. 정인우는 해방 직후 대중의 격앙된 감성은 두 가지 유형의 운동 방식으로 나타났다고 보았다. 하나는 자발적이면서 조직적으로 식민지 청산을 위한 '질서 및 치안 유지' 활동에 참여하고, 호기심을 갖고 거리 시위나 집회에 참여하면서 주체의식을 드러내는 유형이다. 다른 하나는 친일분자를 공격하고 관공서나 일본인의 주택으로 가서 그들에게 폭력을 가하고 물건

을 파손하는 유형이다.[48] 이 두 가지를 '계몽적 유형'과 '테러적 유형'으로 이름을 붙여 구분해보면, 전자는 도시 조직 대중의 운동에서 자주 보였다. 대구와 대구 인근 지역에서는 항쟁 전에도 노조, 학생자치회, 청년단체 등 조직 대중이 중심이 된 대규모 정치집회가 자주 열리고 자원봉사와 치안 유지 활동이 활발했다. 후자는 미조직 대중이나 농민의 운동에서 자주 보였다. 당시 대구에서는 미조직 빈민들의 자연발생적 기아 시위나 농민들의 공출 반대 봉기(시위, 지서 습격, 관리 공격 등)도 여러 차례 있었다. 조직 대중과 미조직 대중의 분리된 움직임은 항쟁에 그대로 반영되었다.

기층 민중의 봉기는 첫째, 지도부 없는 봉기, 둘째, 사회적 트라우마의 폭발, 셋째, 테러적 유형의 자생적 패턴에 의한 민중 권력의지 표출이라는 특징을 보인다. 10월 2일 오후 대구 기층 민중의 봉기 양상은 이날 밤부터 전개된 달성, 영천, 칠곡 등 대구 인근 지역의 농민 항쟁의 양상과 비슷한 면이 있다. 굶주린 군중이 경찰과 관리를 공격하는 것은 일제강점기 전부터 있었던 전통적 봉기의 자연발생적 행동 패턴에 속한다. 1862년과 1894년의 농민 항쟁 때 농민들이 무리를 지어 폭력적인 투쟁을 벌이는 '결당작란'結黨作亂은 주요한 항쟁 형태의 하나였으며, 이는 1946년 10월 경북 농촌 지역의 항쟁에 전승되었다.[49]

브루스 커밍스는 당시 남한의 대중운동에 대해 "농촌에는 사상적인 면에서 이념적 세포라기보다는 혈연적 단위에 가까운 전근대적인 조직"이 있었으나, "도시에는 강력한 좌익 정당들과 경험 많은 지도자와 토대가 굳건한 노조들을 중심으로 하는 현대적 정치가 존재했다"고 보면서 농촌 지역의 항쟁에 대해서는 비판적인 반면 도시 지역의 항쟁에 대해서는 긍정적으로 보았다.[50] 커밍스의 분석과 달리 "현대적 정치가 존재했던 도시 지역"인 대구의 민중이 옛 농민들처럼 "오래되고 전통적인 민란의 모습"[51]으로 봉기를 일으킨 것은 항쟁을 전체적으로 기획하는 지도부가 부재했기

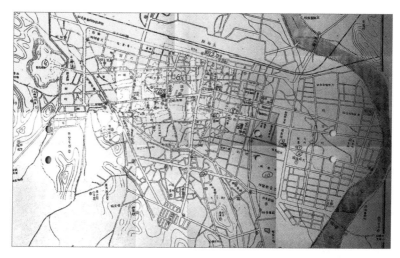

미 24군단 사령부 헌병참모실에서 작성한 「대구사태 보고서」 별첨자료로 수록된 10월 항쟁 당시 대구시(대구부)
지도. ⓒ 미국 국립문서기록 관리청

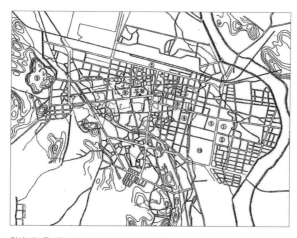

① 대구의대
② 도립병원
③ 제1연대 본부
④ 대구지방재판소
⑤ 대구역
⑥ 대구경찰서
⑦ 윤씨 집(피살)
⑧ 제5관구 경찰서
⑨ 달성공원
　　(경찰 10명가량 피살)
⑩ 대구형무소
⑪ 형사 박정우 피살
⑫ 성명 미상의 형사 피살

위의 지도를 재구성하여 그린 지도. ⓒ 심지연

때문이다.

10월 2일 조선공산당 중앙조직의 반응

1946년 10월 항쟁이 일어난 후, 사건의 배후에 박헌영 또는 조선공산당 중앙조직이 얼마나 깊이 연루되었는가 하는 점은 중요한 논란거리였다. 사건이 일어나자 미군정 측에서는 이 사건이 박헌영의 작품이라고 했고, 우익에서도 이를 비난했다. 조선공산당의 일부에서도 그렇게 믿고 항쟁을 극좌 모험주의적 행동이라고 비난했다. 이러한 비난에 대해 박헌영은 이 사건이 "조선공산당 중앙에서 선동했기 때문에 일어난 것이라고 보는 것은 이승만 일파와 동일한 견해"라고 했다.[52]

실제로 여러 자료를 검토해보면, 대구 항쟁이 전개될 때 전국적인 단위의 항쟁 지도부가 있었던 흔적은 보이지 않는다. 당시 조선공산당 중앙조직이 대구 항쟁에 어떤 역할을 했는지 확인되는 바도 없다. 이일재의 증언 자료에는, 항쟁 후 피신하고 있다가 10월 7~8일쯤 조선공산당 대구시 서구지구당에서 대구역 앞으로 나오라 해서 갔더니 민전 중앙 상임위원이었던 홍남표가 와서 항쟁에 결정적 역할을 한 사람들을 위로해주었다는 정도의 증언이 있다.[53]

김현식과 정선태가 편집한 해방기 삐라 모음집에는 1946년 10월 2일에 조선공산당 명의로 발행된 삐라가 실려 있다.[54] '경찰폭압警察暴壓을 반대反對하야 인민人民에게 고告함'이라는 제목의 이 삐라에는 9월 30일 서울의 파업 탄압 소식에 이어 '대구의 사건'이 언급되어 있다. 그 대목만 살펴보면 다음과 같다.

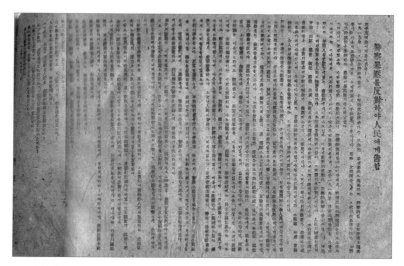

조선공산당이 발행한 삐라 「경찰폭압을 반대하야 인민에게 고함」(1946년 10월 2일). ⓒ 김현식·정선태

대구의 사건을 보라. 정당한 요구로서 평화적 시위를 행하는 노동자·학생에게 경찰은 발포를 시작했다. 이것은 귀중한 우리의 아들 학생을 사살했다. 시위 군중은 우리의 아들이 저 야수들의 총 끝에서 피를 쏟고 거꾸러짐을 볼 때 분노가 충천되어 그 시체를 메고 경찰서로 간 것이다. 경찰은 다시 이 격앙한 대중에게 학살을 시작했다. 이에 군중은 포학무도하고 잔인무쌍한 경찰을 정의로써 응징하기를 결심한 것이다. 사건의 발단이 이렇게 된 것이다. 정의에서 일어선 대구의 시민은 동족의 손으로 동족을 학살함을 반대하여 일어선 것이요, 이것은 바로 전 민족의 선두에서 일제보다 더 잔인포학한 경찰을 반대하여 일어선 것이다.

이 전단은 수기手記 등사가 아닌 활판 인쇄된 형태나 문장 어조를 볼 때, 조선공산당 중앙조직의 공식 성명으로 봐도 무방할 것이다. 이 삐라에서는 서울과 대구에서 있었던 경찰 폭력을 규탄하며 대중의 궐기를 촉구하고 있다. 그런데 미군정을 직접 공격하기보다는 친일 폭력 경찰을 주요 공격 대상으로 하고 있다. 이 전단은 10월 2일에 발표된 것인데도 대구경찰서 시신 시위, 경찰의 발포, 오후의 경찰 공격 상황까지 기록한 것을 보면 대구에서 일어난 사건에 대해 굉장히 신속하게 반응했음을 알 수 있다. 다만 10월 1일 경찰 발포 피살자를 학생으로 보고 있고, 10월 2일에 "시체를 메고 경찰서로 간 대중을 경찰이 다시 학살하기 시작"했고, "이에 군중은 경찰을 정의로써 응징했다"고 기록한 것을 보면, 사건 경위를 정확하게 파악하지는 못했던 것으로 보인다. 즉 조선공산당 대구시당 산하 대책위나 시위 지도부와 연결되어 정보를 입수한 것은 아닌 것으로 추정된다.

조선공산당 중앙조직에서 발행한 또 다른 문건으로 1946년 11월 13일 서울에서 박헌영의 명의로 집필된 「10월인민항쟁」과 「투쟁일지: 인민항쟁의 피어린 기록」이 있다. 이 글은 1946년 9월 23일부터 11월 13일까지 전국에서 일어난 항쟁 상황을 기록하고 있다. 이 자료도 당시 전국의 항쟁 상황을 신속하게 종합한 듯하나, 다른 자료와 비교해보면 사실관계에서 정확하지 않은 부분이 많다.

그리고 실제로 조선공산당 중앙조직이 각 지역에서 항쟁을 지도한 흔적은 보이지 않는다. 1946년 10월 항쟁은 전국적 지도부 없이 지역 민중과 지역 진보세력의 힘으로 전개된 항쟁이라고 볼 수 있다.

3   시민 항쟁으로서의 대구 항쟁의 의의와 한계

1946년 10월 항쟁은 일제강점기 전부터 민중 사이에 쌓여 있던 반제·반봉건의 요구가 해결되지 않은 상태에서 미군정이 친일파 등용, 잘못된 식량정책과 민생정책, 토지개혁 지연, 진보세력 탄압 등의 정책을 펼치자 이에 반발하여 일어난 것이다. 그중 1946년 10월 1일과 2일에 일어난 대구 항쟁은 참여 주체의 면에서 보면, 특정 계층·계급의 항쟁이 아니라 노동자, 학생, 청년, 시민, 공무원, 의사, 일부 경찰까지 참여한 전체 민중의 항쟁이었다.

이 항쟁은 해방 후 1년 동안 진행된 각 부문 대중운동의 연장선상에서 일어난 것이다. 1946년 초부터 여러 차례 '기아 시위'를 벌였던 도시 빈민들은 10월 1일 오전과 10월 2일 오전에도 시위를 벌였다. 조직적으로 파업을 벌이던 노동자들은 10월 1일 오후와 10월 2일 오전 대구역 광장에서 시위를 벌였다. 1946년 한 해 동안 대구민전 주도로 여러 차례 열렸던 대규모 시민 집회와 시위에서 선도 세력이 되었던 청년과 학생들은 10월 2일 오전 대구경찰서 앞 연합 시위의 주축이 되었다. 대구에는 해방 후 1년 동안 여러 계층·계급의 반복된 사회운동 경험이 정치적 행동 패턴으로 축적되어 있었다.

당시 노동자 파업이 전국에서 진행되었으나 대구에서만 노동자 파업이 시민 항쟁으로 전환했다. 그 이유는 대구에서 실업난과 식량난 등 사회·

경제적 문제가 더 심각했던 탓도 있었지만, 여타 지역과 달리 지역의 건국 운동 과정에 노동자와 시민이 계속 연대해왔고 총파업 기간에도 노동자와 시민의 연대를 적극적으로 추진했다는 데 있다. 1946년 10월 1일 오후 대구역 광장에서 열린 시민대회는 노동자의 파업이 시민 연대로 확산하는 결정적인 장이었으며, 해방 후 1년간 누적된 대중투쟁 역량이 지역 중심부에서 표출된 것이었다. 그리고 이것이 당국의 위기의식을 불러일으켜 경찰 발포 상황으로까지 이어졌다.

집회 후 경찰의 발포로 철도노조원 김용태가 현장에서 사망하자 조선공산당 대구시당과 민전은 대책위원회를 구성했다. 그리고 실질적 시위 지도부라 할 수 있는 조선공산당 대구시당 청년부와 학생부 활동가들이 사망한 노동자 김용태의 시신을 직접 수습한 뒤, 각 학교 학생회와 청년조직을 동원하여 10월 2일 대구경찰서 앞의 청년·학생 연합 시위를 이끈 것으로 보인다. 학생들의 시위가 신속하게 이루어진 것은, 대구 지역의 학생들은 해방 직후부터 조선공산당 학생부를 중심으로 연합 시위를 여러 차례 조직해왔기 때문이다. 당시 대구에는 대학과 중학교 대부분이 가까이 있어 학교 간 연대가 활발했다. 그리고 대구의대를 중심으로 하는 조선공산당 학생부의 세포조직 또는 공청 세포조직이 있었고, 이 조직은 각 학교 학생자치회와 연결되어 있었다.

10월 2일 오전 대구경찰서 앞 시위에서는 청년·학생들, 특히 수천 명에 달하는 10대 중학생들이 조직적이고 선도적인 세력이 되었다. 그들은 경찰의 무장해제를 끌어냄으로써, 경찰과 시민의 세력관계에서 시민이 우세한 상태를 만들며 항쟁의 전환점을 만들었다. 그러나 10월 2일 대구경찰서 앞 연합 시위대의 목표는 미군과 경찰을 상대로 전면전을 벌이는 것이 아니라 미군에 경찰 발포 중지를 요구하고 파업 노동자 탄압에 항의하는 수준이었다.

대구경찰서 점령 소식이 퍼지자 10월 2일 오후 1시 이후에는 대구 시내 곳곳에서 빈민 등 기층 민중의 봉기가 일어났다. 이 봉기는 전반적으로 경찰과 관리를 살해하거나 친일 우익인사의 사택을 공격하고 재산을 빼앗는 형태로 나타났다. 오전의 시위가 청년·학생 등 조직 대중 중심의 운동이었다면, 오후의 봉기는 조직 대중의 시위에서 주변부 역할을 했던 빈민을 중심으로 한 미조직 대중의 운동이었다. 기층 민중 봉기는 운동 목표나 방식 면에서 청년·학생들의 시위와 차이가 있다. 조직 대중운동이 목적의식적이고 체계적이고 계몽적인 유형이라면, 기층 민중 봉기는 자연발생적이고 테러적인 유형이라 할 수 있다.

대구 항쟁이 전개될 때 전국적 단위의 항쟁 지도부가 있었던 것 같지는 않다. 지역 차원에서도 노동자 총파업을 지도한 파업 지도부나 10월 2일 시위를 이끌었던 청년·학생 활동가로 구성된 시위 지도부 외에는 대중투쟁을 실질적으로 이끄는 항쟁 지도부가 구성되었던 것 같지는 않다. 지역 진보세력 지도부 인사로 구성된 조선공산당·민전의 대책위원회는 미군정과의 협상 창구나 사태 수습 기구 역할을 했을 뿐, 광범위한 대중의 항쟁을 지휘할 수 있었던 항쟁 지휘부는 아니었다.

이것은 10월 항쟁 전에 전개되었던 지역 사회운동의 한계를 반영하는 것이기도 했다. 10월 2일 오후부터 지도부 없이 진행된 항쟁은 미군정이 계엄령을 선포하자 몇 시간 만에 진압되었다. 그러나 대구 항쟁은 그 뒤 두 달 동안 계속된 전국 항쟁의 출발점이 되었다.

3장

농촌으로 간 10월 항쟁

"그때는 총이나 있나. 몽둥이 들고 양반이랍시고 행세하던 것들은 패고,

순사들은 때리고 죽이고. 양반 기와집 좋은 것은 불 싸지르고,

죽고 살고 희한하지, 뭐. 일주일간 저거 세상이라. 그때는 무슨 주의가 없었어요.

일하는 사람은 모두 낫 놓고 기역 자도 모르는 사람들이라

남로당이 뭔지도 몰랐지. 선동자가 '양반 없애고 땅 준다,

이북처럼 논밭 부치던 것 네 것 된다'고 선전하니,

그 말에 어릴 때부터 고통받고 대대로 맺혀 있던 한이 고마 풀렸는 기라.

그래서 내 세상인가 싶어 천지도 모르고 폭동이 일어난 기라."

1946년 10월 2일 저녁, 대구 항쟁이 진압되자 시위 군중은 경북의 여러 군으로 진출했다. 경북 22개 군에서 일어난 항쟁은 10월 6일경에 대부분 진압되었다. 그러나 항쟁은 제2의 3·1운동처럼 전국으로 번져 73개 시·군에서 12월 중순까지 계속되었다.

3장에서는 1946년 10월 2일 이후 일어난 경북 항쟁의 전개 과정을 살펴보려고 한다. 1946년 10월 항쟁은 참여 인원, 범위, 기간 면에서 도시인 대구의 항쟁보다 그 뒤에 일어난 농민 항쟁의 비중이 훨씬 크다. 그간 진행된 대부분의 연구는 10월 항쟁을 좌익 주도의 폭동으로 보던 시각에 맞서 항쟁으로서의 성격 규명에 초점을 두면서, 9월 총파업과 대구의 도시 항쟁을 주된 연구 대상으로 삼고 있다. 물론 몇몇 학자들이 농민 항쟁 전반을 개관하는 연구를 한 적 있으나, 지역 단위의 항쟁을 구체적으로 분석하면서 농민 항쟁의 특수성을 고찰하지는 않았다. 2010년에는 진실화해위원회에서 칠곡, 영천, 경주 지역을 조사하면서 농민 항쟁을 일부 다루었다. 그러나 이 조사도 민간인 학살의 진상규명에 중점을 두면서 항쟁의 실상, 배경, 의미 등을 상세히 밝히지 못하고 있다.

이 장에서는 경북 각 군의 항쟁을 유형별로 나눠 살펴본 뒤, 당시 항쟁이 가장 격렬하게 일어났던 경북 영천의 사례를 살펴보겠다. 이를 통해 항쟁의 배경과 원인, 전파 경로, 주도층의 구성, 조직적 기반 등을 파악하여 도시의 항쟁과는 다른 농민 항쟁의 특징을 분석하고자 한다.

1   경북 전역으로 번지는 항쟁

제2의 3·1운동

1946년 10월 1일과 2일에 발생했던 대구 항쟁은 미군정에 의해 진압되었지만, 대구에서 밀려난 시위대는 시 외곽으로 나가 경북 각 군의 농민들과 합세했다. 항쟁은 경북 전역 22개 군으로 파급되었다. 경북의 시위는 10월 1~2일에 달성군부터 시작하여 2~3일에 칠곡·고령, 3일에 성주·김천, 4일에 영주·영일 등 22개 군으로 파급되었으며, 10월 6일경 대부분 진압되었다. 1949년에 발간된 『조선중앙연감』을 바탕으로 정해구가 분석한 자료에 따르면, 당시 대구·경북 지역 전체 인구가 317만 8,750명(대구 26만 9,113명 포함)인데, 항쟁에 참여한 인원은 연인원 77만 3,200명에 달했다.[1]

경북에서는 해방 직후부터 대부분 군에 인민위원회 조직이 자주적으로 건설되어 지역마다 대중운동이 활발했다. 그리고 10월 항쟁 전부터 경북 농촌의 농민들은 미군정의 식량 공출과 토지개혁 지연에 대한 불만이 많았다. 1946년 초부터 경주·왜관·의성·현풍 등 곳곳에서 식량 공출을 둘러싸고 시위와 폭동이 일어났으며, 소작쟁의가 일어나기도 했다. 이런 상황에서 대구에서 항쟁이 일어나자 경북 전역으로 항쟁이 퍼진 것이다.

경북의 10월 항쟁은 대구 선동자 그룹의 영향을 받기는 했으나 대체로 각 군 인민위원회 주도로 지역 자체 대중의 요구와 지역운동 역량에 의해 진행되었다. 몇몇 지역에서는 대구보다 항쟁이 훨씬 더 격렬하게 일어났으며, 대구와 달리 일시적이나마 항쟁 지도부가 치안과 행정권력까지 장악하고 수권 기구 역할을 한 지역도 있다. 경북 항쟁은 미군정이 이미 계엄령을 선포한 상태에서 일어났으므로 진압은 훨씬 강경했고 이 과정에서 학살된 민간인도 많았다.

경북의 항쟁이 진압된 후에도 항쟁은 전국으로 번져 12월 중순까지 계속되었다. 전국 각지의 항쟁은 3·1제 소작제도에 반대하는 농민들의 추수 봉기와 결합하여 경남(10월 7일~14일)과 충남·충북(10월 17일~19일), 경기도와 황해도(10월 20일~22일), 강원도(10월 29일~11월 첫 주), 전남(10월 29일~11월 4일, 11월 7일 후), 전북(12월 18일) 등 전국 73개 시·군에 퍼져 3·1운동에 버금갈 정도의 규모로 일어났다.

항쟁의 지역별 양상과 전개 과정

경북의 항쟁은 지역마다 항쟁 규모와 강도에 차이가 있었다. 정해구는 그 원인을 각 지역의 사회적·경제적·정치적 상황, 미군·경찰·우익 대 좌익 세력 간의 역학관계, 대구와의 거리와 항쟁 파급 속도의 차이에서 찾고 있다. 그리고 각 지역의 항쟁을 참여 인원, 발생 범위, 경찰서(군 중심지의 권력) 장악 여부를 기준으로 강도를 구분하고, ① 항쟁의 핵심 지역, ② 폭동성 항쟁 지역, ③ 조직적 항쟁 지역, ④ 우익 강세 지역, ⑤ 지리상의 항쟁 미약 지역으로 나누었다.[2] 그러나 1990년대 이후 국내에 입수된 미군 6사단 G-2 보고서나 다른 자료에는 정해구의 1988년 연구에서 항쟁 미발생 지역으로 분류된 청송, 안동, 영양에서도 항쟁이 발생했다고 기록되어 있는 등, 항쟁의 구체적 상황에 대한 것도 기록마다 차이가 있다. 또한 정해구의 연구에서는 폭력성=비조직성, 비폭력성=조직성으로 규정한 뒤 이를 기준으로 항쟁의 유형을 나누었으나, 농민 항쟁의 일반적 모습을 볼 때, 폭력성=비조직성, 비폭력성=조직성으로 해석하여 항쟁의 성격을 구분하는 것이 타당한지 의문을 제기할 수 있다.

1946년 10월 경북의 항쟁은 전국적인 항쟁 지도부가 부재하거나 힘이 미약한 상태에서, 각지에서 동시다발적으로 발생하여 미군정의 막강한 물리력에 의해 단기간에 진압된 뒤, 입산자들의 유격대 활동과 지역 내전이라는 또 다른 형태의 장기 항쟁으로 전화된 사건이다. 그러므로 10월의 단기 항쟁에서는, 구조적 차이 외에도 항쟁 주도층과 경찰 사이의 시간대별 세력관계와 같은 상황적 요인이 각 지역의 항쟁 형태를 결정짓는 중요한 변수가 될 수 있다.

이 글에서는 1988년에 쓰인 정해구의 연구자료 외에 1990년대 이후에 입수된 미군 6사단 보고서 「경상도 지역 G2 요약 보고서: 경상도 공산주의자의 1946년 10월 폭동」G-2 Summary of Kyongsang, Kyongsang Communist Uprising of October 1946(1946. 12. 1), 미군 방첩대 보고서 「안강 지역 폭동 보고서」Report of Angang Area Disturbances(1946. 11. 14) 등에 실린 내용과 주민들의 구술을 참고하여 경북 각 군의 항쟁 상황을 보완한 뒤, 재분류해보았다.[3] 즉 폭력성=비조직성, 비폭력성=조직성을 기준으로 구분했던 방식과 달리 항쟁 주도층 대 경찰의 세력관계라는 상황적 요인을 중심으로 ① 공격형 권력 장악 지역, ② 협상형 권력 장악 지역, ③ 권력 미장악 교전 지역, ④ 산발적 항쟁 발생 지역, ⑤ 경찰과의 협상으로 항쟁이 제어된 지역 등 5개 지역으로 분류했다.

(1) 공격형 권력 장악 지역: 달성, 영천, 칠곡, 성주(10월 2일 오후~10월 3일 오전 발생)
'공격형 권력 장악 지역'은 주민들이 앞장서서 격렬하고 공격적인 방식으

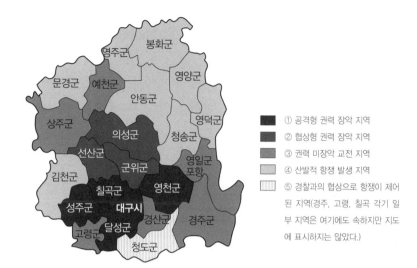

경북의 1946년 10월 항쟁 지역별 상황

로 항쟁을 벌인 곳이다. 10월 2일 오후에서 10월 3일 새벽 사이에 항쟁이 발생한 달성, 영천, 칠곡, 성주가 여기에 해당한다.

대구의 일부였던 달성군은 1946년 10월 2일에, 영천과 칠곡군은 10월 2일 밤에서 10월 3일 새벽 사이에 항쟁이 일어났다. 성주에서도 10월 3일 오전부터 10월 5일까지 군 인민위원회와 농민조합, 민청의 주도로 군민 수천 명이 봉기를 일으켜 경찰서와 지서를 점령했다. 이 과정에서 경관 2명이 사망했으며, 경찰의 발포로 군민 5~6명이 사망했다. 이 지역들은 대구 선동자 그룹이 진출한 뒤, 최소 수천 명 이상의 군중이 군청과 경찰서를 장악했고, 군내 대부분 지역에서 항쟁이 발생했으며, 그 뒤 3일간 항쟁 주도 세력이 지역을 통치했다는 공통점이 있다.

이 지역들은 항쟁의 전개 양상도 굉장히 폭력적이었다. 그러나 이것이 항쟁이 일어났을 때, 지도부가 없었다는 것을 의미하지는 않는다. 그보다는 대구와 바로 인접해 있어서 10월 1일과 2일에 대구에서 항쟁이 일어났을 때 소식을 바로 전해 들을 수 있었고, 주민들이 10월 2일 오후 대구 기층 민중의 봉기 분위기와 폭력적인 행동 방식까지 그대로 영향을 받은 상태에서 궐기했기 때문에 그러한 양상이 나타난 것으로 보인다.

(2) 협상형 권력 장악 지역: 군위, 선산, 의성(10월 2일 오후~10월 3일 오전 발생)

'협상형 권력 장악 지역'은 지역 경찰이 대구 항쟁 진압차 차출되어 나가서 경찰력이 약했던 지역이다. 이 지역들은 항쟁 주도 세력이 대구 항쟁의 소식을 접하고 반나절 정도 여유를 가진 상태에서 경찰과 협상하고 지역 주민들을 조직하여 군 중심지의 권력을 장악한 곳이다. 10월 2일 오후부터 10월 3일 오전 사이에 항쟁이 발생한 군위, 선산, 의성의 상황이 여기에 해당한다.

경북 중부의 군위, 선산, 의성은 10월 2일 밤에서 10월 3일 오전 사이에 최소 수천 명 이상의 대규모의 군중이 경찰과 별다른 마찰 없이 군 중심지를 장악한 뒤 항쟁 주도 세력이 4일간 지역을 통치했다는 공통점이 있다. 이 지역들은 앞의 지역에 비해 대구와 다소 거리가 떨어져 있는데도 대구 선동자 그룹이 진출하거나 대구와 일찍 연락되어 앞의 지역과 비슷한 시점에 항쟁이 발생했다. 그러나 지역의 경찰 주력이 대구 항쟁 진압차 대구로 차출되어 나가 경찰의 힘이 약해 저항 없이 군중의 요구에 굴복했고, 이에 항쟁 주도 세력도 경찰과 쉽게 절충하여 군 중심지의 권력을 장악했다.

기존 연구에서는 이 지역들은 권력 장악 과정이 비폭력적으로 진행되었기 때문에, 조직적·체계적 항쟁을 벌인 곳으로 보고 있다. 그러나 이 지역들에서도 국지적으로 지서 습격과 방화 사례들이 있었으며, 여러 정황으로 볼 때 항쟁이 단순히 '비폭력적'으로 전개되었다고 단정 짓기 어렵다. 일례로, 의성에서는 1946년 10월 6일, 군중이 경찰서를 부수고 3개의 지서를 방화하고 11명의 경찰을 폭행했다는 기록이 있으며, 선산에서도 10월 3일 군중이 경찰과 우익인사를 감금하고 폭행한 사례가 있다. 그리고 나중에 경찰이 항쟁 주도자를 취조하는 과정에서 관공리와 우익정당원 40여 명의 살해를 계획한 명부가 발견되었다고 한다.

이 지역들에서 권력 장악 과정이 협상형으로 진행된 것은 무엇보다도 항쟁이 일어나던 시기에 경찰보다 항쟁 주도 세력의 물리적 힘이 절대적으로 우세했기 때문으로 보인다. 더불어 대구 항쟁의 여파가 한 단계 걸러진 상태에서 지도부가 협상 노선을 취했기 때문일 수도 있다.

(3) 권력 미장악 교전 지역: 경주 일부, 영일·포항, 예천, 상주, 경산, 고령(10월 3일 ~10월 20일 발생)

'권력 미장악 교전 지역'은 대구 항쟁 소식을 먼저 접한 경찰과 우익의 선제 조치 때문에, 항쟁 주도 세력이 군 중심부 권력을 장악하지 못한 채 일부 면 단위 지역에서 격렬하게 항쟁을 하며 경찰과 교전을 반복했던 지역이다. 10월 3일에서 10월 20일 사이에 항쟁이 발생한 영일(포항), 예천, 상주, 경산, 고령, 경주 일부 지역의 상황이 여기에 해당한다.

10월 3일에 항쟁이 전파된 경주 일부, 영일(포항), 예천, 상주는 경찰과 우익의 선제 조치 때문에 군 중심부의 권력을 완전히 장악하지 못한 채 4일까지 일부 지역에서 항쟁을 일으켜 경찰과 교전을 반복했다는 공통점이 있다. 경주군은 10월 3일 오전부터 군중이 외곽 지서를 공격하고 오후 5시에 경주경찰서로 집결했으나 미군정 중대에 의해 해산되었다. 그 뒤 인근의 산지에서 10월 20일까지 교전을 벌였다. 나머지 지역도 경찰서를 장악하지 못하고 산발적·순회적인 형태의 항쟁과 교전을 벌였다. 상주에서는 이안면에서만 항쟁이 발생했다는 정해구의 기록과 달리, 10월 3일 군중이 상주경찰서를 습격하여 경찰 5명을 폭행하고 생매장했다는 기록이 있으며, 정해구의 연구에서 날짜 불상으로 기록한 이안면의 항쟁은 함창읍에서 10월 6일에 발생한 것이라는 기록이 있다. 이러한 항쟁은 대부분 참가 인원이 1천 명에서 2천 명에 달하며 소총이나 다이너마이트로 무장하기도 했으므로 앞의 지역들에 비해 강도가 약한 것은 아니었다.

대구와 가까운 경산에서는 다른 지역보다 이른 시각인 10월 2일 밤 10시경 군중 2천 명이 경찰서를 포위하며 경찰에게 무장해제를 요구했으나, 경찰서를 점거하지는 않았다. 이튿날 경찰이 요청한 미군이 도착하자 군중은 경찰서 앞에서 해산한 뒤, 경찰서장의 집을 습격하고 파괴했다. 그리고 각 면으로 흩어져 지서 7개를 파괴하고 각 지역을 장악했다. 하양면에서는 하양 민청(의장 정문조)이 지서를 점령하고 며칠간 지역을 통치했다는 증언이 있다.[4]

고령은 10월 3일 오전 9시에 "폭도가 경찰서를 휩쓸고 모든 무기를 압수했다"는 미군 6사단 보고서의 기록이 있다. 정해구의 기록에 따르면 면 단위의 지서 네 군데가 군중의 습격을 받았다. 그러나 고령경찰서 본서는 군중이 포위한 상태에서 경찰서장과 군수가 민청 간부와 협상을 시도했고, 군중 내부 강경파와 온건파 사이에 분열이 일어나 결국 시간만 보내다가 해산했다고 한다.

(4) 산발적 항쟁 발생 지역: 영주, 봉화, 영덕, 청송, 김천, 문경, 영양, 안동(10월 4일 이후~1947년 사이 발생)

'산발적 항쟁 발생 지역'은 대구 항쟁 소식을 먼저 접한 경찰이 사전 대비를 하여 주모자급을 검거하고 군 중심지의 경계를 강화했기 때문에 일부 면에서 항쟁이 산발적으로 일어났던 지역이다.

10월 4일 후 항쟁이 전파된 영주, 봉화, 영덕, 청송, 김천, 문경, 영양,

안동은 10월 4일 오전부터 군내 일부 지역에서 항쟁이 발생했다. 이 지역에서는 경찰이 사전에 주모자급을 검거하고 군 중심지의 경계를 강화했다. 반면 지역운동 세력은 경찰보다 정보를 늦게 들었기 때문에 항쟁을 일으키지 못했고, 결국 일부 면에서만 부분적으로 항쟁이 일어났다. 영주와 봉화 등에서는 외곽 산지에서 국지적인 항쟁이 계속되어 진압에 여러 달이 걸리기도 했고, 해가 바뀐 1947년에 항쟁이 발생하기도 했다.

정해구의 연구에서 항쟁 미발생 지역으로 분류된 청송, 안동의 경우, 미군 6사단 G-2 보고서에는 청송군에서는 10월 4일 11시에 청년동맹으로 구성된 군중이 '대구의 지령을 받고' 경찰서를 습격했으며, 청송군 진보면에서는 10월 6일에서 7일 사이 밤에 군중이 면사무소를 파괴하고 서류를 불태웠다는 기록이 있다. 그리고 안동에서는 10월 6일 밤 8시에 노동자들이 산발적인 형태로 불법 집회를 개최했다는 기록이 있다. 정해구의 연구에서 항쟁이 미약하게 발생한 지역으로 분류된 김천에서도, 미군 6사단 G-2 보고서에는 10월 4일부터 8일까지 소규모의 군중이 여러 차례 모였고 10월 8일에는 경찰이 공산주의자 4명에게 발포하여 그중 1명이 부상을 당했다는 기록이 있다.

영양은 10월 항쟁 전에 군수가 한민당 측 인물이었으나 인민위원회 지도자들이 여러 면의 면장을 맡고 행정직을 장악하여 쌀 수집을 좌우할 정도로 통치기능을 수행하던 상태였다.[5] 그런데 이 지역 반공 인사의 증언록에, "10·1폭동 사건이 터진 후 경찰이 폭동 가담자를 체포하여 취조한 결과 영양군 석보면의 남일진이 주모자임이 밝혀졌다"라는 기록이 있다.[6] 따라서 영양에서도 인접한 봉화, 영덕과 유사한 형태로 항쟁이 일어난 것으로 추정된다.

(5) 경찰과의 협상으로 항쟁이 제어된 지역: 청도 일부, 경주 일부, 칠곡 일부, 고령 일부 지역(10월 1일~2일 사이 발생)

'경찰과의 협상으로 항쟁이 제어된 지역'은 대구 항쟁이 진행되던 기간에 소식을 전해 듣고 경찰서장이 항쟁 주도 세력에게 우호적 태도를 보이거나 지역 유지들이 경찰과 협상을 시도하여 항쟁이 무마되거나 제어된 지역이다. 10월 1일에서 2일 사이 대구와 인접한 청도, 경주, 칠곡, 고령의 일부 지역의 상황이 여기에 해당한다.

청도에서는 10월 1일 군중이 경찰서로 몰려갔으나 경찰이 발포하지 않았고 군중도 경찰서를 공격하지 않았는데, 경찰서장과 판사가 공산주의자여서 발포 명령을 내리지 않았기 때문이라는 기록이 있다.[7]

경주의 일부인 안강에도 유사한 사례가 있었다. 안강 지역의 상황은 미군 방첩대에서 작성한 「안강 지역 폭동 보고서」(1946. 11. 14)에 실려 있다. 이 문서는 1946년 10월 29일 안강의 우익 쪽 마을 대표 이석, 김진수, 심응섭이 "안강지서장(채승, 32세)이 폭도와 공모했다"고 주한미군 대구지방청에 고발한 청원문을 미군 쪽에서 영문으로 번역한 것인데 그중 일부를 살펴보면 다음과 같다. "10월 3일 사람들이 폭동을 일으켰다. 주동자 20여 명이 우익의 집에 방화를 시도했다. 그들은 거리 시위를 하고 적기가를 불렀다. 10월 6일 지원부대가 와서 좌익 주동자 약 70명을 체포했으나 지서장이 보증을 서서 그 사람들은 모두 석방되었다. (……) 미군 측 담당관이 지서장을 면담한 결과, 지서장 채승은 유혈사태를 막고 경찰의 안전을 보장하기 위해 좌익과 우익 양쪽과 협상했다고 한다."[8]

한편 칠곡에서는 대부분 면에서 항쟁이 격렬하게 일어났으나 가산면과 동명면에서는 항쟁이 일어나지 않았다. 구술 기록에 따르면, 당시 동명면에도 주민들이 지서로 몰려갔으나 지역 유지인 배개발이 나서서 경찰과 협상하여 항쟁이 폭력적으로 나아가는 것을 막았다. 배개발은 이 사건으로 인해 군정재판에 부쳐져 5년형을 선고받았다. 그 뒤 1948년 8월 정부 수립 특사로 출소했으나 한국전쟁 발발 직후 국민보도연맹 사건으로 살해되었다.[9] 고령에서도 이와 유사한 상황이 있었던 것으로 추정된다.

일부 지역에서는 항쟁이 초기에 전파되었지만, 항쟁 주도층이 경찰과 협상을 시도하여 항쟁이 무마되거나 제어되기도 했다. 이때 평소 경찰이나 관료들과 친분이 있으면서도 대중의 신망을 얻던 지역 유지들이 협상자 역할을 담당했다. 다만 협상으로 항쟁이 제어되었다 해도 이것은 일부 읍·면의 사례에 해당하며, 군의 다른 지역에서는 항쟁이 격렬하게 발생한 곳도 있었다.

요컨대 위의 지역 중 협상으로 항쟁이 제어된 (5)지역을 제외하고 (1)→(2)→(3)→(4)지역으로 이어지는 항쟁 전파의 흐름을 보면, (1)지역과 (2)지역은 경찰서장이나 군수가 군중의 요구에 어떻게 응했느냐, 지역운동 세력이 주민들의 움직임에 조직적으로 대처할 여유가 있었느냐에 따라 권력 장악 당시 표출된 군중의 공격성에 차이가 있었다. (3), (4)지역은 대구와 지리적 거리 때문에, 경찰이 정보를 먼저 입수한 뒤 경계가 심해져 항쟁 주도층이 군 중심부의 치안·행정 권력을 장악하지는 못했지만, 항쟁이 외곽에서 오래 지속하는 경향을 보였다.

2   농민 항쟁으로서의 영천 항쟁

도시와 달리 농촌 지역에서 일어난 농민 항쟁의 구체적 특징을 살펴보려면, 하나의 군을 사례로 삼아 항쟁의 배경과 원인, 주도층의 구성, 전개 양상의 특징 등을 좀 더 면밀하게 분석할 필요가 있다. 이 글에서는 당시 항쟁이 가장 격렬하게 일어났던 영천 지역의 항쟁을 사례로 도시의 항쟁과는 다른 농민 항쟁의 특징을 살펴본다.

항쟁의 배경과 원인

1946년 10월 2일 밤부터 대구 지역의 봉기가 경북 일대로 번져나갔다. 그 중 영천은 다른 지역에 비해 다수의 인원이 항쟁에 참여했고 항쟁 강도가 상당히 높았다.

영천은 면적이 920.3제곱킬로미터이며, 1946년에는 인구가 15만 5,129명으로 1개 읍, 10개 면으로 구성된 군이었다. 현재의 시 중심지가 당시에는 영천읍으로, 현재의 시 중심지 일부와 금호읍이 금호면으로 편제되어 있었으며, 현재의 화북면과 화남면은 화북면으로 합쳐져 있었다. 이 글에서는 당시 행정구역을 기준으로 서술한다.

영천 항쟁은 1946년 10월 2일 밤부터 시작하여 10월 5일까지 이어졌다.

1차로는 군 소재지인 영천읍에서 10월 3일 새벽에 일어나 며칠간 계속되었으며, 군내 대부분의 면과 마을에는 10월 3일 아침부터 전파되어 며칠간 계속되었다. 대구에서 영천읍으로 가는 길목에 있는 금호면과 대창면의 일부 지역에서는 10월 2일 밤에 이미 항쟁이 일어났다는 증언이 있다.

영천 항쟁 참가 인원은 문서마다 다르게 기록되어 있다. 10월 3일 새벽부터 있었던 영천읍의 1차 항쟁 참가 인원은 미 6사단 G-2 보고서에는 2천 명, 내무부 치안국의 기록에는 3천 명, 「G-2 Weekly Report」 등에 근거한 브루스 커밍스의 연구에는 1만 명으로 기록되어 있다.[10] 한편 당시 신문에는 "영천군의 전 인구는 2만 7천 호 15만 5천 명이고 영천읍만 약 4,700호 3만 명의 인구인데 이번 항쟁에 동원된 민중 수는 5만 명(당국 추산)이며 영천읍은 거의 전부가 참가했다 한다"라는 보도가 있다.[11] 그리고 1949년에 발간된 『조선중앙연감』에는 파업 투쟁에 1,200명, 군중 투쟁에 6만 명이 참가한 것으로 기록되어 있다.

정해구는, 이 통계는 연인원을 계산한 듯하며 다소 과장된 것일 수도 있지만, 항쟁 참가자가 주로 청장년층의 남자라는 점과 농촌 인구의 분산적 거주 형태를 고려할 때, 친일파, 지주, 관리 등을 제외한 군민 대부분이 항쟁에 참여했던 것으로 보았다.[12] 이상의 여러 자료를 종합해보면 영천읍의 1차 항쟁 참가 인원은 최소 1만 명 이상으로 추산되며, 각 면의 2차 항쟁과 마을 단위의 3차 항쟁까지 포함하면 수만 명이 참가한 것으로 보인다. 영천은 대구를 제외하면 항쟁 참가 인원이 가장 많은 편에 속하고, 인구 대비 참가율도 가장 높은 편이다. 그리고 항쟁이 군의 일부 지역이 아니라 전체 읍과 면에서 빠짐없이 일어났다는 특징이 있다.

영천 항쟁이 격렬하게 전개되었던 원인은 다음과 같다. 첫째, 영천은 지리적으로 대구와 가까웠으므로 대구의 항쟁이 급속하게 전파되었다고 볼 수 있다. 정해구의 분석에 따르면, 당시 영천과 함께 대구 주변 지역인 달성, 칠곡, 성주, 선산, 군위, 의성 등의 지역에서 항쟁이 최고 강도로 일어났다. 이 지역들은 대부분 대구의 직접적인 영향권에 있고 대구와의 사이에 산으로 가로막히지 않아 교통이 편리했으므로 대구 항쟁 직후 대구 시위 선동자들이 바로 진출했으며 항쟁 참가자들이 경찰보다 정보를 일찍 알고 선제 공격의 이점을 누릴 수 있었다.[13]

둘째, 사회·경제적 불안정성도 항쟁의 발생과 강도에 영향을 미쳤다. 영천은 1944~1946년 사이 인구 증가율이 26퍼센트에 달할 정도로 해방 직후 귀환동포가 많이 유입되었으며, 이로 인해 사회·경제적 불안정성이 커졌다. 식량 문제가 심각했는데도, 미 군정청의 '공출'(하곡 수집)이 가혹하여 행정당국과 농민 간의 갈등도 심했다. 1946년 2월에는 군수 이태수가 직접 나서서 미곡수집령을 위반할 경우 엄벌에 처하겠다고 주민들을 위협했고, 군 식량계원은 농민들이 하곡 공출에 응하지 않는다며 서로 뺨을 때리게 하고, 보리를 운반하는 차에 태워 유치장에 가둔 뒤 유치장행 운임 10원과 유치장 숙박료 90원을 받는 일도 있었다. 항쟁 후 신문 보도에는 "이곳 당국자들도 하곡 공출을 경찰이 적극적으로 한 것이 민요의 가장 큰 원인이었다고 말했다"라는 내용이 있다.[14] 일제강점기에 공출을 혹독하게 했던 바로 그 공무원이 또다시 가혹하게 공출을 해갔으므로, 당국의 공출정책에 대한 불만은 친일 악질 관리들과 군수 이태수에 대한 분노로 표출되었다. 그런데 주민들의 증언에 따르면, 영천 남부 지역은 공출이 심했으나 영천 북부 지역에는 실제 리里 단위 이하에서는 공출이 제대로 수행되지 않았다고 한다. 이곳에서는 공출 문제보다는 일제강점기부터 누적되어온 지주-소작 관계에 대한 불만이 항쟁의 더 큰 원인이라고 했다. 영천은 해방 당시 논농사 비율이 50~60퍼센트인 전형적인 논농사 지역이었고 소작률이 60퍼센트에 이를 만큼 대지주들이 토지를 독점하고 있어서 지주와 소작농의 갈등이 심했다.

주민 다수를 차지하고 있던 소작농과 머슴 등의 하층민은 경제적으로 양반 지주에게 예속되어 있었으며, 사회적으로도 조선 시대부터 내려온 신분제가 지주소작제라는 토지 소유관계를 통해 여전히 남아 있었다. 1894년 갑오개혁으로 노비의 매매, 상속은 사라졌지만, 노비의 해방은 서서히 진행되었다. 노비들이 주인으로부터 해방되었다 해도 갈 곳이 없으므로 여전히 주인 주변에 머무르면서 가예(집종), 종속적 소작인, 머슴, 산직(산지기) 등으로 주인과 다양한 관계를 맺었다. 일부 노비들은 다른 마을로 가서 머슴이 되기도 했다. 1910년대 일부 노비들은 성씨를 새로 만들어 호적에 올리기도 했지만, 마을 주민들은 모두 그들의 출신을 알고 있었다. 그들에 대한 차별 대우는 하루아침에 사라지지 않았던 것이다.[15] 그리고 일제의 식민지 지배 때문에 이를 극복할 반봉건혁명의 기회는 없었다.

농민들이 지주–소작 관계의 질곡에서 벗어나는 것은 단순히 토지소유권을 새로이 갖는 것만 의미하지 않았다. 소작농민과 하층민 사이에는 신분제 해방과 동시에 새로운 사회·경제적 질서를 구축하고자 하는 갈망이 대대로 쌓여 있었기에 인민위원회 등에서 주장한 '토지개혁, 평등사회 실현'이라는 항쟁의 구호가 커다란 호소력이 있었다.

10·1사건 원인은 지주소작 그거지. 양반들은 돈 있고 땅 있다고 소작 줘놓고, 조그만 아이들이 할아비 영감에게도 반말하고 사람을 노비나 개 취급했어. 가을에 논 한 마지기 탈곡해놓으면 70퍼센트를 가져갔어요. 섣달쯤 되면 양식이 떨어지고 보릿고개 때 되면 마을의 70퍼센트는 못 먹어서 퉁퉁 부었어요. 그래서 양반 집에 가서 곡식을 빌려오면 이자처럼 한 말 먹으면 한 말 줘야 했지. 이렇게 농사지어 다 줘놓고 사람대접 못 받아도 배 굶는 사람은 그거라도 떨어질까 봐 시키는 대로 해야 되고. 그게 비감 질렀던 거야.

_ 영천 화북면 함태원, 2013년 9월 5일

삼만 석 지주라고 불리던 이인석은 소작료를 가혹하게 징수하여 소작인과의 갈등이 심했으며, 대한독립촉성국민회 영천지부장이었던 정도영의 집안 역시 악덕 지주로서 농민들의 원성을 사고 있었다. 영천 전역의 구술자 다수가 친일 대지주인 이인석과 정도영에 대해 주민들이 불만이 컸다고 공통되게 말했다. 항쟁이 일어났을 때 주민들이 중소지주는 공격하지 않았지만, 이인석 등 친일·악덕 대지주를 선별 공격한 사례는 면마다 뚜렷하게 나타난다.[16] 토지개혁과 새로운 신분 질서 구축에 대한 대중적 공감대가 형성되어 있었고 공격 대상이 집중되었던 점도 항쟁의 강도가 높았던 요인이 되었다고 볼 수 있다.

영천의 항쟁이 다른 지역에 비해 격렬하게 전개된 원인으로는 사회·경제적 측면 외에도 주민에 대한 지역 내 사회운동 세력의 영향력을 들 수 있다. 정해구에 따르면, 경북의 군 가운데 안동, 김천, 영일 등 미군정 중대가 주둔했던 지역이나 상주와 문경 등 처음부터 좌익이 강하지 못했던 지역은 항쟁 강도가 약했다.[17] 영천에는 당시 미군 제71군정중대가 현 영천고등학교에 주둔했고, 우익세력이 1946년 5월 5일에 대한독립촉성영천군청년총연맹을 창설했으나 전반적으로 좌익보다 민중의 지지 기반이 약했다. 그런데 1946년 초부터 좌익세력이 공출 반대 운동을 활발하게 전개하자 당국은 좌익세력을 심하게 탄압했다. 경북민전 결성 후 3월에는 인민위원회 간부들이 구금되었고, 10월 항쟁이 일어나기 전 4개월 동안 좌익 탄압이 45건이나 발생하여 좌익인사 145명이 검거되었다. 항쟁 5일 전인 9월 말에도 좌익계 요인 30명이 검거되기도 했다.[18] 정해구는 이러한 사실을 근거로 영천 항쟁에서는 경북 북부 지역보다 지도자가 부족했다고 주장한다. 그러나 이 무렵 검거된 사람들이 어떤 위치에 있었는지, 10월 항쟁이 일어났을 때 수감된 상태였는지는 확인되지 않고 있다. 그리고 뒤에서 상술하겠지만, 영천에서는 다양한 계층의 인사들이 항쟁을 주도한 것으로 확인된다.

　10월 항쟁 당시 영천의 행정당국 및 우익과 좌익 사이의 관계는 상당히 악화되어 있었다. 이렇게 악화된 관계가 영천 항쟁이 더 비타협적인 양상으로 전개된 하나의 배경이 되었을 것이다.

영천읍, 항쟁의 폭발

영천읍 항쟁은 1946년 10월 3일 대구에서 온 선동자 50여 명과 영천군 인민위원회가 결합하여 일어났다. 당시 임장춘(영천군 인민위원장)이 연설을 했고 임대식, 이상문(민청 의장), 박학덕 등이 영천시장 상인과 영천중학교 학생 등 청년들을 이끌었으며, 영천읍의 주민 대부분이 참여한 가운데 금호면 등 인근 면의 주민들이 합세했다.[19]

　영천읍 화룡동의 임장춘(당시 40대)은 천석꾼 지주 집안 출신으로 일제강점기에 신간회 활동 등 항일운동을 했고, 1934년에서 1940년 사이 『동아일보』 영천지국장을 맡으면서 지역 문화예술계에도 이름을 떨쳤던 인물이다. 1945년 10월에는 전국인민위원회대표자대회에 영천 대표로 참석하기도 했다. 임장춘은 10월 항쟁 직후 사살되었다고 하나 정확한 피살 시기와 장소는 확인되지 않는다. 임장춘의 동생인 임대식(1917년생)은 1950년 국민보도연맹 영천군지부 간사장을 맡았고 한국전쟁 발발 직후 국민보도연맹 사건으로 살해되었다.[20] 영천읍 과전동 출신의 이상문(1916년생)은 영천경찰서 자료(1979)에 "1946년 9월 민청에 가입, 경북연맹 의장단으로 좌익 선전에 지도적 역할을 담당하며 10·1 영남폭동 사건에 주동적 역할을 한 자"로 기록되어 있다. 영천읍 괴연동 출신의 박학덕은 일제강점기에 항일운동을 하다 옥살이를 한 경력이 있는 인물로 마을 젊은이들을 규합하여 연극과 노래를 가르치는 등 교육 활동을 했다. 그는 1948년 1월에 10월 항쟁 관련자라는 이유로 사살되었다.[21]

이외에도 많은 지역 지도자와 함께, 주민들은 이날 새벽 일제히 읍내를 포위하여 통신망을 절단하고 군청, 경찰서, 우체국, 재판소, 등기소, 신한공사 출장소 등을 습격하여 불태웠다. 경찰 15명, 군수 이태수를 포함한 관리들이 살해되었고 한민당의 요인이자 영천의 대지주였던 이인석의 집도 공격을 받았다. 이인석은, 나중에 자유당 청년부장 및 국회의원, 고려대학교 이사장 등을 역임한 이활과 제5공화국 초기의 입법의회 의장을 역임한 이호 형제의 아버지로 일제강점기에 치부하여 영천 전역에 토지를 소유하고 있었다.

주민들은 경찰서를 점령하여 무기를 탈취한 뒤 이틀 동안 읍을 통제했다. 당시 상황을 미군 6사단 G-2 보고서는 다음과 같이 적고 있다.

10월 3일 아침 군중 2천 명이 경찰서를 습격했다. 경찰에게는 탄창 5발만 있었고 군수품 보관실의 열쇠를 가진 경관은 습격 초기에 살해되었다. 군중이 경찰을 제압하면서 경찰서장과 경관 15명이 살해되었으며 46명이 실종되었고 이 중 최소 40명은 군중에게 생포되었다. 소총 20정과 권총 1정도 뺏겼다. 군중 측은 15명이 살해되었고 다수가 부상했다. 그들은 경찰서, 우체국, 군청, 신한공사 출장소, 재판소 등 대여섯 블록의 최소 300채의 건물에 불을 질렀다. 군수와 최소 19명의 관리가 살해되거나 부상했다. 10월 4일 아침에도 몇몇 건물에 방화가 일어났고 시신이 거리에 있었다. 군중은 이틀간 읍을 통제하다가 10월 4일 15시 미군 제1대대의 순찰차 8대가 도착하기 바로 직전인 14시 30분경에 이 지역을 떠났다.

_제6사단 본부, 앞의 글, 1946. 12. 1.

『자유신문』 1946년 12월 4일자에는 10월 3일 영천읍의 상황에 대해, "영천은 약 5만 명의 봉기가 있었으며 파괴된 피해액만도 10억 원을 넘는다고 한다. 동 지방에서는 사건이 일어나기 5일 전에 좌익계 요인 30명을 검속하였으며 사건 당일인 10월 3일에는 대구에서 이미 사건이 일어난 관계로 인하여 비상소집 경계를 하고 있었고 군중이 몰려나온다는 정보도 받았으나 어찌할 바를 모르고 있었다. 중과부적으로 경찰서는 점령당하여 소실당하고 16명의 경관이 죽고 35명의 부상자를 냈으며 군수와 면장 2명 서기 1명도 피살당했는데 민간 측도 약 20명이 사망했다고 한다"라고 보도되어 있다.[22] 이 기록은 미군 6사단 G-2 보고서의 기록과 전반적인 상황에 대한 내용이 일치하며 운집한 군중의 수와 피해자의 수에서는 다소 차이가 있다.

영천군수 살해 혐의로 구속된 주민 전범대에 대한 군정재판 기록에는, "10월 3일 새벽 군중 수백 명이 군수 이태수의 집으로 몰려갔다. 이때 배병수 등이 군수를 피신시키기 위해 집 밖으로 데리고 나오자 군중이 수백 미터가량 뒤쫓아가서 군수를 붙잡아 몽둥이로 머리와 어깨를 내리쳤고 이에 군수가 현장에서 사망했다"라고 적혀 있다.[23]

면 단위로 확산되는 항쟁

영천 항쟁은 각 면에서도 치열하게 전개되었다. 면 단위에서 발생한 항쟁을 기록한 문헌 자료는 별로 없다. 항쟁과 관련된 미군정 측의 재판 기록은 영천읍 항쟁 참가자로 판단되는 전범대에 관한 기록 외에는 공개되지 않았다.[24] 당시 신문은 미군정 특별재판에서 박봉영·김종영·최상호(영천읍 항쟁 참가자로 추정)가 영천군수 살해 혐의로 사형 선고를 받았고, 김양성·김성필·김춘생·신범이·정원택·이원만(북안면 항쟁 참가자로 추정)이 북안면의 성재모 외 1인을 살해한 혐의로 사형 선고를 받았다고 보도했으나, 이들의 인적 사항이나 자세한 기소 경위는 언급하지 않았다. 그러므로 이 기록을 통해 항쟁의 구체적인 양상을 파악하기는 힘들다.[25]

내무부 치안국 발간 자료 등 몇몇 문서에는 "군중이 고경, 신녕, 청통, 화산, 임고, 자양 등 6개 면의 면사무소를 방화했고 대창, 북안(임포), 고경, 청통, 자천, 화남(삼창), 자양, 보현 등 지서 아홉 군데를 파괴했다"라는 기록이 있고,[26] 미군 6사단 G-2 보고서에 "신녕에서 군중이 지서를 휩쓸어 경관 3~4명을 죽였고 그들의 집을 부쉈다"라는 기록과, "(북안) 임포동에서 10월 4일 군중이 지서를 휩쓸어 경관 3명을 생포하여 가뒀다. 10월 4일 12시에 미군 8명이 순찰차로 도착하여 군중을 해산시키고 경찰을 구출했다"는 단편적인 기록이 있다.[27]

그래서 필자는 면 지역의 항쟁 상황은 대부분 진실화해위원회의 보고서 「대구 10월 사건 관련 민간인 희생 사건」 등에 실린 진술 자료에 의존하여 파악했다.[28] 이를 근거로 각 면의 상황을 정리해보면 126~128쪽 〈표 3-1〉과 같다(화북면의 사례는 본문에서 구체적으로 살펴본다).

이 표를 보면 남부의 금호와 대창에서 항쟁이 좀 일찍 일어났고 북부 외곽의 면들에서는 항쟁이 더 늦게 일어났다는 것, 그리고 서북부의 신녕과 청통의 항쟁이 가장 폭력적으로 전개되었다는 것을 알 수 있다. 그러나 대부분의 면에서 동시다발적으로 전개된 항쟁의 형태는 유사했다.

화북면의 사례를 통해 이를 더 구체적으로 살펴보자. 화북면의 상황 역시 진실화해위원회의 보고서 「대구 10월 사건 관련 민간인 희생 사건」에 실린 화남면(옛 화북면) 주민과 화북면 주민들의 진술 자료를 참조했다.[29]

화북면에는 1946년 10월 항쟁이 일어나기 전에 정재섭을 위원장으로 하는 면 인민위원회가 있었고, 농민조합이 있었다. 이 지역의 10월 항쟁은

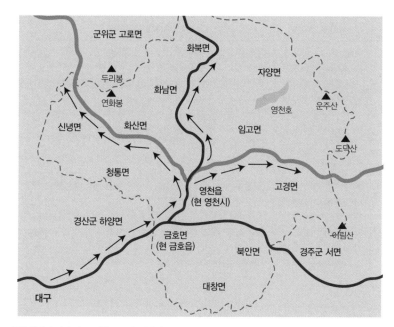

영천 항쟁의 전파 경로. 영천 금호면, 대창면에서는 1946년 10월 2일 저녁에 면민들이 시위를 하며 영천읍으로 이동했다. 영천읍에서는 10월 3일 새벽에 1차 항쟁이 일어났다. 나머지 면과 마을에서는 10월 3일 아침부터 10월 4일까지 2차, 3차 항쟁이 일어났다.

10월 3일 아침 면 소재지이자 600여 호의 주민이 거주하던 자천동(현 자천리)의 장시에 영천읍의 선동자들(주로 영천시장의 어물전 상인들)이 트럭을 타고 들어오면서 시작되었다. 영천읍의 선동자들은 장터에서 토지개혁 등의 구호를 외치며 봉기를 선동했고, 이에 면 인민위원장 정재섭과 농민 구홍서, 김치형 등이 주도자로 나섰다. 그들은 평소 주막에 모여 마을의 여론을 주도하던 청장년들과 소작농들을 규합했는데, 장터에 온 다른 마을의 주민들도 대거 봉기에 합세했다.

그들은 머리에 수건을 두른 채 꽹과리를 치고 만세를 부르면서 장터에서 시위한 뒤, 몽둥이를 들고 30명씩 무리를 지어 면 일대를 순회했다. 구

	10월 항쟁 전 상황	10월 항쟁 당시 상황
금호면	안재기[30]를 필두로 한 도남동 안씨 일족을 중심으로 인민위원회 세력이 강했고 청년동맹도 조직원이 60여 명에 달할 정도로 세력을 형성하고 있었다.	지역 주민들은 10월 2일 밤 면 소재지인 교대리로 집결하여 면사무소와 금호지서에 불을 지르고 면장인 권상락의 집도 불 질렀다. 신대리에서는 일제강점기 금호면 농상계 직원으로 근무하며 가혹한 공출 수령으로 민심을 잃은 구장 이영우를 살해했다. 삼호리 등 영천읍과 인접한 마을에서는 전 주민이 영천읍으로 나가서 영천읍 봉기에 참여했다는 증언도 있다.
대창면	한석헌 주도의 좌익 치안대가 면의 치안과 행정을 장악하고 있었으며, 1945년 겨울 면사무소와 친일 관리였던 면장 가옥을 습격한 일이 있었다.	지역 주민들은 10월 2일 밤, 30여 명씩 몰려다니며 면사무소, 지서, 공출 곡식 창고에 불을 지르고 직천리 지주이자 영천의 대표적인 우익인사였던 노한용 등 친일 전력이 있는 몇몇 인사들의 집을 부수거나 불을 질렀다. 그러나 이 지역에서는 10월 항쟁 전에 이미 친일 우익인사들을 응징했으므로, 10월 항쟁 시에는 다른 면에 비해 우익인사의 피해가 적었다.
북안면	지주와 부농이 토지를 독점하여 주민들의 생활이 비참했고, 면장 서형석은 악덕 지주로서 소작농들과 갈등이 심했다. 좌익 선동대와 야학이 있었다.	유인만(면 인민위원장), 신범이,[31] 김양선, 김수홍(대구여중 교사) 등의 주도로 주민들이 일어나 면사무소에 불을 질렀고 도주했던 면장 서형석을 경주 서면의 정덤못 부근에서 붙잡아 칡넝쿨로 목을 졸라 살해했다. 주민들은 서형석의 집뿐 아니라 부면장의 집도 불 질렀으며, 친일파로 지목된 성재모(면 서기) 등도 살해하고, 친일파와 우익인사의 집을 불태우거나 파괴했다.
고경면	영천읍에 인접하여 영천읍으로부터 좀 더 직접적인 영향을 받았다. 조희원, 이희학, 백등용 등이 주도적 인사였다.	항쟁이 면의 동부 지역(해선리 중심)과 서부 지역(단포리 중심)으로 나뉘어 전개되었다. 동부 고경면에서는 주민들이 해선리 고촌국민학교에 모여 고경지서를 점령하고 경찰을 잡아 가두었다고 석방했고 우익인사 안상식을 폭행하여 죽였다. 단포지서가 있던 서부 고경면에서는 주민들이 지서에 불을 지르고 지서장을 살해했으며, 일제강점기 구장으로 친일인사로 지목된 이성기와 이승기 형제의 집에 불을 질렀다. 용전리 등 일부 마을에서는 외지인들의 영향 없이 마을 청년들이 나서서 구장과 친일인사의 집을 부수었다.

임고면	10월 항쟁 전에 우익 국민회가 조직되어 있었고, 좌익 쪽 청년조직도 있었던 것으로 추정된다. 증언에 따르면, 김영만과 김종철이 이끌던 문화선전대가 임고국민학교에서 정치선동극을 공연한 적이 있었다.	10월 3일 영천읍에서 선동자들(영천중학교 학생 포함)이 트럭을 타고 오자, 면 소재지에서 50리 떨어진 벽촌인 수성리 주민들까지 거의 모든 마을 주민들이 면 소재지인 양항리로 나와 인산인해를 이루었다. 그들은 일제강점기 면장이었던 이병갑의 집과 지서에 불을 질렀으나 면사무소 방화는 면 인민위원장 정환식이 만류하여 중지했으며 당시 면장 이근호도 평판이 나쁘지 않아 공격하지 않았다. 면사무소를 점령한 대표들은 회의를 열어 공격 계획을 세운 뒤 일제강점기에 면작계를 담당하며 공출에 앞장섰던 면 서기 김규익을 살해하고 정만용(국민회) 등 친일인사의 집도 파괴했다. 그날 영천읍 선동자들이 돌아가는 과정에 다시 주민들과 합세하여 대지주 이인석의 정자(매호리)에 불을 질렀다.
자양면	항일 의병운동의 영향이 강한 곳으로 해방 직후부터 좌익이 압도적인 힘을 가지고 있었다. 항일운동을 하던 정규식, 이재관 등이 지도자로 있었다.	10월 3일 또는 4일 영천읍에서 선동자들이 트럭을 타고 들어오자 지역 지도자들이 나서서 깃발을 흔들며 주민들을 모았고, 이에 주민들이 합세했다. 주민 1천 명이 참가했는데, 당시 자양면의 호수가 2천 호 정도였으므로, 두 집에서 1명 정도가 참가했다고 할 수 있다. 그들은 면사무소와 지서에 불을 지르고 지주 정형식과 경찰 1명을 살해했다. 일제강점기 면장이었던 정만식의 집도 불을 질렀으나 정만식은 피신하여 목숨을 건졌다.
신녕면	영천 서북부 지역의 중심지로 중앙선과 28번 국도가 통과하는 지역이다. 논농사 비율이 높고 지주-소작 관계의 갈등이 심했던 지역으로 항쟁이 가장 폭력적으로 일어났다. 10월 항쟁 전에 마을마다 마을 소임이나 하층민으로 구성된 좌익 청년단이 있었다.	10월 3일 영천읍 선동자들(영천시장 어물전 상인 포함)이 트럭을 타고 들어와서 김갑수, 이만득, 김명득 등이 지도하는 신녕면의 좌익 청년단원들과 함께 지서, 면사무소, 우체국을 점령하고 통신망을 절단한 뒤, 경찰 5명의 무기를 압수하고 그들을 지서 유치장에 감금했다. 각 마을의 소임 등 청년단원들은 주민들에게 삽이나 쇠스랑을 들고 면 소재지의 공회당(신녕성당)으로 모이라고 외치고 다녔다. 이에 24개 리의 거의 모든 마을 주민들이 호응하며 몰려들어 공회당 앞거리는 수백~천 명 정도의 인파로 인산인해를 이루었다. 주민들은 면사무소, 지서, 기독교 교회, 국민학교에 불을 질렀다. 그리고 우체국 앞에 임시지서를 만들어 경찰과 우익인사 50명을 가두고 심문하고 약식 인민재판을 한 뒤 목사 손해조와 면 서기 나산도를 포함한 우익인사 5명을 살해했다.

청통면	지주-소작 관계의 갈등이 심했던 곳으로 해방 직후부터 좌익이 절대적으로 우세했다.	10월 4일경 신녕면에서 30여 명의 선동자가 몰려오자 금도헌 (면 서기)의 주도로 각 마을의 주민 다수가 합세했다. 그들은 면장 이종문을 지서에 감금한 뒤 불태워 죽였으며, 마을 유지 박동성, 일제강점기 수리조합장이었던 박이수 부자도 살해했다. 각 마을의 우익인사 여러 명의 집을 습격하여 가재도구를 불태우고 친일파와 지주들을 면사무소에 붙잡아서 구타했다.
화산면	안동 권씨 집성촌이 많은 이 지역에는 좌우익 유명인사의 일가친척으로 연결된 사람들이 많았다. 김무용, 권대선 등 유명한 좌익인사가 있었으나 항쟁 당시에는 지도자가 없었던 것으로 보인다.	10월 4일경 영천읍에서 '고기장사 하던 상인'들이 트럭을 타고 들어온 뒤 암기리 청년 등 30명가량이 면 일대를 돌면서 지서와 지주들의 집을 습격하고 불 질렀다. 그러나 다른 면에 비해 봉기가 격렬하지 않았으며, 지서장 권석현은 항쟁 주도 세력이 많은 암기리와 가상리의 권씨 집성촌 출신으로 피신하여 별다른 피해를 당하지 않았다. 당시 면장이었던 권장덕도 피신했으며, 가상리에 있던 그의 정자에 대창을 든 20~30명의 주민이 몰려가서 불을 질렀다.

술자들이 '몽둥이패' 또는 '작대기패'라고 불렀던 그들은 화북의 면사무소와 지서는 습격하지 않았으나, 지주이자 영천에서 유명한 우익인사인 정도영의 집에 불을 질렀다. 화북면 자천동 출신인 정도영은 대한독립촉성국민회 소속으로 1948년에 제1대 국회의원을 했던 인물이다. 그의 당질 정기환은 국민회 청년단장으로서 우익 청년조직을 지도했다. 이들을 중심으로 한 정씨 일문은 영천 우익의 핵심적 역할을 하고 있었다. 주민들은 지서 경찰 2명과 횡계리 최규태의 아버지 등 우익 여러 명을 살해했으며, 악덕 지주로 지목한 사람들과 관료들을 지서 창고에 가뒀다. 그 뒤 항쟁 주도 세력은 며칠 동안 마을을 장악하고 통치했다. 다음은 당시의 상황에 대한 구술이다.

병술년 음력 9월 9일 아침에 천지가 진동하면서 거리에 만세 소리와 함께 검은 연기와 아우성, 비명 소리가 났어. 그 사람들은 이조 때부터 있었던 상하 계급사회와 왜놈 압박을 못 이겨 일어났지. 정 진사 집이 불타고, 사람 꺼내 패는 소리가 나자 붙들려 갈까 봐 산으로 피신한 사람도 있고, 미처 피신하지 못한 사람은 자천 창고(현재의 물류창고)에 끌려갔어. 거기에서 지서 경찰 2명과 횡계리 최규태의 아버지가 불태워져 죽었다. 그리고 여러 명이 죽었고, 맞아 죽을 지경까지 갔다가 극적으로 살아남은 사람은 부지기수야.

_ 영천 화북면 김○우, 2011년 2월 19일

그때는 총이나 있나. 몽둥이 들고 양반이랍시고 행세하던 것들은 패고, 순사들은 때리고 죽이고. 양반 기와집 좋은 것은 불 싸지르고, 죽고 살고 희한하지, 뭐. 일주일간 저거 세상이라. (항쟁에 나섰던) 함병태 아버지, 전영태 아버지는 다 평소에 술이 좋아서 주막에 모여 놀던 사람들인데 영천(읍) 사람들이 와서 몽둥이 쥐고 나서라 하니 나섰어. 그때는 무슨 주의가 없었어요. 일하는 사람은 모두 낫 놓고 기역 자도 모르는 사람들이라 남로당이 뭔지도 몰랐지. 선동자가 '양반 없애고 땅 준다. 이북처럼 논밭 부치던 것 네 것 된다'고 선전하니, 그 말에 어릴 때부터 고통받고 대대로 맺혀 있던 한이 고마 풀렸는 기라. 그래서 내 세상인가 싶어 천지도 모르고 폭동이 일어난 기라.

_ 영천 화북면 함태원, 2013년 9월 5일

자천동의 봉기는 화북면 일대를 휩쓸고 난 뒤, 면의 또 다른 중심지이자 삼창지서가 있던 삼창리(현 화남면 소재지)로 연결되었다. 현 화남면의 구술자들은, 당시 화북면 자천동에서 머리띠를 두른 사람들이 트럭을 타고 마을에 들어와서 주민들을 소집한 뒤 토지개혁과 평등 세상 등을 주제로 연설하고 남의집살이를 하던 사람이나 과거 종의 신분에 있던 소작민 등 하층민들의 이름을 호명하니, 과거에 '종의 신분이던 사람들'이 '생전 처음으로 자신의 이름이 불리자 나중에 죽을 줄도 모르고' 앞장서 나가서 봉기를 일으켰다고 말했다. 그 후 항쟁 주도자들은 삼창지서를 습격하면서 내부의 서류와 비품들을 꺼내어 지서 앞에서 불태우고, 일제강점기 동장이었던 친일인사 양주언과 지역 유지 몇몇의 집을 습격한 뒤 며칠 동안 마을을 점령하고 통치했다. 다음은 당시의 상황에 대한 구술이다.

폭동 날 때가 가을이잖아. 화북면 소재지 사람 수십 명이 '작대기패'가 되어 넘어와 사방으로 퍼지더라. (주동자는) 자천 화북 사람인데 머리띠 두르고 '내일은 좌익이 성공한다' 그러대. 그리고 마을 사람들에게 '잘사는 사람들 땅 빼앗아 똑같이 나눠준다' 하니 남의 집 머슴 살고 못사는 사람들이 홀딱 넘어가 천지도 모르고 따라가는 기라. 우리 마을은 큰 부자도 없고 유세하는 사람들도 심하게 없었으니 그렇게 심하지는 않았고. 부잣집에 가서 겁만 주고 (물건을) 빼앗지는 않았고. 한 3~4일 그러다가 미군 부대 온다 하니 도망가기 바빴지.

- 영천 화남면 최○동, 2013년 8월 1일

음력 9월 9일 중짓날(중양절), 면 소재지인 자천리 장에 갔던 사람이 '자천 숲에서 만세 부르고, 정도영 씨 부잣집 불 지르고 야단이다, 시장이 안 되더라' 하면서 돌아오는 기라. 그게 무슨 소리인가 싶었는데. 점심 먹고 소 먹이러 나가니 와장창 야단이라. 양철통 두드리는 소리, 온갖 소리가 나니 송아지가 놀래가 뛰어가버렸는 기라. 그래서 송아지를 붙잡아오면서 보니, 이슬비가 내리고 콩이 누렇게 익은 들판에 몽둥이를 든 사람들이 하얗게 덮였더라. (……) 우리 앞집에 왜정시대 구장 하면서 대동아전쟁 때 공출로 인심을 잃은 친척이 있어요. 사람들이 이 집에 몰려와 장독과 가재도구를 부쉈지.

바로 뒷집에 살던 나와 우리 아버지도 두들겨 맞았어. 그리고 청년들이 (마을을) 점령해서 저거 정치하는 거라.

_ 영천 화남면 박○길, 2011년 11월 18일

요컨대 화북면의 항쟁은 영천읍 항쟁이 10월 2일 밤부터 대구의 선동자 그룹과 영천군 인민위원회 주도로 1만 명가량이 참가하여 일어난 뒤, 뒤이어 10월 3일 아침부터 수백~1천 명의 단위로 일어났다. 이때 영천시장 상인과 영천중학교 학생들이 포함된 영천읍의 선동자 그룹이 면 소재지의 장터로 들어와서 면 인민위원회 및 농민조합원들과 함께 항쟁을 주도했고, 이에 현지 농민들이 합세했다. 그리고 면 단위의 선동자들이 30명 정도씩 무리를 지어 여러 마을을 순회하면서 주민들과 합세했다.

그리고 다른 면에서도 대부분, 처음에는 영천읍의 선동자 그룹이 면 소재지로 트럭을 타고 들어와서 현지 인민위원회 및 주민들과 합세하면서 항쟁 주도 세력을 형성했다. 이렇게 형성된 항쟁 주도 세력은, 우선 통신망을 절단한 뒤 지서를 장악하여 경찰의 무장을 해제하고 면사무소를 장악했다. 그다음에는, 청장년층으로 구성된 선봉대들이 30명씩 무리를 지어 머리띠를 두르고 몽둥이 같은 무기를 들고 면 일대를 돌면서 주요 공격 대상을 살해하거나 그들의 집을 공격했으며, 공격 대상으로 지목한 인사들을 창고에 감금한 뒤 약식 인민재판의 형식을 거쳐 처벌하기도 했다. 모든 관리와 지주를 대상으로 공격한 것은 아니었다. 일제강점기에 친일행위를 한 관리나 소작료 문제 등으로 주민의 원성을 산 악덕 지주를 주민의 평판에 따라 선별하여 공격했다.

항쟁의 전파 경로

영천 항쟁은 대체로 대구→군 단위→면 단위→마을 단위로 순차적으로 전파되었다. 이 같은 전파 경로는 대구에서 영천읍으로 연결되는 4번 국도를 따라 이어진 뒤, 영천읍에서 화북면으로 연결되는 오늘날의 35번 국도와 영천읍에서 신녕면으로 연결되는 28번 국도를 따라간다. 그리고 군 중심부의 평지 지역에서 시작되어 주변부 산간 지역으로 확산하는 경향이 있었다. 이는 일차적으로는 대구의 영향과 관련이 있었다. 1946년 10월 항쟁 당시 대구의 선동자들이 진출한 군은 영천 외에도 달성·고령·성주·칠곡·군위·의성·경산이 있다. 이 군들은 대체로 군중이 경찰을 선제 공격하여 항쟁이 더 신속하고 격렬하게 전개되었다.[32]

그러나 대구의 영향을 받은 지역들도 항쟁이 전개된 양상이 지역마다 조금씩 달랐다. 이 점은 영천처럼 대구와 인접해 있으면서 영천과 같은 시간대에 항쟁이 일어난 칠곡과 비교해보면 더 확실하게 알 수 있다.

진실화해위원회의 보고서 「대구 10월 사건 관련 민간인 희생 사건」에 실린 칠곡군 주민들의 진술 자료와 몇몇 문서 자료를 참조해보면, 칠곡에서는 면 단위에서 먼저 항쟁이 일어나고 그 세를 모아 군 소재지의 경찰서를 장악했다. 즉 10월 2일 오후 9시경 대구에서 칠곡군 소재지로 가는 길목에 있는 지천면에 대구의 선동자 그룹 40여 명이 와서 신동지서와 지천지서를 습격했다. 비슷한 시각에 군 소재지 북쪽의 약목면에서는 이곳 출신 박명회(당시 20세가량, 계성중학교 학생)의 주도로 주민 500여 명이 약목지서를 습격하여 3명의 경찰을 살해했다. 칠곡군 약목면은 당시 소작인이 많이 거주하여 칠곡군에서도 지주-소작 관계의 갈등이 심했던 곳이었다. 그들은 지서를 습격한 뒤 김천에서 오는 기차를 탈취하고 왜관읍 북쪽의 교량 2개를 폭파했으며, 인근의 북삼, 인동, 석적 일대를 돌면서 그곳의 주민들과 함께 지서와 경찰·관리·부호의 가옥을 파괴했다. 그 뒤 2천여 명으로 불어난 군중은 3일 오전 6시경 왜관읍에 이르러 시위 행진을 하면서 칠곡경찰서를 공격하고 경찰서장 등 6명의 경찰을 살해했다. 그들은 경찰서를 점거한 뒤 최팔용을 경찰서장으로 뽑고 군의 치안을 장악했다.[33] 즉 칠곡에서는 군 인민위원회보다는 박명회가 이끈 약목면 주민들이 항쟁의 일차적 중심이 되었던 것으로 추정된다. 박명회는 사건 직후 검거되어 군정특별재판에서 사형 선고를 받고 인천형무소 수감 중에 옥사했다.[34]

영천은 10월 3일 오전 1시경 군 인민위원회가 대구의 선동자 그룹과 합세하여 군 중심지의 권력을 먼저 장악한 뒤, 그날 아침부터 면 단위와 마을 단위로 항쟁을 전파했으므로 군 단위의 주도층이 항쟁의 일차적 중심이 되었을 가능성이 크다. 이를 보면 영천 항쟁이 비조직적이었다고는 보기 어렵다. 오히려 영천의 군 중심부에 외부의 영향을 신속하게 수용하여 면 단위로 항쟁을 전파할 수 있는 주도층의 활동이 다른 지역에 비해 상당히 조직적이었다고 볼 수 있다.

항쟁을 주도한 사람들은 누구인가

그러면 이러한 조직성을 발휘한 항쟁 주도 세력은 어떻게 구성되어 있었을까? 그리고 그들의 조직력은 무엇을 기반으로 하고 있었을까?

영천 항쟁은 군 단위와 면 단위의 인민위원회, 농민조합, 민청 등이 주도한 것으로 보인다. 영천에는 경상북도 인민위원회가 결성되던 1945년 10월 18일 전에 군 인민위원회가 결성되어 있었다. 당시 군 인민위원회는 군청을 장악하지는 않았지만, 주민들에게 영향력이 컸다.[35] 그리고 1946년 5월 전에 이미 몇몇 면에는 농민조합과 민청이 있었고 좌익 치안대가 지역의 치안을 장악해 경찰력을 압도한 곳도 있었다.

당시 영천군 인민위원회는 협의체적 성격이 강했고 당국의 탄압 때문에 인민위원회 간부들이 바뀌는 경우도 많아 군의 대표적 명망가들이 위원장직을 번갈아가면서 맡았다고 한다. 주민들이 구술한 자료에서 해방 후부터 10월 항쟁기까지 영천군 인민위원장으로 거론되는 인물로는 정시명(본명 정용식), 안재기, 임장춘이 있다.[36] 이들 외에 당시 군 단위급 이상으로 활약했던 지도 인사로는 김은한(전국인민위원회대표자대회 대표), 김석인, 이광식, 김갑수(셋 다 전국농민연합회 결성대회 대표로 출석), 조희림(본명 조수만, 경상북도 인민위원회 선전부장), 황보집(이명 황보욱, 조선공산당 경북도당 선전부장), 이상문(민청 경북연맹의장단) 등이 있었다.[37] 여성으로는 청도 지역의 사회운동가 안달수의 동생인 안□□(이름 미상)가 오빠의 영향을 받아 부녀계몽운동을 하며 여맹 위원장으로 활동했다. 조선공산당 청도군당 위원장이었던 안달수는 청도 지역의 건국준비위원회 노동부를 담당했고, 그 후에는 청도군 인민위원회 노동부를 담당했다. 1945년 11월에는 전국인민위원회 대표자대회에 청도군 대표로 참석한 바 있다. 그는 청도군의 10월 항쟁을 주도했으며, 그 뒤 도피하여 남로당 충북지구 도책으로 활동하다가 1949년경 군경에게 사살되었다. 그의 여동생 안□□는 1930년대에 영천읍 괴연동으로 시집온 뒤 해방 후 영천에서 사회운동을 했다. 안□□는 10월 항쟁 후에 구속되어 대구형무소에서 수감생활을 했으며, 1950년 1월에 출소했다가 한국전쟁 발발 직후 국민보도연맹 사건으로 대구에서 학살되었다.[38]

1946년 10월 항쟁 때에는 임장춘이 군 인민위원장으로서 영천읍의 항쟁을 주도했으며, 김갑수는 신녕면의 항쟁을 주도했다. 이상문과 임장춘의 동생 임대식은 청년조직을 맡아 주도적 역할을 했으며, 안□□은 여성조직을 맡아 역시 주도적 역할을 했다.[39] 군 단위 지도자급 인사인 정용식,

김석인, 김은한, 이광식, 황보집, 조희림은 항쟁 당시 행적이 구체적으로 확인되지 않는다. 신문 보도에 따르면 항쟁 발발 5일 전 영천경찰서에서 좌익계 요인 30명을 검속했다고 하므로,[40] 그들이 이 중에 포함되었을 가능성이 크다.

10월 3일 오전 1시부터 1만 명가량의 대규모 군중이 집결하여 시작된 영천읍의 항쟁은 대구와 연락이 되어 미리 준비되었을 가능성이 있다. 당시 신문 보도로는 영천 항쟁의 선동 연설 가운데 "38선은 이제야 철폐되었다. 북조선 인민위원회의 우리 동지들은 굶주린 우리를 구하기 위하여 남조선으로 들어왔다. 자아—! 굶주린 동포들은 일어서라"라는 내용이 있었다고 하는데,[41] 이는 그 가능성을 뒷받침한다. 그러나 인민위원회 조직이 조선공산당 조직과 완전히 일치하는 것은 아니며, 인민위원회가 무조건 조선공산당의 산하 기구라고 보기도 어렵다. 인민위원회는 해방 직후 각 지역에서 만들어진 건국준비위원회 지부를 바탕으로 결성된 조직이다. 그리고 당 중심의 성격이 강한 서울이나 도시 지역 조직들보다 지방 농촌의 조직들은 좀 더 다양한 인사가 참여했으며, 지역에 따라 좌우 합작의 성격도 지니고 있었다. 더구나 주민들의 구술에 따르면, 영천 항쟁에는 특정 조직의 간부 외에도 다양한 사람들이 나섰다. 그러므로 영천 항쟁의 주도 세력을 특정 조직에 소속된 인물로 한정 짓지 않고 파악해볼 필요가 있는데, 구술을 통해 드러나는 영천 항쟁의 주도 세력은 크게 세 갈래로 나눠볼 수 있다.

첫째, 앞서 언급한 군 단위 지도자급 인사들이 있다. 그들은 일제강점기에 대학 교육을 받거나 일본 유학을 갔다 온 지식인들로서, 대구를 오가면서 군 단위 이상의 활동반경을 가졌던 사람이 대부분이었다. 지주계층으로 지역에서 경제적 기반이 있었고, 계몽적 활동을 했던 명망가로서 친족공동체에서도 영향력이 상당했다.

둘째, 읍·면 단위나 마을 단위 지도자로 추정되는 인물들이 있다. 이 중에는 일제강점기에 신학문을 배운 지식인, 한학자, 지역 유지 등 마을의 여론을 주도하던 사람들도 포함되어 있다. 특히 면장이나 구장 중에는 일제강점기에 친일행위를 했던 사람도 있지만, 반대로 주민들로부터 신뢰와 존경을 받아 해방 후에 면이나 마을 단위의 인민위원장으로 추대된 사람도 있었다. 그리고 작은 마을에서는 국민학교 이상을 나온 소지식인이 대부분 마을 지도자 역할을 했다.

이 두 부류의 인사들은 어느 정도 재산을 보유한 지주 또는 자영농이며, 항쟁 당시 나이도 대부분 40~60대로 다소 많은 편이었다. 그들은 친일세력이나 행정당국의 정책을 반대하는 세력이었다는 공통점을 제외하면, 이념적으로 통일되어 있거나 조직적으로 통합되어 있었다고 보기는 어렵다.

셋째, 앞에서 설명한 두 부류와 달리 행동 세력으로서 선봉대 역할을 한 사람들이 있다. 20~40대 청장년층으로 군 단위에서는 영천시장 상인과 영천중학교 학생들이 이런 역할을 했고, 면과 마을 단위에서는 소작농민이나 하층민(남의집살이하던 머슴, 마을 소임) 가운데 이런 역할을 한 사람이 많았다.

항쟁 주도 세력은 다양한 층의 사람들로 구성되었다. 특히 지주-소작 관계의 갈등이 항쟁의 주된 원인의 하나였고 토지개혁과 함께 신분·계급 관계의 타파가 항쟁의 주요 구호였음에도 불구하고 지주와 소작인, 학생과 머슴 등 다양한 위치에 있던 인사들이 두루 참여했다는 것은 영천 항쟁이 특정한 계층·계급의 틀을 넘은 전선front과 같은 성격을 지녔음을 보여준다. 그러나 전선 안에서 전자는 지도층이 되고 후자는 행동대 역할을 했다는 점을 보면, 그 내부에 신분·계급, 학력, 세대의 측면에서 전통적 위계에 의한 차별의 질서가 반영되어 있었음을 알 수 있다.

영천 항쟁에는 군 인민위원회를 중심으로 다양한 층의 사람들이 결합했다. 이들의 결합이 가능했던 것은 사회·경제적 상황이나 이념적 요인 때문만이 아니었다. 당시 주막과 장시는 여론 형성과 항쟁의 조직화를 위한 공론장이 되었고 마을과 마을을 연결하는 여론 전파의 통로가 되었다. 그리고 친족공동체와 마을공동체 안의 자치적 관계도 일상적 조직화를 위한 기반이 되었다. 영천 항쟁의 특징은 다른 농촌 항쟁에도 적용될 수 있을 것이므로, 이를 좀 더 자세히 살펴보자.

하층민 조직: 계급적 동질성에 의한 결합

영천 항쟁의 선봉대는 청장년층으로 소작농민이나 하층민, 영천시장 상인, 학생 등이 담당했다. 이들은 30명 정도 무리를 지어 트럭을 타고 다니거나 도보로 외곽의 마을을 다니면서 항쟁을 전파하고, 현지 주민들을 소집하여 직접 행동에 나섰으며, 그 지역의 권력을 장악한 후에는 친일·우익인사를 취조하고 약식 재판을 한 뒤 '처형'하는 역할까지 했다. 신녕의 사례를 보면 취조, 재판, 처형을 할 때에도 역할 분담이 있어서 국민학교 이상을 나온 지식인은 취조와 선고를 담당하고 머슴 등 하층민은 집행자 역할을 했다고 한다.

구술자들의 증언에 따르면, 항쟁 전 영천에는 마을마다 마을 소임이나 머슴들로 구성된 좌익 청년단이 있었고 그들은 서로 연결되어 있었다. 이는 19세기 농민 항쟁에서 주도적이었던 하층민 조직의 양상과 비슷하다. 조선 철종 대에 전국 각지에서 발생한 항쟁은 토호·요호부민이 주도하여 소빈농층 등 다양한 세력이 참여한 경우가 있고, 소빈농층이 주도한 경우가 있다. 소빈농층이 주도하는 항쟁에서는 초군(나무꾼)들이 주도 세력으로 두드러졌다. 그들은 생계를 위해 산에 올라가 땔감을 채취하는 사람들로, 대부분 생활이 어려워 품팔이나 머슴 일을 하며 살았다. 그들은 평소 집단을 이루어 노동하므로 공동 노동조직이 있었는데 그 규모가 10~20명 정도에 이르며 노동의 성격에 따라 100여 명이 넘는 거대한 조직을 구성할 때도 있었다. 1862년 농민 항쟁에서는 초군조직이 항쟁 세력을 불러모으거나 항쟁을 인근 지역과 연결해주는 기반이 되었다. 그리고 여기에는 순수한 초군만이 아닌 다양한 소빈농층이 함께 참여했다. 당시에는 상인들도 초군과 유사한 조직을 가지고 있었으며 그들의 우두머리인 접장을 중심으로 항쟁에 참여했다.[42]

초군들은 항쟁에 참여할 때 집단적인 일체감을 보이기 위해 대체로 머리에 흰 수건을 두르고 나무 몽둥이를 무기로 들고 있었다. 이들의 행색은 항쟁을 위해 새로이 갖춘 것이라기보다는 평소 작업할 때 입던 복장 그대로였으나, 작업할 때 사용하던 수건을 머리에 둘러매어 복장을 통일함으로써 집단의 힘을 과시했다. 이러한 모습을 직접 경험한 19세기 한학자 강위는, "수만의 무리들이 갑자기 몰려오고 백건을 두르고 막대기를 가졌으니, 그 모습이 위험스럽고 두려워 순종하지 않을 수 없었고 거스르는 것을 생각할 수 없었다"[43]라고 했다.

1946년의 항쟁에서도 초군조직과 유사한 하층민의 노동조직이나 상인

조직이 청년조직이나 항쟁 선봉대 조직의 기초가 되었던 것으로 추정된다. 항쟁 당시 30명가량씩 무리를 이루어 마을들을 순회하던 선봉대는 머리띠를 두르고 몽둥이를 들고 다녔기 때문에 주민들이 '몽둥이패'라고 불렀으며, 그들의 모습은 1862년 항쟁을 주도한 초군들의 모습과 흡사했다.

친족 관계: 일가주의적 동질성에 의한 결합

영천에는 '남조북정'(남쪽에는 조曺씨, 북쪽에는 정鄭씨)라는 말이 지금까지 회자될 정도로 2대 성씨인 창녕 조씨와 오천 정씨 집안을 비롯하여 안동 권씨, 벽진 이씨, 영천 황보씨 등이 대대로 친족 관계를 이어온 동성 마을이 많다. 이런 마을에서는 같은 성씨의 친족들이 오랜 세월 함께 살다 보니 한 집안이라는 일가의식이 강했다. 윤형숙은 이를 일가주의라 불렀는데,[44] 10월 항쟁에서도 이러한 친족 간의 결속력이 작동했다. 반면에 인접한 마을의 서로 다른 집안들끼리, 또는 같은 집안 내부의 서로 다른 계파들끼리 오랫동안 경쟁하다가 품고 있던 원한이 항쟁기에 폭발하는 경우도 있었다. 10월 항쟁기에는 신분·계급적 결속력이나 새로운 이념에 의한 결속력이 친족 간의 결속력과 다양한 형태로 얽혀서 나타났다. 이를 친족 간의 결속력과 계급적 결속력이 결합한 '친족-계급 공동체'와, 친족 간의 결속력과 이념적 결속력이 결합한 '친족-이념 공동체'로 나눠서 살펴보면 다음과 같다.

'친족-계급 공동체'의 사례로는 화북면 자천동을 들 수 있다. 이 마을에는 정도영 등 지주인 정씨 집안과, 이들의 소작농이 다수인 손씨, 함씨 집안이 함께 살았다. 정도영의 아버지 정 진사네는 소작인들에게 소작료를 가혹하게 징수했기 때문에 손씨, 함씨 집안과의 갈등이 심했다. 그리하여 1946년 10월 항쟁에서 손씨와 함씨가 주도적으로 나서서 지주 정씨 집안을 공격했다. 그러자 항쟁 직후에 정도영의 당질 정기환이 우익조직 인 국민회의 청년단장을 맡아 진압에 앞장섰으며, 항쟁 주도자의 가족들 을 학살했다. 항쟁 직후 화북면 자천동에서는 국민회 청년단의 안내를 받 은 충남경찰부대와 서북청년단에 의해 주민 10여 명이 오리장림 숲 등에 서 사살되었다. 미성년자인 구반회 등은 가족이 항쟁에 가담했다는 이유 로 붙잡혀 영천경찰서로 이송되던 도중 차 안에서 경찰에게 짓밟혀 사망 했다.[45] 이에 손씨와 함씨 중 일부는 입산하기도 했다. 1947년에는 손재필 과 함석전 등이 나서서 정기환을 암살한 뒤 체포되어 공개 총살당하는 일 도 있었다.[46]

'친족-이념 공동체'의 사례로는 영천읍 괴연동을 들 수 있다. 이 마을 에는 해방 전부터 지주이자 부유한 양반층인 밀양 박씨와 가난한 평민층 인 반남 박씨 간의 갈등이 대로 있었다. 그런데 화북면 자천동과는 반대 로 항일지식인이 많던 지주 계층 밀양 박씨 집안 사람들이 1946년 10월 항쟁에 적극적으로 참여했다. 그러자 반남 박씨는 밀양 박씨의 활동을 경 찰에게 밀고하는 등 우익 활동에 앞장섰으며, 그 일부는 경찰에 투신하여 지역 안에서 세력을 키웠다. 이로 인해 밀양 박씨 집안 사람들은 당국의 탄압을 받아 박학덕을 비롯한 여러 명이 목숨을 잃었고 집안의 청년들은 고향을 떠나게 되었다.[47]

마을 지주인 동시에 친족공동체 지도자가 항쟁 지도자가 되면서 '친 족-이념 공동체'가 '마을-이념 공동체'로 나아간 사례도 있다. 화북면 구 전동(현 화남면 구전리)에서는 마을 지주인 황보집이 남로당 경북도당 간부 로 활동했고, 금호면 도남동(현 영천시 도남동)에서도 마을 지주이자 광주 안씨 종손인 안재기가 군 인민위원장으로 활동했다. 이 마을 사람들은 대 부분 마을 지도자와 소작관계 또는 고용관계를 맺고 있었는데, 그중에는 같은 집안의 일가친척도 있었고, 성씨가 다른 소작농의 집안도 있었다. 이 두 마을은 마을공동체 전체가 마을 지도자를 따랐고 10월 항쟁이 일어나자 공동체 전체가 항쟁에 참여했다. 이런 마을에서 주민들이 마을 지도자를 따를 때는 정치적 존경심, 경제적으로 종속된 상태에서의 이해관계, 친족공동체 안의 일가의식이 복합되어 있었다. 그들은 10월 항쟁 후에도 지도자 집안 사람이 당국의 탄압을 피해 입산하여 유격대를 조직하자, 식량을 지원하고 심부름을 했다. 즉 지도층 일족과의 계급관계가 반영된 상태에서 공동체 내부에서 역할 분담을 한 것이다. 이 마을들은 혼인으로 인척관계를 맺은 인근의 여러 마을에도 큰 영향을 미쳤다. 그러나 한국전쟁 전후에 당국으로부터 '좌익 마을'로 낙인이 찍혀 수십 명이 함께 학살되는 등 공동체 자체가 붕괴하는 화를 입었다.[48]

한편 위의 사례와 달리 10월 항쟁기에 친족공동체 안에서 좌·우익 갈등으로 분열이 일어난 경우도 있다. 자양면의 오천 정씨 집안에서는 10월 항쟁 전에 항일운동을 하던 정규식과 친일인사인 정만식이 대립하고 있었는데, 10월 항쟁기에 정규식이 중심이 되어 같은 일문 정만식의 집에 불을 질렀다. 그 뒤 정규식은 자양면의 유격대 지도자가 되어 활동하다가 1949년에 학살되었다. 당시 영천의 거의 모든 마을에서 이 지역의 최대 성씨인 오천 정씨 문중 내부에 좌·우익이 분열하여 갈등했다고 하는데, 이후에도 이 집안은 국회의원 선거 등에서 오랫동안 단합하지 못했다.[49]

마을 자치조직의 전통: 마을공동체의 동질성에 의한 결합

영천의 10월 항쟁에는 면 단위나 마을 단위에서도 다양한 지도층이 활약했다. 과거 면장이나 구장 등 행정조직의 수장 중에 친일파가 아니었던 사람들, 국민학교 이상을 나온 지식인, 한학자, 자영농 이상의 마을 유지들이 그러한 역할을 했다. 지도층의 이러한 구성은 19세기의 마을 자치기구이자 농민 항쟁의 주도 조직이었던 향회(민회)와 연관 지을 수 있다.

향회는 본래 향촌 지배층인 사족士族들이 모여 향촌 교화와 부세 징수의 문제를 논의하는 장이었고, 수령의 향촌 통치를 보좌하는 기구였다. 18세기에 이르면 조세정책과 제도가 자주 바뀌고, 지방의 관리들이 정규적인 세 외에도 여러 명목으로 세금을 수취하면서 지방 사회의 자치영역이 확대되었다. 그래서 향회에는 양반뿐 아니라 일부 평민, 특히 부농, 상인, 하급관리 등으로 구성된 '요호부민'들이 참여했다. 당시 일부 토호와 요호부민들은 권력의 수탈 대상이 되어 조세 부담을 과도하게 졌다. 따라서 관권과 대립하게 되었는데, 향회는 그들이 의견을 개진하는 중요한 장이었다. 당시에 전파되었던 대동사상은 향회의 참여 폭을 넓히는 데 영향을 주었다.[50] 이 시기의 향회는 수령, 이서층이 주도하면서 수탈을 위한 들러리 기구가 되었던 협의의 향회와, 향촌의 대소민인이 모두 참여하는 광의의 향회로 구분되었다. 광의의 향회는 민회民會라 칭했으며, 1862년에는 주로 농민 항쟁을 모의한 주모자들에 의해 소집되었다. 그들은 각 면리의 향임鄕任이나 두민頭民들에게 통문을 돌려 소집 목적과 장소 등을 전달하고 이들을 통해 농민을 동원했다. 그리고 집강執綱, 존위尊位, 두민 등으로 지칭되는 향촌 사회 말단 행정조직의 담당자들은 항쟁 지도부와 농민들의 연결 고리 역할을 했다.[51]

1862년 항쟁 중 진주, 단성(현 경남 산청군 단성면 일대)의 항쟁이 향회를 발판으로 일어난 경우다. 인동(지금의 칠곡군) 항쟁도 향회를 계기로 일어났으며, 당시 이 지역의 수령이 "4월 9일에 향회 운운하며 북삼, 약목, 서면의 민인들이 도당을 불러모아 9개 면민으로 동조해 참가한 자가 몇천 명이나 되는지 모를 정도이다"라고 보고한 기록이 있으며, 일부 면민들이 향회를 소집하자 군민 수천 명이 참가하여 파괴, 방화하는 난으로 변했다고 전했다.[52] 1862년 10월 영천 신녕에서도 항쟁이 발생했는데 이 항쟁에서 향회가 어떠한 역할을 했는지는 자료에 기록이 없으나, 1837년 자료에는 당시 영천의 수령이 "향회란 사론이나 읍사로서 크고 중요한 일이 아니고서는 함부로 소집할 수 없는 것인데도 이 몇 년 사이에 하나의 일만 있어도 모이고 지시 하나만 내려도 모여 선비를 협박하고 민심을 소란케 하는 등 그 폐가 어디까지 이를지 모르겠다"[53]라고 한 기록이 있다.

19세기의 향회(민회)는 토호·요호부민층이 주도하던 마을 자치기구로서 1862년 항쟁의 주도 조직 역할을 했다. 이는 1946년 영천에서 민족·자주적 의식을 가진 토착 지주와 지식인층이 주도하여 군 인민위원회를 구성하고 항쟁 주도 조직을 만들어, 면이나 마을 단위에서 다양한 계층의 사람들이 함께 참여하는 것으로 계승되었다.

19세기 농민 항쟁의 역사적 계승

영천 항쟁의 사례를 보면, 농촌 지역의 항쟁이 19세기 농민 항쟁과 비슷한 측면이 있음을 알 수 있다.

주민들의 구술을 보면, 영천에서는 군 단위, 면 단위, 마을 단위에서 순차적으로 또는 동시다발적으로 전개된 항쟁의 형태가 거의 유사했다. 이 과정에서 방화와 살인 등 폭력적 양상이 나타나기도 했는데, 이는 10월 2일 대구 항쟁의 여파를 그대로 전달받은 공격형 권력 장악 지역의 공통된 현상이기도 했다. 앞선 다른 연구에서는 이 점을 비조직적 항쟁의 징표로 보았다. 농민들의 이러한 행동 방식은 19세기의 항쟁에서도 유사한 형태로 나타난 것이다. 당시 농민들은 격쟁·상언, 등소·호소, 결당작란 등 다양한 형태의 저항을 벌이면서, 투쟁 방식이 개인적·합법적 투쟁에서 점차 집단적·폭력적 투쟁으로 변했다. 투쟁 방식의 변화를 거치면서, 농민들은 자신의 적이 누구인지를 자각하게 되고, 증오의 단계에 머물던 소극적 수준에서 스스로 계급적으로 결집하여 행동의 단계로 나아가는 적극적 수준으로 발전했다. 이를 토대로 하여 19세기 항쟁은 항쟁의 최고 수준인 봉기의 형태로 일어날 수 있었다.[54]

농민들이 무리를 모아 폭력적인 투쟁을 벌이는 '결당작란'의 방식은 전통적 농민 항쟁의 주요한 방식 중 하나였다. 이는 투쟁 대상을 기준으로 토지, 부세, 수령에 대한 것으로 나눠볼 수 있는데, 수령에 대한 결당작란은 자주 발생했다. 농민들은 수령의 각종 침탈에 맞서 그를 면전에서 모욕하거나, 관정에 난입하여 축출하고 살해를 기도했다.[55] 그리고 향품鄕品들이 수령, 이서와 결탁하여 농민들을 침탈할 때가 많았으므로, 항쟁 과정에서 농민들이 양반의 집을 습격하여 부수거나 방화하거나 양반을 살상하는 일도 있었다. 1862년 항쟁 시에는, 농민들이 관청의 이서를 죽이고 시체를 끌어다 불에 태워버리기도 했으며 그들의 재산을 빼앗고 향품과 호족豪族의 집을 불태우거나 수령을 겁주어 쫓아내기도 했다.[56]

'임술 농민 봉기'라고도 불리는 1862년 농민 항쟁은 2월 경상도 단성현(현 경남 산청군 단성면 일대)에서 일어나 전국의 약 70개 읍으로 퍼져나갔다. 영천에서는 10월경 신녕읍에서 항쟁이 일어났다. 『경상도읍지』慶尙道邑誌의 기록에 따르면, 당시 신녕은 인구 2만 469명이 살고 있던 소읍이었는데, 농민 수천 명이 이서들의 부정한 수취에 반발하여 봉기를 일으켰다. 농민들은 각자 짚단을 한 묶음씩 들고 무리를 지어 관부로 들어가서 가져간 짚단으로 이서들의 집에 불을 질렀다. 연일 관정에 뛰어들어 수령에게 항의 시위를 벌이고 수령을 붙잡아서 혼을 내다가 그가 애걸하자 풀어주었다. 위기를 모면한 수령은 감영으로 줄달음쳐서 이 사실을 보고했

고, 이에 영차蔥差가 병력을 끌고 성으로 갔으나 농민들은 오히려 그를 쫓아냈다.[57]

1894년 동학농민전쟁 시 영천에서는 8월 10일경에, 신녕에서는 9월 3일경에 항쟁이 일어났다. 8월의 영천 항쟁은 『고종실록』에 기록되어 있다. 이에 따르면 이 민란은 결세와 부세가 과중하고 군수 홍용관의 관정이 탐욕스러워 일어났으며, 정용채, 정기석, 이승연, 박동업 등이 주도했다. 그리고 "화란을 일으키기 좋아하는 무리들이 모여들어 민가를 불사르고 관아에 함부로 뛰어들었으며 수령을 들어다 내버리는 변고까지 있었다"[58]라고 전한다.

1862년 신녕 항쟁의 전개 양상은 신녕의 1946년 항쟁과 유사한 면이 있고, 1894년 영천 항쟁의 전개 양상은 군수 이태수를 살해한 1946년의 영천읍 항쟁과 유사한 면이 있다. 19세기의 항쟁에서 농민들이 봉건적 수탈에 대한 분노를 악덕 수령이나 이서, 양반을 대상으로 결당작란으로 표출했듯이, 1946년에는 청산되지 못한 봉건제와 일제의 잔재로 인해 맺힌 분노를 친일 군수와 관리, 경찰, 악덕 지주를 대상으로 결당작란으로 표출했다.

19세기의 항쟁도 그 과정이 완전히 비조직적이고 무계획적인 것은 아니었다. 그러나 전국적인 항쟁 지도부가 존재하지 않거나 존재하더라도 힘이 약한 상태에서는, 지방 단위에서 항쟁을 강력하게 일으켰다 해도 결국 막강한 관군의 물리력에 의해 진압될 수밖에 없었다. 결국 해결되지 않은 19세기 항쟁의 과제와 유산이 1946년 항쟁에서 반복되었던 것이다.

1946년 10월의 영천 항쟁의 양상이나 형태는 당 조직이나 노동조합 등이 영향을 미쳤던 대구 항쟁보다는 반세기 전인 19세기에 발생했던 전통적 농민 항쟁과 흡사했다. 물론 신작로를 타고 들어온 새로운 세력에 의해 전파된 1946년 항쟁에서는 과거의 항쟁에 비해 외래적 힘의 규정력이 훨씬 더 중층적이고 막강했다. 그렇지만 1946년 10월의 영천 항쟁에는 불과 반세기 전에 수행했던 전통적 농민 항쟁의 경험들이 다양한 형태로 전승되어 있었다.

브루스 커밍스도 1946년 10월 농촌의 항쟁이 몇 가지 점에서 동학이나 전통적인 농민 반란과 비슷하다고 지적한 바 있다. 즉 "봉기 가담자들이 총이 없어서 낫 같은 농기구를 휘두르며 경찰에게 떼를 지어 덤볐고, 봉화와 북이나 통신원의 구전 등 원시적인 통신 방법으로 군중을 동원했던 점, 경찰·군수·지주 및 하수인 중 압제자를 분명하게 골라내어 목표로 삼은 점, 지방의 관서를 점거하면 미곡 수집 문서를 파괴하는 것이 우선적인 목표가 되었던 점" 등이 비슷했다는 것이다. 그리고 "농촌의 인민위원회와 농민조합들은 계급적인, 또는 마르크스–레닌주의적인 세포와는 달리 자기 지역 중심의 고립적인 세포였으며, 농촌의 항쟁은 일어날 때도 고립적이었고 탄압에 대응하는 것도 고립적이었다"라고 비판하면서 1946년 10월 항쟁을 자생적인 농민 반란, 또는 추수 봉기라고 규정했다.[59] 즉 농민 항쟁의 전통적 요소는 항쟁이 대중적이고 자주적으로 전개되는 토대가 되었지만, 항쟁이 고립적이고 폐쇄적으로 진행되게 하는 한계로도 작용했다.

4   10월 항쟁, 도시에서 농촌으로

항쟁은 지역마다 규모와 강도에 차이가 있었다. 이 글에서는 항쟁 주도층 대 경찰의 세력관계라는 상황적 요인을 중심으로 공격형 권력 장악 지역, 협상형 권력 장악 지역, 권력 미장악 교전 지역, 산발적 항쟁 발생 지역, 경찰과의 협상으로 항쟁이 제어된 지역 등 크게 5개의 지역으로 구분했다.

　대구와 가까운 달성·영천·칠곡·성주 지역은 항쟁 강도가 상당히 높고 지역민이 항쟁에 참여할 때 폭발적인 형태를 보였던 '공격형 권력 장악 지역'이었다. 이 지역들에는 1946년 10월 2일 밤에 항쟁이 전파되었고, 대구 항쟁의 영향을 직접 받은 지역 주민 수천 명이 궐기하여 친일 인사나 악덕 지주를 격렬하게 공격한 뒤 군의 권력을 장악했다. 영천에서는 일부 악덕 지주와 친일 인사를 제외한 남녀노소 지역민 대부분이 항쟁에 참여했다. 항쟁이 공격적이고 폭력적이었다 해도 비조직적인 형태로 전개된 것이 아니라 군 단위→면 단위→마을 단위로 조직적이고 체계적으로 전파되기도 했다. 며칠 정도의 기간에 불과했지만, 지역 인민위원회가 치안과 행정을 담당하며 수권 기구 역할을 하기도 했다.

　그 후에 항쟁이 일어난 지역은 앞서 일어난 지역보다 항쟁에 참여한 지역민의 공격성과 격렬성이 줄어드는 경향을 보였다. 군위·의성·선산 지역은 '협상형 권력 장악 지역'이었다. 여기에서는 지역의 경찰력이 대구 항쟁 진압을 위해 차출되어 나간 상태에서 항쟁 주력이 여유롭게 지역민들을 조직하고 경찰과 협상하여 군 중심지의 권력을 장악했다. 항쟁은 대체로 통신수단 절단 후 거점 확보→지역민의 대중 집회와 지역 자치기구 구성→인민재판을 통한 친일 경찰·관리와 악덕 지주 응징의 순서를 밟아 전개되었다.

비교적 대구와 거리가 멀어 항쟁이 하루 정도 늦게 발생한 경주·영일·예천·상주 등은 '권력 미장악 교전 지역'이었다. 그보다 더 먼 곳에 있어 항쟁이 늦게 발생한 경북 북부의 나머지 군은 '산발적 항쟁 발생 지역'이라고 볼 수 있다. 이 지역에서는 항쟁 주도 세력보다 대구 상황에 관한 정보를 먼저 입수한 경찰이 경계를 엄하게 펼쳐, 항쟁 주도 세력이 군 중심부의 치안·행정 권력을 장악하지 못하고 주변부나 산지에서 항쟁을 벌였다. 한편 대구 항쟁 소식을 전해 듣고 경찰서장이 항쟁 주도 세력에게 우호적 태도를 보이거나 지역 유지들이 경찰과 협상을 시도하여 아예 항쟁이 무마되거나 제어된 지역도 있다. 청도 일부, 경주 일부, 고령 일부, 칠곡 일부 지역 등이 여기에 해당한다.

영천의 항쟁을 사례로 경북 농민 항쟁의 특징을 좀 더 구체적으로 분석해보았다. 영천 항쟁의 경우 다음과 같은 특징이 있다.

첫째, 항쟁 주도층의 구성을 보면 당시 경북 농촌 지역에는 군 인민위원회가 도 전역에 조직되어 있었고 농민조합, 민청 등이 조직된 지역도 있었다. 경북의 각 군에서는 이런 조직이 주축이 되어 항쟁을 이끌어나갔다. 군 인민위원회를 이끌었던 군 단위 지도자급 인사들은 항일운동을 했던 지식인, 지역 명망가, 토호, 지주층으로 마을이나 친족공동체 안에서도 상당한 영향력이 있었다. 면 단위 또는 마을 단위에서는 한학자, 소지식인, 지역 유지, 면장·구장 등이 지도자 역할을 했다. 그리고 행동 세력으로서 선봉대 역할을 한 사람들이 있다. 주로 치안대나 민청, 또는 농민조합에 가입해 활동하던 청장년층으로 상인, 학생, 소작농민이나 하층민 중에서 항쟁에 앞장섰던 사람들이다. 이처럼 특정한 계층·계급의 틀을 넘어 다양한 인사들이 항쟁에 참여했다.

둘째, 대구 항쟁이 주로 이념적 조직이나 직업별 조직을 기반으로 일어난 데 비해 농촌의 항쟁은 친족공동체와 혈연관계라는 조직적 기반으로 한 경우가 많았다. 친족관계의 일가주의적 동질성은 항쟁이 대중적으로 일어나는 토대가 되었다. 여기에 덧붙여 마을공동체의 동질성을 바탕으로 하는 전통적 마을 자치조직과 계급적 동질성을 바탕으로 하는 머슴들의 하층민 조직도 항쟁의 조직적 기반이 되었다.

셋째, 농촌 지역의 항쟁은 정당 조직이나 노동조합 조직 등 조직운동이 영향을 미쳤던 대구 항쟁보다는 19세기에 발생했던 전통적 농민 항쟁과 비슷한 면이 있었다. 영천 항쟁의 사례를 보더라도, 1946년 10월 대구 항쟁보다는 1862년, 1894년 농민 봉기와 비슷했다. 항쟁의 주도 조직인 인민위원회의 행동 유형은 조선 후기 농민 항쟁의 주도 조직인 '향회'와 유사한 특성을 보였으며, 항쟁의 선봉대가 되었던 상인 조직이나 하층민 노동 조직의 행동 유형은 19세기 농민 봉기의 주도 조직인 '초군'(나무꾼)조직과 유사한 특성을 보였다.

1946년의 농촌 항쟁은 지역공동체의 외부 세력에 의해 항쟁이 전파되었으나 그 속에는 불과 반세기 전 지역 농민들이 수행했던 전통적인 봉기의 경험이 다양한 형태로 전승되어 있었다. 이러한 요소는 농민 항쟁이 대중적이고 자주적으로 전개되는 토대가 되었으나, 동시에 다른 지역과의 연대 없이 고립적이고 폐쇄적으로 진행되게 하는 한계로 작용했다. 물론 영천 항쟁의 특징을 다른 지역 농민 항쟁의 특징으로 일반화할 수는 없지만, 도시 지역의 항쟁과는 다른 농민 항쟁의 특징을 어느 정도 파악할 수 있게 해준다.

2부

작은 전쟁과 학살

삐라를 뿌리는 소년들

"우리는 활동할 때 소모임 같은 것은 할 기회도 없었고 할 필요도 없었지.

만날 때는 구석방이나 술집에서도 만났지만,

대체로 앉을 자리 없이 길거리나 담 밑에서 만났지. 당시 생활이 비참했지.

지도자들은 이름도 있고 기억도 있지만,

우리 같은 전사들은 이름도 없고 기억도 없고 무덤도 없어.

그냥 상부에서 지시하는 대로 하고 최전선에서 몸으로 싸우다 죽으면

그것으로 끝나는 거지."

4장에서는 1946년 10월 항쟁 후부터 1948년 8월 정부 수립 전까지 대구·경북 지역의 진보적 사회운동 상황을 살펴보고자 한다.

대구와 경북의 10월 항쟁이 진압된 뒤 대구·경북 지역에서는 8천여 명이 시위 가담 혐의로 검거되어 재판에 부쳐졌고 가담 정도에 따라 최고 사형까지 선고받았다. 그리고 사건 관련자뿐 아니라 사건과 무관한 민간인 상당수가 재판절차 없이 불법적으로 학살되었다.

항쟁 직후의 탄압 여파에서 벗어난 뒤, 1947년에는 미소 공동위원회 속개 요구 투쟁이 전개되었다. 1948년 2월에는 유엔한국임시위원단UNTCOK 파견을 반대하여 2·7투쟁이 일어났고 뒤이어 5·10선거를 반대하는 남한만의 단독선거 단독정부 반대 투쟁이 전개되었다. 이 시기에는 1946년 10월 항쟁에 선도적으로 참여했던 학생과 농민들을 중심으로 대중운동이 전개되었다. 1946년까지 각 부문에서 진행되던 경제 투쟁보다는 분단정부 저지를 위한 정치 투쟁이 강화되었다.

대구·경북 지역은 1946년 10월 항쟁 후 대대적인 탄압이 있었음에도 1948년 상반기까지 진보적 대중운동이 활발하게 전개되었다. 즉 주요 핵심세력은 탄압당했지만, 미군정 및 보수세력과의 대결이 전면화하고 전선이 분명해지면서 대중운동이 더 성장한 곳도 있었다. 그러나 미군정의 탄압 때문에 운동의 중심이 점차 도시에서 농촌으로, 평지에서 산지로, 합법투쟁에서 무장투쟁으로 변화하는 경향이 나타났다.

1   항쟁의 진압과 민간인 학살

1946년 10월 2일 오후 3시, 미군이 장갑차와 기관총 부대를 앞세워 대구 시내로 들어왔다. 오후 5시에는 계엄령을 선포하고 주요 활동가들뿐 아니라 청장년 남성들을 닥치는 대로 체포했다. 진실화해위원회 보고서에는, "계엄 선포 후에 미군 장갑차가 주요 건물 앞에 배치되었고 미군은 시내 곳곳을 순찰하면서 사진을 찍었다. 충청도 등에서 경찰 지원대가 왔으며 경찰은 5명씩 조를 짜서 길거리나 일반 민가를 집집이 수색하며 눈에 띄는 청장년 남성은 무차별 강제연행했다. 특히 미군정 반대자가 많았던 남산동의 남산국민학교 인근 마을, 덕산국민학교 윗마을, 자갈마당 주위 마을 등을 주로 수색하여 청년들을 연행했고, 연행한 사람들은 수창국민학교 운동장 등에 모아 무차별 구타하고 신분을 확인한 뒤 경찰서로 실어갔으며, 검문에 불응하는 자는 그 자리에서 사살했다"라는 목격자들의 증언이 기록되어 있다.[1]

진실화해위원회 조사에 따르면, 경북의 미군정이 이미 계엄령을 선포한 상태에서 항쟁이 일어났으므로 진압은 훨씬 강경했고 이 과정에서 많은 민간인이 학살되었다. 진압은 주로 외지에서 들어온 경찰부대가 담당했다. 다음의 사진은 1946년 10월 항쟁 당시 대구와 인근 지역 경찰력 배치 상황을 기록한 미 24군단의 문서다. 이 기록에 따르면, 1946년 10월 4일 대구에는 대전과 전주에서 온 지원부대 683명을 포함하여 1,378명의

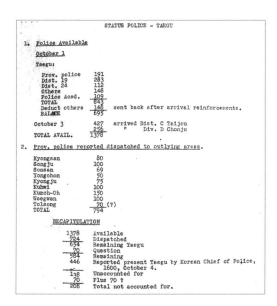

```
                    STATUS POLICE - TAEGU

  1.  Police Available

      October 1

      Taegu:

          Prov. police    191
          Dist. 19        283
          Dist. 24        112
          Others          148
          Police Acad.    109
          TOTAL           843
          Deduct others   148    sent back after arrival reinforcements.
          BALANCE         695

      October 3           427    arrived Dist. C Taijou
                          256       "      Div. D Chonju
      TOTAL AVAIL.       1378

  2.  Prov. police reported dispatched to outlying areas.

      Kyongsan           80
      Songju            100
      Sonsan             69
      Yongchon           50
      Kyongju            75
      Kuhwi             100
      Kumch-Oh          150
      Waegwan           100
      Tolsong            70  (?)
      TOTAL             794

          RECAPITULATION

              1378    Available
               724    Dispatched
               654    Remaining Taegu
                70    Question
               584    Remaining
               446    Reported present Taegu by Korean Chief of Police,
                      1600, October 4.
               138    Unaccounted for
                70    Plus 70 ?
               208    Total not accounted for.
```

10월 항쟁 진압을 위한 대구와 인근 지역 경찰력 배치 상황을 기록한 미군 문서(1946년 10월 4일).
© 미국 국립문서기록 관리청

경찰력이 있었다. 경북 경찰청에서는 이 중 794명을 경산, 성주, 선산, 영천, 경주, 군위, 김천, 왜관, 달성군으로 파견했다.[2]

칠곡군의 항쟁은 1946년 10월 4일 왜관읍에 들어온 충남 경찰부대에 의해 진압되었다. 10월 4일 새벽, 칠곡경찰서를 점거했던 시위대는 경찰이 오는 것을 알고 도피했으나 경찰서 부근에는 비무장 상태의 주민들이 많이 있었다. 그들은 상황의 심각성을 알지 못하다가 경찰이 발포하자 흩어졌는데, 이때 미처 피하지 못한 주민 여러 명이 사살되었다. 같은 날 오후에는 칠곡군 약목면 동안동 주민 11명이 토벌을 나온 충남 경찰부대 경찰에게 사살되었다. 증언에 따르면, 당시 1개 대대로 추정되는 경찰들이 이 마을을 포위하며 들어오자, 여성과 노약자는 집 안에 숨고 남성들은 도피하다가 미처 마을을 벗어나지 못한 채 논으로 달려가 추수를 앞둔 벼 사이에 숨었다. 그러자 경찰은 논을 포위하고 숨어 있던 사람들에게 일어나 자수하면 살려준다고 말한 뒤, 일어선 주민 11명을 사살했다.[3]

영천군의 항쟁은 1946년 10월 5일 대구에 주둔하던 미군과 충남 경찰부대 등 지원 경찰이 들어와 진압했다. 진실화해위원회 보고서에는 충남 경찰부대의 진압 과정에서 사살되거나 고문사한 민간인 중 신원이 확인된 피해자 9명의 이름이 기록되어 있다. 그 뒤 12월 8일까지 사건 관련자 600여 명이 경찰에 검거되었으며 재판에 부쳐진 사람 가운데 9명이 사형을 선고받았다. 이러한 법적 처리 과정과는 별도로 충남 경찰부대와 서북청년단이 진압 과정에서 무차별 발포를 하거나 무차별 구타를 하여 민간인 다수를 살해했다.[4]

진실화해위원회 조사에는 포함되지 않았으나, 선산 지역에서는 박정희 전 대통령의 형인 박상희의 주도로 항쟁이 일어났다. 박상희는 이 지역 명망가로 일제강점기에는 좌우 합작 항일단체인 신간회 선산지회 간부였고 해방 후 선산군 인민위원회 간부였다. 그는 1946년 10월 3일, 2천여 명의 군중을 이끌고 구미경찰서를 습격하여 협상으로 경찰들을 철수시켰다. 그리고 경찰서 간판을 떼어낸 뒤 선산 인민위원회 보안서 간판을 내걸고 서장을 비롯한 경찰관들과 우익정당 요인들을 유치장에 가뒀다. 선산군의 항쟁은 10월 6일 대구에서 온 경기도 경찰부대에 의해 진압되었다. 진압 과정에서 박상희를 비롯한 주동자 3명이 경찰을 피해 달아나다 논바닥에서 사살되었다.[5]

1946년 10월 3일부터 일어난 경북의 항쟁은 10월 6일경 대부분 진압되었다. 미군 G-2 보고서에 따르면, 1946년 12월 1일 기준으로 대구·경북 지역에서 당시 경찰과 국방경비대 측 피해자 수가 사망 82명, 부상 129명, 실종 및 포로 151명으로 집계되어 있으며, 시위대 측은 사망 88명, 부상 55명, 체포 33명으로 집계되어 있다.[6] 그러나 이 통계는 정확한 것이라고 보기 어렵다. 민간인이 피해를 본 경우에는 그 가족들이 보복을 두려워하여 신고하지 않은 경우가 많았기 때문이다.

상황이 일단락된 뒤 조선공산당 대구시당 위원장 김일식 등 대구·경북 지역 진보세력의 주요 간부들이 9월 총파업과 10월 항쟁의 주모자로 체포되어 포고령 2호 위반 등의 혐의로 재판을 받았다. 이들 외에도 대구·경북 지역에서 8천여 명이 시위 가담 혐의로 검거되어 군정재판과 특별군정재판에 부쳐졌다. 특별군정재판에 부쳐진 사람은 가담 정도에 따라 최고 사형까지 선고받았다.[7] 그리고 사건 관련자뿐 아니라 사건과 무관한 민간인 상당수가 재판 절차 없이 불법적으로 학살되었으며, 이러한 상황은 사건 발생 후 몇 년 동안 지속되었다. 당국은 대구·경북 각 지방 경찰서 소속 경찰 외에도 충남·충북·경기도 등 다른 도의 지원경찰, 국방경비대(충남), 서북청년단, 각 지방의 우익청년단·특별경찰대 등을 동원하여 토벌을 계속했다. 경찰은 자신들이 항쟁의 피해자라고 생각한 나머지 주민들에게 사적으로 보복하기도 했다.

2   항쟁 이후의 사회운동

미군정은 경찰과 서북청년단을 동원하여 항쟁 관련자를 검거하고 학살하는 한편, 이승만과 한민당을 중심으로 남한만의 국가 조직을 신속하게 설립하고자 했다. 이승만은 이미 정읍 발언(1946. 6. 3) 등을 통해 남한만의 단독선거 시행과 단독정부 수립을 주장해왔다. 그러나 당시 진보세력은 모스크바 삼상회의 결정안에 따라 미소 공동위원회를 성공적으로 여는 것이 조선 문제를 해결하는 유일한 방법이라고 인식했으므로, 1947년에는 미소 공동위원회 속개 요구 투쟁을 벌였다.[8]

학계 연구에는 10월 항쟁이 조선공산당의 무분별한 좌편향 투쟁에서 비롯되었고, 진보세력에 커다란 피해를 주어 이후의 남한 사회운동에 부정적 영향을 미쳤다는 평가가 많다. 즉 "조선공산당의 지도가 결여된 채 항쟁이 계속되어 당의 파괴와 희생만 초래했다", "항쟁 결과 지방조직이 대부분 붕괴하고 민전은 분쇄되었으며, 결국 조선공산당은 대중적 지지를 상실했다"라는 평가가 그것이다.[9] 그러나 1946년 10월 항쟁 후부터 1948년 8월 정부 수립 전까지 진행된 사회운동 양상을 보면, 항쟁 결과 사회운동 역량이 무조건 손실된 것만은 아니었다. 진보운동이 탄압을 받았지만, 미군정 및 보수세력과의 대결 전선이 뚜렷해지면서 대구·경북 지역의 대중운동은 왕성하게 일어났다.

남로당의 결성과 민전의 활동

1947년에서 1948년 8월까지 대구 지역 정당조직의 활동을 살피려면, 1946년 10월 항쟁 이전 지역 정당 활동의 특징부터 정리할 필요가 있다. 진보계열의 정당은 조선공산당, 조선인민당, 조선신민당(남한에서는 1946년 6월 남조선신민당으로 개칭, 북한에서는 8월 북조선공산당과 합당하여 북조선노동당을 창당), 조선민족혁명당 등이 있었는데 이 중 조선공산당과 조선인민당의 세력이 강했다. 특히 조선공산당 대구시당과 경북도당은 여러 정당 중 가장 먼저 결성되어 지역 사회운동의 중심으로 활동했다. 1946년경의 조선공산당 대구시당은 동서남북 4개 지구당과 직장 세포책을 중심으로 하는 체계를 취하고 있었다. 조선공산당은 운동 방식 면에서 다른 정당과 달리 대중정당이 아닌 비공개 전위정당, 즉 군사주의적 규율과 중앙집권을 강조하는 비밀결사 중심의 운동 방식을 고수했다. 각 부문의 대중조직에 비공개 세포조직을 만들고 활동가를 파견하는 한편, 진보진영의 여러 정당과 사회단체의 결집체인 민전을 통해 공개적인 대중정치 활동을 전개했다. 조선공산당이 비공개 전위정당의 방식으로 활동한 것은 러시아의 볼셰비키 전위당 이론의 영향도 있었고 탄압에 대응하기 위한 전술적 측면도 있었지만, 해방 직후 사회주의 계열 활동가들이 일제강점기 비밀결사 형태의 운동에 익숙했고 공개된 공간에서 합법적 대중운동 경험이 부족했기 때문으로 보인다.

조선공산당은 1946년 1차 미소 공동위원회가 결렬된 후 미군정의 탄압이 심해지자 신전술로 대응하는 한편, 조선인민당, 남조선신민당과 합당하여 대중정당인 남조선노동당(이하 남로당)을 결성했다. 대구에서도 3당 합당이 결의되어 1946년 9월 27일 남로당 대구시당을 결성했다.[10] 하지만 10월 항쟁의 여파로 활동을 중단했다가 1947년 2월에 활동을 재개했으므로, 경북도당은 1947년 3월 16일에 공식 출범했다.[11] 남로당은 진보세력의 단결을 지향하며 결성되었으나, 다른 지역에서는 남로당 결성 과정에서 진보세력이 또다시 분열하여 그 목적을 이루지 못했다. 대구는 여운형을 지지하는 조선인민당 일부 세력이 나중에 따로 근로인민당을 창당하기는 했으나, 조선공산당 안에 분파 갈등이 없었고 조선인민당 대구지부도 조선공산당 프랙션fraction이 주도하고 있었으며 조선신민당도 세력이 미미했기 때문에 3당 합당은 큰 갈등 없이 진행되었다.[12] 그런데 조선공산당에서 남로당으로 넘어가는 과정에서 핵심 활동가층의 변화가 있었던 것으로 보인다. 10월 항쟁 후에 김일식, 윤장혁 등 핵심 활동가들은 항쟁을 주도한 혐의로 체포되거나 수배되었다. 따라서 비교적 피해를 덜 입은 원로 활동가들이 나서서 조직을 정비하고, 해방 후 새롭게 충원된 더 젊은 나이대의 활동가들이 핵심 실무진 역할을 하게 되었다. 이러한 현상은 대구 인근의 경북 농촌 지역에서도 마찬가지로 나타났다. 경북 농촌 지역에서는 해방 직후에는 일제강점기부터 활동했던 항일운동가와 지역 명망가들이 지도부를 구성했으나 10월 항쟁을 계기로 대부분 활동 일선에서 물러나고, 해방 후 대중조직 속에서 새롭게 성장한 세대들이 지역운동의 중심이 되었다.[13] 이것은 1947년 후의 지역 사회운동이 그전의 운동보다 더 급진화된 원인의 하나로 보인다.

남로당은 과거의 조선공산당과 달리 동유럽과 북한의 정세 변화에 영향을 받아 부르주아민주주의 혁명이 아닌 인민민주주의 혁명이론을 바탕으로 대중정당을 표방한 정당이다.[14] 박헌영은 1946년 4월 20일 민전 중앙위원회에서 행한 내외 정세 보고에서 민주주의의 형태를 부르주아민주주의·인민민주주의·프롤레타리아민주주의로 나누면서, 조선은 인민민주주의 방향으로 나아가야 한다고 주장했다. 그는 독일 파시즘에서 해방된 동유럽 국가에서 민주주의의 역사적 새 형태인 '인민적 민주주의'가 발전하고 있으며, 일제로부터 해방된 조선에서도 이것이 적당하다고 주장했다.[15] 남로당은 결당 후 당원의 입당 조건을 낮추고 당원 배가 운동을 벌임으로써 당 조직을 대중정당으로 개편하려고 노력했다. 남로당에 대한 대중의 지지율도 상당히 높았다. 1947년 6월 미군정 공보과의 여론조사 결과를 보면, 정당 지지율은 남로당이 1위, 근로인민당이 2위를 차지했다.[16]

그러나 미군정의 탄압이 심해지면서 애초 표방했던 것과는 달리 합법적 대중운동을 펼쳐나가기 힘들었다. 인민민주주의 혁명이론을 주장하면서 광범위한 계층계급의 통일전선 운동을 강조했지만, 실제로는 광범위한 계층계급을 포용하지 못하고 노동자 등 직장세포 조직화에 치중했다. 특히 대구는 노동자와 학생 인구보다는 빈민의 비중이 훨씬 컸음에도 그들을 조직의 중심으로 흡수하지 못했다. 조직화의 방식도 대중조직을 당 조직의 외곽이나 하부 단위로 보던 조선공산당의 방식을 고수했다. 이러한 방식으로 운동을 진행할 경우, 대중조직은 당 조직의 지도를 받는 단위, 당 활동의 동원 단위 역할에 머무르게 되는데, 이것은 대중조직이 자주적으로 발전하는 데 장애 요인이 되었다.

여러 정당 사회단체가 모여 대구 지역 정치활동을 주도했던 민전 대구시위원회(대구민전)와 민전 경북도위원회(경북민전)도 1946년 10월 항쟁으로 간부의 대다수가 경찰에 체포되거나 피신하는 바람에 활동을 중단했다가 1947년 2월에야 활동을 재개했다.[17] 10월 항쟁 전과 마찬가지로 조선인민당 계열의 인물이 다수 활동했던 대구민전은 1948년 8월 정부 수립 때까지 각종 기념행사와 집회·시위를 주도하면서 미소 공동위원회 속개와 민주주의 임시정부 수립 운동을 전개했다. 대구민전에 대한 대중의 지지도는 상당히 높았다. 당시 대구 인구가 약 30만 명이었는데, 민전이 주도하는 대회에 시민 수만 명씩 결집하는 경우가 종종 있었다. 그러나 전선조직인 대구민전은 대중조직의 실질적 지도부가 되지 못하고 행사 개최를

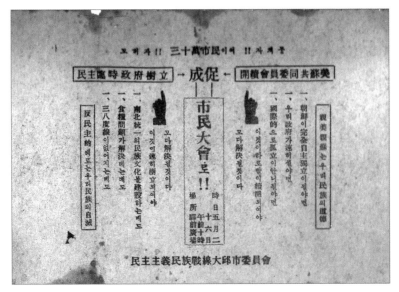

대구민전 명의로 발행된 '미소 공동위원회 속개·민주 임시정부 수립 촉성 시민대회'를 홍보하는 전단.
© 김현식·정선태

위한 한시적 투쟁기구 또는 당 조직의 외피 역할 이상을 하지 못한 것으로 보인다. 이것은 같은 시기에 활동하면서 대중과 밀착하여 제주도 유일의 정부로서 민중 자치기구 역할을 했던 제주도 인민위원회[18]와 비교된다.

미소 양국이 1946년 5월에 결렬된 미소 공동위원회를 1947년 5월 20일에 재개하기로 합의하자, 경북민전은 '미소 공동위원회 속개 축하 경북도 준비위원회'를 결성했다. 그리고 5월 26일 오전 10시에 대구역 광장에서 '미소 공동위원회 속개 민주 임시정부 수립 촉성 시민대회'를 열고자 했다. 위의 사진은 대구민전 명의로 발행된 '미소 공동위원회 속개 민주 임시정부 수립 촉성 시민대회'를 홍보하는 전단이다. 이 전단에는 다음과 같이 적혀 있다.[19]

친미친소는 우리 민족의 도덕, 반민주적 테로는 우리 민족의 자멸

미소 공동위원회 속개: 조선이 완전 자주독립이 될야면, 우리 정부가 속히 설야면, 국제적으로 고립이 안니 될야면, 이것이 하로 빨이 속개되여야 모다 해결될 것이다.

민주 임시정부 수립: 삼팔도선이 없어지는 데도, 식량 문제가 해결데는 데도, 남북통일의 민족문화를 건설하는 데도 이것이 속히 수립되여야 모다 해결될 것이다.

이 전단의 문구를 보면 당시 대구민전의 주요 투쟁 방향과 투쟁 관점을 알 수 있다. 대구민전은 미소 공동위원회를 개최하는 것이 민주정부 수립과 당면한 모든 문제를 해결할 수 있는 전제조건이라고 보면서 '친미친소'를 내걸고 있다. 이는 당시 남로당 중앙조직이 해방 직후와 달리 미군정 협조 노선을 비판하고 반미 선전을 좀 더 강화했던 것과 비교할 수 있다.

당시 미군정은 집회를 허가하지 않았다.[20] 그래서 실제 대회를 열지 못하고 전단만 살포한 것으로 보인다. 7월에는 미소 공동위원회가 성과 없이 결렬될 조짐을 보이자, 7월 27일 서울에서 민전 주최의 집회가 열리는 등 전국에서 집회가 있었다.[21] 같은 날, 대구에서도 경북민전 주최로 달성공원에서 시민 수만 명이 참가한 가운데 '미소 공동위원회 재개 축하 임시정부 수립 촉진 대구시 인민대회'를 열었다.[22] 이 집회는 민전이 당국의 허가를 받아 개최한 마지막 집회였다.

노동운동의 탄압과 학생운동의 성장

1947년에는 연초에 학생들의 국립 서울대학교 설립안(이하 국대안) 반대

운동과 노동자들의 3·22총파업이 일어난 뒤에 상반기에는 미소 공동위원회 속개를 요구하는 투쟁이 집중적으로 전개되었다. 이 시기 대구 지역의 주요 투쟁 상황은 아래와 같이 정리해볼 수 있다.

1947. 2. 12 ~3. 4 (국대안 반대 운동)	국립 서울대학교 설립안 법령이 공포되자 1946년 11월 경상북도 학무과장이 경북 종합대학 설립인가 신청서를 문교부에 제출했다. 이에 맞서 1947년 2월 중순 대구 지역 대학생들과 중학교 학생들은 '국대안 반대 대구학생공동투쟁위원회'와 '국대안 반대 대구시중학공동투쟁위원회'를 결성하고 동맹휴학에 들어갔다. 학생 1만여 명이 동맹휴학에 참가했다. 이 운동이 마무리된 후에도 학생들은 동맹휴학 주도 학생 처벌 반대 문제로 4월 초까지 동맹휴학을 계속했다.[23]
1947. 3. 1	민전이 주최한 삼일절 기념행사에 시민 2만여 명이 모였다.[24] 이 행사는 1946년 10월 항쟁 후의 탄압에도 남로당과 민전의 건재함을 알린 범시민적 행사였다.
1947. 3. 22	전평의 주도로 24시간 시한부 총파업이 일어났다. 대구 남선전기, 대구역 철도 기관구, 대구우편국, 일부 방적공장 등에서 파업이 일어났다. 학생들은 동맹휴학을 벌였다.[25]
1947. 5	경북민전 주도로 '미소 공동위원회 속개 축하 경북도준비위원회'를 결성했다. 5월 26일 시민대회를 열고자 했으나 미군정이 집회를 허가하지 않고 민전의 활동을 탄압했다.[26]
1947. 7. 27	경북민전 주최로 달성공원에서 '미소 공동위원회 재개 축하·임시정부 수립 촉진 대구시 인민대회'를 개최했다. 시민 수만 명이 참가했다.[27]

〈표 4-1〉 1947년 대구 지역의 운동 상황

노동운동은 해방 직후 대구 지역에서 조선공산당이 조직화에 가장 주력했던 부문이다. 1946년 9월 총파업을 조직적으로 펼쳤으나 그 후 탄압의 충격을 크게 받았던 부문이다. 해방 직후부터 조직되었던 대구 지역의 노조들은 1945년 12월 후에는 대구노평을 중심으로 활동해왔다. 1946년

9월 총파업 후 미군정의 탄압이 심해지자 전평은 1947년 2월 2차 전국대회를 열고 조직을 재정비했다. 대구노평은 이 대회의 방침에 따라 경북도평의회(이하 경북도평)를 결성하고, 대구시평의회로 전환했다.[28] 그 뒤 경북도평은 전평의 방침에 따라 1947년 3·22총파업, 1948년 2·7총파업, 1948년 5·8총파업, 1948년 11·30총파업을 벌였으나, 미군정의 탄압으로 1946년 9월 총파업만큼 위력적으로 진행하지 못했다.

1946년 9월 총파업의 주력이었던 대구철도노조는 혹심한 탄압을 받아 조직 대부분이 파괴되었다. 대구철도노조는 결성 초기에는 기관구 부서를 중심으로 활동했다. 그러나 1946년 10월 항쟁 직후 노조를 이끌던 활동가들이 대부분 해고되거나 체포되어 1947년 3·22총파업이 진행될 무렵에는 위원장조차 공석이었다. 1947년 중반부터는 정재익 등 보선구保線區 노동자를 중심으로 조직을 정비해서 1948년 2·7총파업을 벌였다. 1948년 후반에는 정갑동(대구 수화물계 역원)을 중심으로 활동했는데, 이 무렵에는 사실상 철도노조는 활동이 중단되고 대한노총 철도연맹 대구지구로 주도권이 넘어갔다.[29] 대구에는 철도노조 외에도 남선전기 대구지점과 대구 전매국 등에서 노조 활동을 꾸준히 벌였다. 그러나 이 노조들도 1948년 후반에는 대중투쟁을 중단하고 소수의 비합법 세포조직만 남게 되었다. 전매국 노동자들은 1949년 달성 중석광산으로 끌려가 학살되기도 했다.[30]

학생운동은 1946년 10월 항쟁 이후 가장 성장한 부문이다. 그전에 대구 지역의 학생들은 각 학교의 학생자치회를 중심으로 활동했으며, 조선공산당 학생부(학생부책: 대구의대 최무학)를 중심으로 하는 연결망을 통해 각종 정치집회와 시위에 참여했다. 10월 항쟁에서는 연합 시위를 벌이며 대구경찰서를 점거하는 등 항쟁의 주력이 되었다.

1947년 2월에는 학생들이 국대안 반대 운동을 벌였다. 1946년 7월에 발표된 국대안은 한 지역의 여러 대학과 전문학교를 통폐합하여 하나의 국립종합대학을 창설하자는 것이었다. 학생들은 이 정책이 일제의 잔재이며 학문과 연구의 자유, 사상과 이념의 자유를 억압하는 정책이라고 보고 반대했다.[31] 국대안 반대 운동은 서울에서는 1946년 가을부터 일어났다. 대구 지역 학생들은 1946년 11월 경상북도 학무과장이 경북 종합대학 설립인가 신청서를 문교부에 제출하자, 1947년 2월 중순 '국대안 반대 대구학생공동투쟁위원회'와 '국대안 반대 대구시중학공동투쟁위원회'를 결성하고 동맹휴학에 들어갔다. 학생 1만여 명이 동맹휴학에 참여했다. 이 운동이 마무리된 후에도 학생들은 3·22총파업에 참가하고 동맹휴학을 주도한 학생의 처벌을 반대하면서 4월 초까지 동맹휴학을 계속했다.

학생들은 봄에는 민주학생연맹(이하 민주학련) 산하에 지역연합 조직을 결성하여 활동했다. 민주학련은 서울에서는 3·22총파업 직전인 3월 21일에 준비위원회를 만들어 활동하다가 6월 17일에 결성식을 가졌고, 전국 조직은 7월 7일에 결성되었다.[32] 대구민주학련 결성 일자는 구체적으로 확인되지 않으나 서울과 비슷한 시기에 결성된 것으로 추정된다. 당시 민주학련은 공개적인 대중조직 연합체라기보다는 남로당의 외곽 단체로서 당에서 파견한 오르그가 지도하는 비공개 정치 대중조직에 가까웠다. 그러나 대구 지역의 거의 모든 중학교에 조직이 구성되어 있었고 학생의 참여도가 상당히 높았다.[33] 학생들은 이러한 대중운동 참여를 기반으로 1947년 미소 공동위원회 속개 요구 투쟁을 선도적으로 펼쳐나갔다.

당시 대구 지역 사회운동에서 학생운동이 차지했던 비중은 2년 뒤인 1949년 11월에 결성된 국민보도연맹 가입자의 인적 구성을 통해서도 짐작해볼 수 있다. 1949년 12월 5일 기준으로 대구 지역 국민보도연맹 가입자 총 3,332명 가운데 1,056명(32퍼센트)이 학생이었다고 한다.[34] 국민보도연맹 가입자 수가 사회운동 참여자 수와 일치하는 것은 아니지만, 그만큼 대구 지역에서 학생운동의 비중이 컸다고 볼 수 있다.

청년운동 부문에서는 해방 직후 건국준비위원회 치안대와 대구청년동맹 등 다양한 대중조직과 조선공산당 산하 조직인 공청(조선공산주의청년동맹)이 함께 활동했다. 1946년 4월부터는 이를 통합하여 민청 대구시위원회(이하 대구민청)를 결성하고 이를 중심으로 활동했다. 1946년 10월 항쟁 시기에 선봉대 역할을 했던 대구민청은 항쟁 후 주요 인물이 체포되면서 탄압을 받았고, 1947년 5월 미군정의 행정명령에 따라 해산되었다. 이에 민청 조직을 기반으로 민애청(조선민주애국청년동맹)이 재조직되었다. 민애청은 1947년 6월 5일 전국 조직이 결성되었고, 그다음 날인 6월 6일에 경북도위원회(위원장 곽기섭)가 결성되었다. 민애청 대구시위원회도 이 무렵에 결성된 것으로 보인다.[35]

민애청은 각종 투쟁에서 남로당의 외곽 단체이자 진보세력의 전위대로 활동했다. 1947년 8월 미군정이 좌익 총검거령을 내린 뒤 합법적 활동이 완전히 봉쇄되고 남로당의 활동이 점차 무장투쟁 방식으로 전환하면서, 민애청의 구성원들은 상당수가 입산하여 인근 지역에서 전개되는 유격투쟁의 중심 세력이 되었다. 당시 서울에서는 민청이나 민애청 구성원 중에 노동자와 농민보다 가두층(일정한 직업이 없는 자유직업자나 무직자)이 더 많다는 것이 문제점으로 지적되었다.[36] 대구에서도 1947년 봄에 민주학련이 결성된 뒤 청년단체에 소속되어 활동하던 학생들이 민주학련으로 빠져나가면서, 청년단체에는 가두 청년이나 청소년의 비중이 더 커진 것으로 보인다.

여성단체는 전국부녀총동맹이 1946년 10월 항쟁 후 조직을 재정비하여 1947년 2월에 남조선민주여성동맹으로 전환하자, 전국부녀총동맹 대구지부도 남조선민주여성동맹 대구시위원회로 전환했다.[37]

당시 대구 인구 중에서 가장 비중이 컸던 빈민층의 조직상은 1946년 10월 항쟁 후에도 여전히 확인되지 않는다. 대구 지역 빈민들은 1946년 초부터 8월까지 식량 배급을 요구하며 수백 명에서 수천 명 단위로 시위를 여러 차례 벌였으며, 1946년 10월 1일과 2일에는 노동자 파업과 학생 시위를 항쟁으로 확산시키는 역할을 했다. 그리고 칠성동 일부 마을, 덕산국민학교 뒷마을, 남산동 남산국민학교 주변 마을, 자갈마당과 달성공원 주변 마을에는 미군정에 반대하는 사람이 많아 10월 항쟁이 일어났을 때 경찰에게 집중수색을 당하며 탄압을 받았다.[38] 당시 남로당 조직과 정치적 대중조직들은 학생, 노동자, 지식인층과 직장세포를 중심으로 조직되었고, 빈민을 주축으로 하는 별도의 조직은 없었다.

이름도 무덤도 없는 청년·학생 운동가들

당시 대구 지역의 민주학련, 민애청, 전평 등 대중조직의 구성원들은 어떤 방식으로 활동했을까? 이에 대한 문서 자료가 남아 있지 않으므로, 여기서는 몇몇 구술자의 증언을 통해 단편적으로나마 그 활동상을 살펴보겠다.

민주학련의 활동상은, 대구상업학교 2부(야간부) 학생으로 1947년 3월부터 11월까지 학급자치회 회장을 맡아 민주학련 조직에서 활동했던 강창덕의 구술을 통해 살펴볼 수 있다. 강창덕에 따르면, 당시 대구상업학교에는 민주학련 조직이 학급마다 있었다. 2부의 경우 4개 학급에 160명의 학생이 있었는데, 한 학급 40명 중 10명 정도가 민주학련 활동을 했다. 활동은 비공개 점조직으로 이루어졌으며, 주로 대학생인 당 오르그가 와서 교양 사업을 하고 투쟁 과제를 지시했다. 1947년 대구상업학교 2학년과 3학년 조직에는 대구의대 학생들이 오르그로 배치되어 활동했다. 당시 오르그를 담당한 대학생은 비합법 시기라 가명으로 활동했으며, 전업 활동가로서 여러 조직을 함께 담당했던 것으로 보인다.

교양 사업을 할 때는 학생 7~8명이 비밀리에 모여 바깥에 망을 볼 보초를 세운 다음, 대학생 오르그가 마오의 『사회발전사』 등을 교재나 노트도 없이 구두로 강의했어. 내가 만난 대학생은 여러 조직을 지도하며 다니느라 그런지 행색이 매우 누추했어. 아이고, 내가 그때 마음 아팠던 게 의과대학 학생이 자기 일 하러 다니는데 옷도 (제대로 갖추지 못해) 추워서 벌벌 떨더라. 담배도 없어서 담배꽁초 쪽쪽 빨고. 참. 처절하다 할까.

— 강창덕, 2013년 9월 28일

당시 주요 투쟁 과제는 미소 공동위원회 속개 요구 투쟁이었다. 민주학련의 학생들은 '미소 공동위원회 속개하라'는 구호를 담은 삐라를 밤에 전신주에 붙이거나 낮에 군중이 모이는 장소에 뿌리는 일을 주로 했다. 강창덕은 1947년 5월 대구중학교 운동회에 삐라 활동을 하라는 지령을 받고 운동회에 가서 구경꾼 속에 섞여 있다가 낮 12시 사이렌을 신호로 군중에게 삐라를 뿌리고 온 적도 있었다. 아마 당시 학생들은 '미소 공동위원회 속개·민주 임시정부 수립 촉성 시민대회'를 홍보하는 대구민전의 전단을 뿌렸던 것으로 추정된다.

대구 지역은 아니지만, 1947년 9월부터 1948년 가을까지 서울 ○○여중 학생회장으로 민주학련에 소속되어 활동했던 한○영의 구술에서도 비슷한 양상을 볼 수 있다. 당시 이 학교에도 대학생 오르그가 연결되어 있었다. 오르그가 정기적으로 와서 연락사항을 전해주면 학생들은 학생자치회에서 그 문제를 논의했으며 정세 토론을 하거나 학습을 했다. 활동은 '삐라'를 '가리방'(등사기)으로 긁어서 집회장에 뿌리는 일을 하거나 집회나 시위에 동원되는 것이 주였다. 당시 이 학교는 교사가 대부분 진보적이었기 때문에 시위가 벌어지면 전교 학생이 거의 다 참여했다. 한○영은 1948년 2·7총파업 투쟁 때 동맹휴학을 주도한 뒤 경찰에 연행되어 구류를 살고, 학무국의 지시로 학교에서 쫓겨났다. 그 뒤 자신이 오르그가 되어 학교 주변 자취방을 다니며 후배들을 지도했다.[39]

민애청의 활동상은 1947년에서 1948년 사이 민애청 구성원으로 활동했던 신○춘의 구술을 통해 살펴볼 수 있다. 성주 출신인 신○춘은 국민학교를 졸업하고 열여섯 살이 되던 1946년 가을에 대구에 와서 이듬해인 1947년에 별다른 직업을 갖지 않은 상태에서 민애청에 가입했다. 민애청에 가입한 뒤에는 단체의 강령 규약과 마오쩌둥의 '자유주의 배격 11훈' 등을 암기하는 학습을 했고, 1948년에는 단독정부 반대 연판장 서명 활동과 지하선거 활동 등을 했으며 전단을 뿌리고 노동자들의 파업을 지원하는 활동도 했다. 경찰의 눈을 피해 불법 활동을 하려면 전사와 같은 높은 결의가 있어야 했다. 그러나 학생과 달리 일정한 직업과 거주지가 없는 '가두 청소년'들은 전업 활동가와 마찬가지인 생활을 하면서 극심한 생활고에 시달리는 어려움을 감내해야 했다. 신○춘은 당시 이러한 어려움을 겪었던 청소년 활동가들의 생활상을 구술했다.

우리는 활동할 때 소모임 같은 것은 할 기회도 없었고 할 필요도 없었지. 우리끼리 연락하든지 오르그가 오든지 했지, 다른 사람과 만나서 이야기도 못 했어. 만날 때는 구석방이나 술집에서도 만났지만, 대체로 앉을 자리 없이 길거리나 담 밑에서 만났지. 당시 생활이 비참했지. 지도자들은 이름도 있고 기억도 있지만, 우리 같은 전사들은 이름도 없고 기억도 없고 무덤도 없어. 그냥 상부에서 지시하는 대로 하고 최전선에서 몸으로 싸우다 죽으면 그것으로 끝나는 거지.

_ 신○춘, 2010년 11월 9일

당시 철도노조 활동가였던 유병화가 구술한 전평 소속 노조 활동가들의 일상활동 양상도 강창덕과 신○춘이 구술한 내용과 비슷하다.

이상의 내용을 보면, 당시 주요 대중조직은 남로당 활동가(오르그)의 지도나 지시를 받으며 비합법, 비공개 형태로 활동했으며, 대중조직 활동에도 군사주의적 규율이 강조되었다. 민주학련의 경우, 대학생이나 학교 제적생이 전업 활동가로서 오르그 역할을 했으며, 민애청의 가두 청년이나 청소년들의 조직 역시 비슷한 방식으로 운영되었다. 이 조직들은 대중의 지지도가 높고 구성원들의 활동 결의도 높았으나, 활동의 물리적인 조건은 몹시 어려웠다.

대중화하는 농민운동과 학생운동

1946년 10월 항쟁을 계기로 1947년 이후 대구 인근 농촌 지역의 대중운동은 오히려 강화되었다. 당시 남로당 활동가였던 이일재는 "대구·경북에서는 남로당에서 당원 배가 운동을 벌이자 한 달 만에 배가를 이루었다. 면장, 동장이 당원인 경우도 많았고 행정구역마다 세포 없는 곳이 없었다"라고 했는데,[40] 대구 인근 농촌에 거주했던 다른 구술자들도 이와 비슷한 증언을 했다. 다음의 구술은 당시 농촌 지역의 분위기를 보여준다.

그 무렵 우리 마을에는 열아홉 살에서 스물두 살 사이의 청년이 20~30명 있었어요. 마을 출신인 대구사범학교 학생 두 사람이 국민학교에 2년 과정으로 보습과를 만들어 사상을 전파했지. 48년에 보습과 1회 졸업생이 나왔어요. 1회 졸업생은 20명도 채 안 되었지만, 전부 사상가였어요. 빨갱이 면책(면 책임자)도 거기서 나왔어요. 보습과 졸업생들이 평소에는 개울가에 청년들 모아놓고 교육시키고, 낮에는 농사짓고, 밤에는 빨갱이 일 하고. 청년들은 좀 똑똑한 사람은 전부 거기 심부름을 했지. 산에 들어간 사람도 있었고.

- 달성군 서상일, 2015년 7월 4일

10·1사건 때는 폭동만 났지 나서서 좌익 활동하는 사람이 없었지. 10·1사건이 진압되고 난 다음에 10·1사건에 나섰던 사람들이 조직을 하더라. 우리도 같이 손잡고 한번 해보자며 보따리 차고 나서서 경찰 모르게 마을마다 숨어다니며 누구에게든 선전하고 도장 찍고 남로당 가입하라고 야단이었지. '공산주의 사회 되면 토지를 무상분배한다, 잘사는 사람 못사는 사람 없이 평등 세상 되니 살기 좋다'라고 선전했는데, 이 말 듣고 어느 마을 없이 가구의 한 절반은 남로당에 가입했지.

- 영천군 김○복, 2009년 6월 24일, 진실화해위원회 [41]

10월 사건 때 우리 마을에는 외지 사람들이 들어와 집 한 채 불태우고 갔다. 우리 마을 사람들은 사정을 모르고 가만히 있었어. 1948년 2·7사건 때는 남로당 조직에 마을 사람들도 가담되어서 '이대로 있어서는 나라가 안 된다, 남로당이 무엇인가 해야 한다' 하면서 모여 열을 지어 왔다 갔다 하며 데모도 했다. 그래서 경찰서에서 나와 사람들을 잡아가 때려 패고 그랬지.

- 영천군 조○석, 2009년 4월 16일, 진실화해위원회 [42]

대구 인근 농촌 지역의 마을 조직이 강화된 것은 1946년 10월 항쟁 참여 이후 주민들의 정치의식 각성과 군경의 강경한 진압에 대한 반발이 주요 원인이었던 것으로 보인다. 또한 도시에 머물던 농촌 출신 청년 활동가들이 당국의 탄압 때문에 귀향하여 운동을 펼치는 경우도 늘어났으며, 마을의 친족공동체 관계의 영향으로 마을 유지나 지주가 남로당 활동을 하

면 마을 전체가 한꺼번에 남로당에 가입하는 사례도 많았다.[43]

남로당의 대중조직은 청년과 부녀, 학생 등 다양한 층을 대상으로 이루어졌다. 대중 조직화를 위해 야학을 열기도 했다. 청도군의 구술자 김○희는 1947년에 시집와서 마을 야학에 나간 적이 있다고 했다. 이 야학은 마을의 머슴방과 같은 어느 골방에서 열렸으며, 부녀자들에게 한글과 산수를 가르쳤다. 야학 교사는 외지에서 온 남성이었다. 이 마을에는 청년회도 조직되어 있었다. 구술자의 남편은 청년회에 나갔는데, 청년회 사람들은 한 번씩 모여서 "놀았다". 나중에 구술자의 남편은 남로당 가입 혐의로 국민보도연맹에 가입당한 뒤 1950년 6월 27일 경찰에게 끌려가 학살되었다. 청도경찰서 『대공인적위해자조사표』(1979) 「처형자 명부」에는 그가 1948년 7월에 남로당에 가입했다가 1949년 봄에 자수했으며 한국전쟁 때 처형·총살당했다고 기록되어 있다.[44]

경북 지역에서는 1947년 이후 중학생 사이에도 남로당 활동이 확대되었다. 영덕 지역 구술자 윤○희의 구술을 통해 당시 영덕 지역 중학생들의 상황을 알 수 있다. 영덕 지역은 일찍부터 이기석의 영향으로 해방 직후에 군 인민위원회 활동이 활발했고, 1947년 이후에는 남로당 활동이 활발했다. 이 지역에는 이기석의 집안인 영천 이씨 가운데 남로당 관련자가 많고 그 자녀들도 남로당 조직에서 활동하는 경우가 많았다.

1947년 봄, 당시 중학교 1학년에 재학 중이었던 윤○희는 영덕 지역 중학생들의 상황을 구술했다. 구술자의 학급에서는 신탁통치 찬반을 중심으로 좌익 학생과 우익 학생의 패거리가 나뉘었다. 좌익 학생들은 신탁통치 문제뿐 아니라 미국에 대해서도 인식을 달리하고 있었으며 애국가도 다르게 불렀다. 우익 집안의 자녀인 구술자는 이런 점에 반발했다.

한 반에 우익과 좌익이 거의 반반이에요. 좌익 학생들은 무조건 신탁통치

지지해야 된다 하고. 미군이 들어서 우리나라가 어떻고 저떻고 이런 이야기를 하고. 애국가를 불러도 "조선 사람 조선으로 길이 보전하세", 이렇게 부르고. 그 애들이 그렇게 부르면 나는 벌떡 일어나서, "선생님, 지금 '조선 사람 조선으로', 부르짖는 것, 누가 그랬는지 아세요?"라고 항의하고 그랬거든요.

_ 윤○희, 2012년 11월 7일

좌익 학생과 우익 학생들은 각각 별도의 아지트를 갖고 활동했다. 좌익 학생들은 밤마다 자신들의 아지트에 따로 모여 회의했고, 새로운 회원을 모집하려고 노력했다. 학생들은 자신의 부모나 집안의 영향으로 좌익 활동을 하기도 하고 학교 안의 교우관계를 통해 조직에 가입하기도 했다.

정 아무개라고 전교 1등 하고 똑똑한 애가 있었는데 학교 전체에서는 걔가 주동이었어요. 우리 반은 ○순이가 시초야. 그 애는 똑똑하고 조숙했어요. 그때 서양문학 소설책을 읽고 반 아이들에게 이야기를 해주니 애들이 얼마나 좋아하는지. 애들이 모여서 그걸 듣고 모두 걔 편이 되고. 그렇게 좌경 멤버 만들어서 선전하고, 저거끼리 밤에 ○○마을로 올라가 회의하고 이랬거든요. ○순이 편에 친하면은, 아이고, 조것은 빨갱이 물이 들었다, 그런 식이었지요.

_ 윤○희, 2012년 11월 7일

연구자 이윤갑이 조사한 경북 성주 지역의 사례를 보면, 성주 지역에서도 비슷한 현상이 있었다. 당시 남로당 성주군당은 학생들 가운데서 당원을 확보하기 위해 노력했다. 이윤갑이 만난 성주군의 구술자에 따르면, 이 지역 출신의 청년 인재들이 모이는 성주공립농업중학교에서는 교사 2명이 좌익 사상을 가지고 있어 이들의 영향으로 좌익 활동을 하는 학생이 약 40~50명 정도 있었다. 학생들은 3학년 때부터 좌익·우익으로 나뉘었으며, 구술자가 재학 중이던 4학년에는 두 학급의 3분의 1 정도, 20명 이상 되는 학생이 좌익에 속했다. 좌익 학생들은 밤에 삐라를 붙이거나 학교에 인민군 깃대를 꽂는 등의 활동을 했다.[45]

3 대중운동의 탄압과 무장투쟁의 발전

당국의 탄압과 통제

대구 지역에서는 1946년 10월 항쟁 이후 대대적인 탄압이 있었음에도 1948년 상반기까지 진보적 대중운동이 활발하게 전개되었다. 그러나 미군정과 경찰의 탄압은 계속되었다. 경찰은 1947년 5월 19일에는 민청 사무실을 습격하여 민청을 해산시켰다.[46] 8월 12일에는 8·15를 앞두고 좌파 정당과 사회단체 간부 400여 명을 체포했다.[47] 11월 초에도 대구를 비롯한 경북 도내 전역에 걸쳐 좌익 간부 300여 명을 체포했다.[48] 1948년 '2·7총파업 투쟁' 직후에는 대구·경북 도내에서 1,800여 명이 체포되었고, 그 가운데 500여 명이 송치되었다.[49]

농촌 지역의 주민 감시와 통제 또한 강화되었다. 다음의 사진은 1947년 5월 10일 경북 영천군 화북면장이 발행한 등록표다. 등록표에는 "귀하를 보호하기 위하여 귀하가 남조선의 합법적 주민임을 증명함"이라고 적혀 있다. 이 등록표는 당국에서 '합법적 주민'과 '불법적 주민'을 구분하기 위해 발행한 것으로,[50] 주민등록증의 전신이라 할 만하다.

이 무렵 농촌 지역에는 도시와 달리 민간인 집단학살 사건도 일어났다. 대표적인 사건으로는 영천군 고경면 서당산 사건을 들 수 있다. 1947년 8월 중순경 영천에서는 10월 항쟁 참가자와 일부 마을의 유지들이 경찰과

영천 화북면장이 발행한 등록표.
© 김득중 외

서북청년단 단원들에게 강제 연행되었다. 그들은 영천경찰서에 구금되었다가 트럭 1대에 실린 채 고경면 창하리 서당산(현재 3사관학교 영내)로 끌려가 사살되었다. 당시 가족들은 사건 현장에서 시신을 수습하면서 수십 명의 시신이 엉긴 채 가마니에 덮여 임시로 매장되어 있던 것을 목격했다고 한다.[51] 진실화해위원회 조사에서 경찰 측 참고인들은, 당시 일선 경찰서의 경찰들은 재판이나 별다른 절차 없이 민간인을 사살하는 일이 흔했다고 증언했다.

1946년 10월 항쟁 후에는 서북청년단이 대구·경북 지역으로 들어오면서 폭력적인 반공주의가 퍼지기도 했다. 당시 서북청년단원인 이○규는 이미 10월 항쟁이 일어날 무렵에 서북청년단원 100명이 대구에 들어와 있었으며, 대구역 근처 적산가옥을 서북청년단 경상북도 본부 사무실로 사용했다고 증언했다.[52] 서북청년단은 대구 외에도 영천, 경주, 예천 등 경북 각지에 들어가 각 군 지역에 본부를 두고 활동했으며, 총을 들고 다니며 민간인을 즉결처형하기도 하고, 가옥 방화, 주민 재산 탈취, 성폭행 등으로 주민들에게 피해를 주었다.[53]

지방 보수세력의 강화

지방 보수세력의 조직도 확대 개편되었다. 독립촉성대구시국민회, 한민당 대구시지부도 조직을 확대하고 반공 우경화해갔다.[54] 우익조직의 테러도 빈번했다. 지방 우익들은 1946년 10월 항쟁 전에는 세력이 그다지 강하지 않았으나, 10월 항쟁 진압을 계기로 독립촉성국민회 지부를 정비하면서 지역 내 중요한 권력이 되었다.[55]

독립촉성국민회는 1946년 10월 항쟁 전에 산하 단체였던 독립촉성국민회 청년단을 마을 단위까지 정비하고 경찰의 비호 아래 준군사조직으로 양성했다. 이외에도 지역마다 다양한 우익 청년단체를 만들었다. 우익 청년단원들은 항쟁 관련자를 토벌할 때 경찰의 보조 역할을 할 뿐 아니라, 신규 경찰력 양성의 토대가 되었고 지방 보수세력의 사조직 역할을 했다. 1947년 예천군 대동청년단원으로 활동하다가 1년 뒤 경찰에 임용된 최○○은 "예천에서 대동청년단은 10·1사건 뒤에 만들어졌다. 1947년 가을부터 각 면 단위로 단원을 2명씩 뽑아서 석 달 동안 용문사에서 훈련했다. 청년단원 중 몇 명은 경찰서장이 추천하여 경찰로 임용되기도 했다"라고 구술했다.[56]

우익 학생조직의 활동도 강화되었다. 1947년 7월에 이철승의 주도로 전국학생총연맹(이하 전국학련)이 결성되었으며, 이 단체는 독립촉성국민회 청년단처럼 당국의 비호를 받고 활동을 점차 강화했다. 이에 따라 진보계열의 학생연합 조직인 민주학련과 전국학련 사이의 대립이 격화되었고 학생들 사이에 테러 행위가 빈번히 일어났다. 1947년 대구 지역에서는 민주학련 간부인 대학생이 우익 쪽에 의해 암살당한 사건이 일어난 뒤, 전국학련 위원장 김일용(대구농과대학 학생)이 암살당하는 사건도 있었다.[57]

이런 대립은 대구 지역뿐 아니라 경북 농촌 지역에서도 일어났다. 영덕의 구술자 윤○희에 따르면, 당시 영덕에도 전국학련이 구성되어 있었다. 영덕에서는 영천 이씨 집안 자녀들은 좌익 활동을 많이 했지만, 독립촉성국민회 간부들의 자녀는 전국학련에서 활동하는 경우가 많았다. 지역 보수단체 간부 집안의 자녀인 구술자 윤○희는 당시 ○○중학교의 전국학련 구성원으로 활동하고 있었다. 당시에는 교실 안에서도 우익과 좌익의 대립이 심각했다.

> 우리는 진짜 치열했어요. 열네댓 살밖에 안 됐는데도 어쩜 그렇게 사상에 치열했는지, 눈만 뜨면 우리는 우리끼리 쑥덕거리고 저거는 저거끼리 쑥덕거리고 이랬어요. 그때는 좌익 애들이 눈엣가시 같았어요. 그런데 희한하게 공부 악착같이 하고 똑똑한 애들은 전부 저쪽이야. 우리같이 그저 놀기 좋아하는 애들은 우익이고. 진짜 그렇더라구요.
>
> _ 윤○희, 2012년 11월 7일

좌우 대립은 10대 중학생들의 일상적인 대화나 문화에 영향을 미쳤던 것이다. 그리고 물리적 폭력으로도 나타났다. 구술자는 자신뿐 아니라 오빠도 전국학련 조직의 간부로 활동했는데, "시외버스 정류장에 대기하고 있다가 타지에서 영덕을 거쳐 가는 학생들이 있으면, 사상을 물어서 불신하는 애들은 전국학련 학생들이 끌고 가서 때리곤 했다"라고 말했다. 구술자는, 자신이 다니던 학교의 민주학련 소속 학생들은 나중에 대부분 입산하거나 한국전쟁 시기에 인민의용군으로 입대했다고 했다. 반면 전국학련

소속 학생들은 경찰에 투신한 경우가 많았으며, 자신의 오빠는 한국전쟁 직전인 1949년에 CIC(미군 방첩대)에 들어갔다고 했다.[58]

영덕 지역의 사례는 농촌 지역에서 이념 갈등이 가문 간의 갈등과 연결되고, 자녀들의 갈등으로 대물림되는 과정을 보여준다. 그리고 중학생 또래의 패거리 갈등이 국가와 사상이란 명분으로 생사를 건 물리적이고 폭력적 갈등으로 전화하는 과정을 보여준다. 1948년경 농촌 지역의 마을 단위까지 우익조직의 토대가 마련되면서 마을공동체는 점차 좌우로 분열되어갔다.

남한 단독선거와 단독정부 반대 운동

미국과 소련 양국은 1946년 5월에 결렬되었던 미소 공동위원회를 1947년 5월 20일에 재개했다. 그러나 미소 공동위원회는 다시 성과 없이 무산되었다. 그 후 1947년 11월에 유엔은 인구 비례에 의한 남북한 총선거 실시와 유엔한국임시위원단 파견을 결정했다. 소련과 북한이 이 결정을 거부하자, 2월에는 유엔 소총회에서 미국이 제안한 남한만의 총선거 실시안을 결정했다. 이에 1948년에는 한반도 분단으로 이어지는 남한만의 단독선거 단독정부 반대 투쟁이 전개되었다. 1948년 2월에는 유엔한국임시위원단 파견을 반대하여 '2·7총파업 투쟁'이 일어났고, 뒤이어 제주도에서 4·3항쟁이 일어났다. 그리고 이어서 5·10선거를 반대하는 단독선거 단독정부 반대 투쟁이 전개되었던 것이다.

농민들의 대중운동은 1948년 '2·7총파업 투쟁'과 5·10선거 반대 운동 시기에 더 활발하게 펼쳐졌다. 지역민들의 다음 구술을 통해 농촌 지역에서 일어난 단독선거 반대 운동의 양상을 알 수 있다.

1948. 2. 7 ~2. 10 (2·7총파업 투쟁)	노동 부문은 철도노조 보선구 전원 250명을 선두로 변전소, 군시제사郡是製絲 메리야스, 동방견직, 남선제철 금속공장 등이 파업에 참여했다. 『민성일보』를 제외한 전 신문이 파업으로 휴간했다. 달성광산 광부 7,800명과 가족 2천 명이 시위를 벌였다. 각급 학교 학생들이 동맹휴학을 했다. 시가 행진은 7일에 30개소, 8일과 9일에 각 15개소에서 있었고 총인원 5만 5천 명이 참여했다. 삐라 10만 매가 살포되었다.[59]
1948. 3. 22 (3·22 총파업 1주년 투쟁)	대구 시내 곳곳에서 단독선거 반대 시위를 전개했다. 대구중공업과 대구방직 등의 노동자들은 단독선거 반대, 유엔한국임시위원단 반대, 임금 인상을 요구하는 파업을 했다.[60]
1948. 4 ~1948. 6 (5·10선거 저지와 단독정부 반대 투쟁)	선거인 등록이 시작된 3월 30일부터 5월 5일까지 대구에서 35건의 선거사무소 파괴, 개인 습격 등이 일어났다.[61] 5월 1일~5월 말 사이 산발적 시위가 있었고 각급 학교 학생과 교원이 동맹휴학했다. 5월 8일 전평 '조선 단독선거 단독정부 반대 투쟁 총파업위원회'가 주도하는 총파업에 전매국, 은행, 대구방직, 남선전기 노동자들이 참여해 단독선거 반대, 미소 양군 동시 철수, 남북협상 지지 등을 주장했다.[62] 대구부청·식량사무소·토지행정처·법원·검찰청·우편국·전매국 등 각처에 단독선거 단독정부 반대 삐라가 살포되었다. 신천동 변전소에서 변압기가 파괴되었다. 민성일보사 공장에 수류탄이 폭발했다.[63] 5월 7일에서 11일 사이, 경북 지방은 우익 26명(피살 8명, 부상 18명), 좌익 24명(피살 20명, 부상 4명)의 사상자가 발생했으며, 177명의 좌익이 체포되었다. 경찰서 습격 5회, 기관차·철도 파괴 19회, 파업 11회, 투표소 공격 13회 등의 사건이 있었다.[64] 6월 8일, 대구 계산동, 봉산동, 대봉동, 덕산동 등 시내 중심가에서 산발적으로 시위가 일어났다.[65]

〈표 4-2〉 1948년 상반기 대구·경북 지역의 운동 상황

5·10선거 할 때 가창면민 전체가 반대했어요. 선거 안 할라고 어느 동네 막론하고 모두 산으로 다 갔잖아. 우리 마을 사람들은 앞산 감태봉으로 올라 갔어요. 당시 정치가 정상적인 정치가 아니었어요. 우리는 농촌에서 일만 하고 살았지 운동도 모르고 사상도 몰랐는데, 5·10선거를 강압적으로 하니

까 마을 지식층들이 앞장서서 반대했고 우리도 따라서 반대했지.

_ 달성군 서상일, 2015년 7월 4일

5월 10일 선거날 선거 반대한다고 마을 사람들은 전부 산으로 갔어. 남로당 사람들이 선거하지 말라고 해서 10대인 우리도 따라갔고. 아(아이)들만 남고 동네를 비워버렸어.

_ 칠곡군 이수천, 2013년 7월 19일

이러한 저항이 있었으나, 1948년 5월 10일 제헌국회를 구성하기 위한 남한만의 단독선거가 계엄령 아래 치러졌다.

연구자 김진웅은 5·10선거 당시 경찰과 우익 청년단체의 폭력에 대해 연구한 바 있다. 그의 연구를 참고하여 5·10선거 당시 당국의 탄압 상황을 정리해보면 다음과 같다. 유엔한국임시위원단 보고서에 따르면, 1948년 4월 1일자 남한의 추정 총인구는 1,994만 7천 명, 1947년의 전국적인 주민(성인) 등록으로부터 유추된 전체 인구 대비 성인 비율 49.3퍼센트에 기초한 총유권자 수는 약 983만 4천 명이었다. 그리고 유권자 등록 기간인 4월 5일부터 10일 사이에 전체 유권자 수의 79.7퍼센트에 해당하는 783만 7,504명의 유권자들이 등록했다.[66] 유엔한국임시위원단이 전국을 돌면서 조사한 바에 따르면, 이렇게 등록률이 높게 나온 것은 경찰이 주민들에게 유권자 등록을 거부하면 쌀 배급증을 빼앗아버릴 것이라고 위협했기 때문이다. 선거에는 독립촉성국민회 등 우익인사들이 입후보했으며, 각 지역 선거관리위원회도 우익인사들이 경찰과 협조체제를 구축하여 장악하고 있었다. 4월 21일에는 미군정의 승인 아래 경찰이 우익청년단 단원을 포함하여 민간인 약 100만 명을 동원하여 비공식적 치안대인 향보단을 조직했다. 유엔한국임시위원단의 조사에 따르면, 선거 당일에는 경찰관과 향보단 단원이 유권자들의 집을 찾아다니면서 투표 여부를 조사했다. 제복을 입은 경찰관들과 곤봉으로 무장한 향보단 단원들은 투표소와 입후보자들의 집을 경비했으며, 투표소 안에도 들어가 있어 일부 투표소에서는 비밀투표가 불가능했다. 이러한 상태에서 선거 당일인 5월 10일 전체 등록 유권자의 95.2퍼센트에 해당하는 703만 6,750명이 투표권을 행사했다. 5·10선거는 계엄령의 서슬 아래 경찰과 우익 청년단체의 폭력 속에서 치러졌다.[67] 전국적으로 당선자의 정당·사회단체별 분포를 보면, 전체 국회의원 200명 중에서 무소속이 85명(득표율 38퍼센트), 독립촉성국민회가 55명(득표율 24.6퍼센트), 한민당이 29명(득표율 12.7퍼센트), 대동청년단이 12명(득표율 9.1퍼센트) 등이었다.[68] 대구에서는 3개의 선거구에서 한민당이 전원 당선되었다.[69]

정당/단체	득표수(득표율)	의석수(비례대표)
무소속	2,745,483 (38.0)	85
대한독립촉성국민회	1,775,543 (24.6)	55
한국민주당(한민당)	916,322 (12.7)	29
대동청년단	655,653 (9.1)	12
조선민족청년단	151,043 (2.1)	6
대한독립촉성농민총연맹	52,512 (0.7)	2
대한노동총연맹	106,629 (1.5)	1
기타	1,813,757 (11.3)	10

〈표 4-3〉 제헌국회(1948년 5월 31일~1950년 5월 30일)의 구성
출처: 대한민국 국회 홈페이지

그러나 많은 사람이 선거를 거부했다. 경상북도 선거위원회가 밝힌 대구 지역민의 5·10선거 기권율은 22퍼센트였다.[70] 5·10선거를 전후한 4월 30일부터 5월 10일 사이에 경북 지역에서 발생한 410건의 소요와 폭력 사건에 관련되어 좌익인사 1,762명이 체포되었다.[71] 6월에는 경북도청과 대구부청 직원 60여 명이 체포되었다.[72] 5월 8일 대구방직공장에서는 파업 중 노동자 1명이 경찰에게 사살되었다.[73] 진실화해위원회 보고서에는 대구 인근 지역의 농민들이 5·10선거 반대 활동을 벌이다 학살된 사건에 대한 기록도 있다. 1948년 5월 달성군 가창면 용계동 청년 10여 명은 굴골산 중턱에 있는 농가에 모여 5·10선거를 반대하는 모임을 가졌다. 5월 11일, 경찰은 이들을 체포하기 위해 출동했고 농민 3명이 경찰의 총격을 받아 사망했다. 당시 수성구 상동에도 토벌대가 청년들을 잡아들이는 일이 있었다.[74] 1960년에 작성된 제4대 국회 『양민학살사건 진상조사보고서』에는 1948년 5월 12일, 5·10선거 직후에 팔공산 인근에 살던 농민 3명이 경찰에게 학살된 사례가 기록되어 있다.[75]

무장투쟁의 발전, 야산대에서 유격대로

1946년 10월 항쟁 이후 군경의 폭력적 진압이 극에 달하자 경북 농촌 지역의 주민 상당수는 낮에는 인근의 산으로 피신하고 밤에 마을로 내려오는 생활을 했다. 군경의 강경한 진압은 항쟁에 자발적으로 나섰던 청년들이 입산하거나 남로당에 가입하게 되는 동기로 작용했다. 입산자 중 일부는 야산대를 조직했다. 대구 인근 경북 지역의 야산대는 항쟁 직후에 형성되었던 것으로 보인다. 영천에서는 1946년 10월 15일경 대창면 신광동의 하곡 수매 공판일에 '공비' 수십 명이 출몰하여 농민을 선동하며 공출하지 말라고 협박했다는 기록이 있다.[76] 칠곡에는 10월 항쟁을 주도했던 약목면 청년 6~7명이 항쟁 직후 유학산으로 입산해 활동했는데, 야산대원 중에 '홍포수'라는 인물이 유명했다고 한다.[77] 성주에서는 입산자들이 초전면, 벽진면, 금수면 일대의 산간지대에 근거지를 마련하고 활동했다. 성주 북서쪽에는 백마산과 고당산 등이 있고 남서쪽은 경남 가야산으로 이어지는데, 입산자들의 아지트는 성주 북서쪽의 백마산과 고당산 사이에 있는 용암2리 어굴청에 자리 잡고 있었다.[78] 그 밖에도 많은 청년이 팔공산과 비슬산 등 대구 인근의 산에 입산했다.

야산대는 1948년 2·7총파업 투쟁 직후 대구사범학교 출신인 서억균 등 남로당 영천군당 간부 7명이 영천 보현산으로 입산한 뒤, 이 '용감한 7인조'에 의해 경북 최초의 남조선 인민유격대로 조직되었다. 이일재의 증언록 및 구술에 따르면, 영천군당의 선전책, 청년책, 부조직책 등 7명은 1946년 10월 항쟁 때 경찰에게 쫓겨서 산으로 들어갔다가 내려온 뒤 1948년 2·7총파업 투쟁 때 고경지서를 습격한 다음 '구식 총 서너 자루를 들고' 보현산으로 다시 들어가 있었다. 경북도당에서는 '지금 무장투쟁을 하는 것은 인민과 괴리되는 파괴적인 행위를 하는 것'이라고 판단했다. 그래서 이일재를 남로당 영천군 조직책으로 임명하여 영천으로 파견한 뒤 그 7명을 제명 처분하라고 지시했다. 이일재는 고경면으로 들어가자마자 영천군 총무부책 안경수와 함께 경찰에 체포되어 도당의 명령을 수행하지 못했는데, 3월에 풀려나서 보니 그사이에 당의 결정이 바뀌어 있었다. 즉 당에서는 2·7총파업 투쟁 후 탄압이 강화되자 무장투쟁을 지지하고 '남조선 인민유격대'를 조직하는 것으로 방침을 바꾸었고, 영천의 '용감한 7인조'를 도당으로 소환한 뒤 봉화군으로 보내 그쪽 지역에서 유격대를 새로이 조직하게 했다는 것이다.[79]

영천에서 자연발생적으로 형성된 야산대가 최초의 유격대로 조직된 뒤, 영천 유격대가 다른 군에 유격대원들을 파견하여 그곳에서 유격대를 조직했다. 당시 영천은 군당이 의성군당과 함께 경북도당에서 1급당으로 인정받을 정도로 주민들 사이에 남로당 활동이 활발했다. 여기에는 전통적인 씨족관계도 영향을 미쳤다. 마을 유지나 지주가 인민위원장을 맡거나 남로당 활동을 하면 마을 전체가 남로당에 가입하기도 했다. 광주 안씨 집성촌인 영천 금호면 도남동과 영천 황보씨 집성촌인 영천 화북면 구전동, 경주 김씨 집성촌인 영천 북안면 북동이 대표적이다.[80]

당시 남조선 인민유격대는 전국을 5개의 유격지구로 나누어 경주, 영천, 영일, 청도, 양산을 중심으로 형성된 유격지구를 '영남유격지구'라고 했으며, 영남유격지구는 보현산에 거점을 두고 있었다. 그 뒤 경상북도 유격대는 경북을 남부, 동부, 북부의 세 블록으로 나누었는데, 영천은 남부지구 유격대에 속하면서 청도와 함께 거점 지역이 되었다.[81]

결국 미군정의 탄압 때문에 합법적 대중운동이 가로막히고 청년들 사이에서 자연발생적으로 무장투쟁이 발전함에 따라 점차 운동의 중심이 도시에서 농촌으로, 평지에서 산지로 이동하는 경향이 나타났다.

4   대중운동의 재편과 좌우의 분열

이 무렵 대구·경북 지역 사회운동의 특징을 살펴보면, 첫째, 1946년 9월 총파업의 주축이었던 노동운동은 1947년 3·22총파업, 1948년 2·7총파업, 5·8총파업 등을 벌였으나, 당국의 집중적인 탄압으로 조직력이 약해졌다. 주요 노조들은 계속 탄압을 받아 1948년 후반에는 소수의 비합법 세포조직만 남게 되었다.

그 대신 10월 항쟁에 선도적으로 참여하여 항쟁의 열기를 몸으로 겪었던 학생들의 대중운동은 성장했다. 학생들은 1947년 2월부터 국대안 반대 운동을 벌였고 이어서 3월에는 노동자와 학생이 함께 3·22총파업을 벌였다. 봄에는 민주학련 산하 지역연합 조직을 결성하여 미소 공동위원회 속개 요구 투쟁을 전개했다. 당시 민주학련은 공개적인 대중조직 연합체라기보다는 남로당의 외곽 단체로서 당에서 파견한 오르그가 지도하는 비공개 정치 대중조직에 가까웠다. 그러나 대구 지역의 거의 모든 중학교에 조직이 구성되어 있었고 학생의 참여도가 높았다.

청년운동 부문에서는 대구민청이 1947년 5월 미군정의 명령에 따라 해산된 뒤 재조직된 민애청이 진보세력의 전위대로 활동했다. 민애청 구성원들은 나중에 합법적 활동이 완전히 봉쇄되고 남로당의 활동이 무장투쟁 중심으로 전환한 뒤에는 상당수가 입산하여 유격대 활동의 중심세력이 되었다.

농촌 지역의 농민운동도 강화되었다. 농민들은 10월 항쟁 시기까지 주
도적이었던 지역 인민위원회 대신, 지역 남로당 조직을 중심으로 활동했
다. 10월 항쟁 참여 후 정치의식이 각성된 청년들은 마을에 야학을 설립하
고 주민들을 조직하면서, 1948년 2·7총파업 투쟁과 5·10선거 반대운동
을 대중적으로 벌였다. 그리고 군경이 진압 작전을 강경하게 펼치자 일부
는 거주지 인근의 산으로 들어가 야산대를 조직했다. 경북 지역의 야산대
는 1946년 10월 항쟁 직후에 형성되어 1948년 2·7총파업 투쟁 직후 남조
선 인민유격대로 조직되었다. 이처럼 미군정의 탄압으로 인해 도시의 사
회운동보다 농촌의 사회운동이 점차 더 강화되었다. 합법적 대중운동이
당국의 탄압으로 가로막히자 야산대가 결성되고 청년들 사이에서 자연발
생적으로 무장투쟁이 발전했다.

조선공산당 중앙조직은 1946년 9월에 조선인민당, 남조선신민당과 3당
합당을 결의하여 남로당을 결성했고, 대구의 지역 조직도 남로당으로 전
환했다. 애초에 진보세력 안에 분파 갈등이 별로 없었던 대구에서는 3당
합당도 큰 갈등 없이 진행되었다. 남로당은 전위정당이 아닌 대중정당을
표방하며 결성된 정당으로, 결당 후 당원 배가 운동을 벌이면서 당 조직을
대중정당으로 만들려고 노력했다. 실제로 대중의 지지도도 상당히 높았
다. 그러나 미군정의 탄압과 당 활동 방식의 한계 등 주관적·객관적 조건
때문에 합법적 대중정당으로 나아가지 못했다. 통일전선조직인 민전도 대
중의 지지를 받았으나, 대중조직의 실질적 지도부가 되지 못하고 행사 개
최를 위한 한시적 투쟁기구 역할에 머물렀다.

10월 항쟁의 여파로 핵심 활동가층에 변화가 생겼다. 10월 항쟁 이전의
핵심 활동가들은 10월 항쟁 후 구속되거나 피신하면서, 비교적 피해를 당
하지 않은 원로 활동가와 해방 후 새롭게 성장한 세대들이 지역운동의 중
심이 되었다. 그리고 남로당 결당 이후 지역의 진보운동이 중앙조직에 종

속되며 전국 네트워크에 편입되는 경향이 강화된 것으로 보인다. 이것은 그 후의 지역 진보세력의 운동이 이전의 운동보다 더 급진화한 원인으로도 보인다.

지방 보수세력의 조직도 강화되었다. 지방 보수세력은 농촌의 마을 단위까지 우익 청년단체를 만들어 준군사조직이자 사조직으로 육성했다. 서북청년단이 외부에서 들어와 폭력적인 반공주의가 퍼지기도 했으며, 경찰의 토벌 과정에서 민간인 집단학살 사건도 있었다. 우익 학생조직인 전국학련(전국학생총연맹)이 결성되어 진보계열의 학생 연합조직인 민주학련과 대립했다. 1948년경에는 농촌의 마을공동체 단위까지 우익 조직의 토대가 마련되면서 지역민들은 좌우로 분열되어갔다.

1947년 이후 지역 진보세력에 대한 미군정의 탄압은 더 심해졌다. 1948년 5·10선거 전후에는 대구·경북 지역에서 발생한 410건의 소요와 폭력 사건에 관련되어 좌익인사 1,762명이 체포되었다. 농촌에는 민간인 학살 사건이 일어나고 주민 감시와 통제가 강화되었다. 지역 진보세력은 탄압에 맞서 1948년까지 계속 단독정부 저지 운동을 펼쳤으나, 결국 분단 체제로 치닫는 상황을 저지하지 못했다.

산으로 간 청년들과 작은 전쟁

"군인들이 와서 '빨갱이 밥해줬제' 하면서
눈에 보이는 대로 물에 처넣고 했어. 마을 바로 앞의 못에.
우리가 죽지 않고 겨우 살아남기는 했지만, 고통을 많이 받았지요.
서북청년단이 동네에 와가지고 다니면서 빨갱이를 만들었어요.
와서 무조건 두드려 패니 매에 못 이겨 산에 가버린 사람도 있어요."

5장에서는 1948년 8월 정부 수립 후부터 한국전쟁 직전까지 비합법 무장투쟁이 중심이 되던 시기, 대구·경북 지역의 진보적 사회운동 상황을 알아보고자 한다. 그리고 구술 자료를 바탕으로 경북 농촌에서 있었던 빨치산과 군경 간의 지역 내전과 이중권력 상황을 살펴보고, 그 시기 지역민들이 이 상황을 어떻게 받아들이고 경험했는지 해석해보았다.

진보세력은 정부 수립 후부터는 극심한 탄압 때문에 합법적인 대중운동이 사실상 불가능해졌다. 이에 따라 영남과 호남 일대에서는 군마다 인근의 산을 거점으로 유격대(빨치산)가 형성되었고, 무장투쟁이 활동의 중심이 되었다. 정부는 군경 토벌을 강화했으며, '작은 전쟁'이라 불리는 지역 내전이 일어났고 민간인 학살 사건도 자주 발생했다.

그간 이 시기를 다룬 '아래로부터의 지방사' 연구는 대체로 민간인 학살 사건의 배경이 된 지역사적 상황을 고찰하면서 마을 주민과 지방 좌익, 지방 우익과 군경의 관계를 피해자 대 가해자의 이분법으로만 고찰하는 경향이 있다. 또한 빨치산도 일종의 단일한 거대행위자 집단으로서 고찰하고 있다.

이 글은 지금까지의 연구들과는 달리, 지역 내전과 이중권력 아래에서 지역 주민 내부의 다양성, 중복성, 유동성 등에 주목했다. 특히 지방 좌익과 빨치산 내부에도 다양한 층이 존재하며, 마을 주민과 빨치산 상층부를 매개하는 중간층이 존재했음을 주목해보았다. 주로 10대~20대 청년층이었던 그들은 '낮에는 군경이 지배하고 밤에는 빨치산이 지배하는' 이중권력 아래에서 군경과 빨치산 양측에게 동원되는 모순된 위치에서 생활했다. 그들은 상층부의 이념적으로 정비된 집단과 달리 이념적 성향은 불분명했으나, 이 시기 대중운동의 토대가 되는 집단이었다. 이 장에서는 일반 대중과 조직 대중을 매개했던 이 중간 매개자층의 경험과 그들의 모순된 위상을 드러내는 데 주력하고자 한다.

1 대중운동에서 무장투쟁으로

대구 제6연대 사건과 유격대의 형성

정부 수립 후 대구 도심지에서 대중 정치집회나 시위, 또는 파업이 일어난 사례는 거의 보이지 않는다. 반면 무장투쟁은 남로당의 새로운 투쟁전술로 자리 잡게 되었다.

1946년 10월 항쟁이 격렬하게 일어났던 대구 인근의 농촌 지역에는 항쟁 직후부터 야산대가 조직되었다. 야산대는 1948년 2·7총파업 투쟁 직후 남조선 인민유격대로 조직되었고, 유격대의 활동은 대구의 국방경비대 제6연대 군인들이 봉기를 일으킨 '대구 제6연대 사건' 이후 더 강화되었다. 제6연대는 해방 직후 하재팔을 중심으로 진보적 청년들이 모여 조직한 국군준비대 경상북도 사령부(이하 경북국군준비대)를 모태로 했다. 1946년 1월, 미군정이 국군준비대를 불법단체로 몰아 해산시키고 국방경비대를 창설하자 하재팔은 육군사관학교의 전신인 군사영어학교를 수료하고 육군 참위(소위)가 된 뒤 경북국군준비대 대원들을 모아 대구에 설치된 제6연대 창설 멤버로 들어갔다. 제6연대는 연대장부터 인사 담당 하사관에 이르기까지 진보 성향의 인물들이 주축을 이루었다.[1] 그 뒤 여기에는 1946년 10월 항쟁과 1948년 2·7총파업 투쟁 후에 경찰에게 쫓기는 청년들이 다수 몰려들었다.[2] 그러자 미군정은 국방경비대 안에 자리 잡은 진보적 성향의 군인들을 몰아내기 위한 '숙군'肅軍을 진행했다.

'대구 제6연대 사건'은 제주 4·3항쟁, 여순 항쟁과 연결되어 일어난 사건이다. 남한만의 단독선거 실시·단독정부 수립 반대 운동을 벌이던 제주도민에게 경찰이 발포하고 미군정과 극우 청년단체가 가혹하게 탄압하자, 1948년 4월 3일 제주도에서 무장봉기가 일어났다. 제주도에서 5·10선거가 사실상 제지되자, 미군정은 국방경비대를 동원하여 무장대뿐 아니라 민간인에게까지 초토화 작전을 벌였다. 그 후 제주도에서는 1954년 9월 21일까지 약 2만 5천~3만 명의 민간인이 학살되었다. 1948년 6월 18일에는 일부 국방경비대원들이 제주도에서 초토화 작전을 지휘했던 제9연대장 박진경을 살해하고 입산하여 유격대에 합류하는 사건이 발생했다. 이 사건을 계기로 군대를 대상으로 한 사상 검열과 숙군은 더 강화되었다. 여순 항쟁은 전국적으로 단독선거·단독정부 반대 투쟁이 격렬하게 일어나는 가운데, 국방경비대에 대한 숙군 위협과 제주도 파병이 도화선이 되어 일어났다. 1948년 10월 19일, 제주도 진압을 위해 전남 여수에서 출항 대기 중이던 군인 중 좌익 계열 장교와 사병 2천여 명이 출항을 거부하고 봉기를 일으켰다. 이를 진압하는 과정에서 호남 지역뿐 아니라 지리산 일대에 거주하던 수많은 민간인이 희생되었다.

대구 제6연대 사건은 여순 항쟁 직후 세 차례 일어났다. 1차는 1948년 11월 2일, 당국이 제6연대에 숙군을 시행하자 곽종진 특무상사와 이정택 상사 등 군인 200여 명이 봉기를 일으켰다. 이들은 대구 시내로 진출하여 경찰과 시가전을 벌이다 김천부대와 합류하기 위해 북행했으며, 일부는 북행 도중 지역 민중과 합세하여 몇몇 지서를 습격했다. 결국 봉기를 일으킨 군인 대다수는 미군과 경찰, 다른 지역 경찰 지원부대 등에 체포되었고 주모자 6명은 처형되었다.[3] 2차 봉기는 1948년 12월 6일에 일어났다. 당시 여순 항쟁 진압차 구례, 안의 방면으로 파견된 제6연대 병력 중 한 대대의 지휘관이 좌익 혐의로 구금되고 휘하 부대원 276명은 원대복귀 명령을 받았다. 이에 원대복귀 명령을 받고 귀대하던 군인 40여 명이 대구 성당못 근처에서 무기와 탄환을 실은 차를 끌고 도주했고, 그들을 다른 군인들이 추격하자 교전을 벌였다.[4] 3차는 이듬해인 1949년 1월 30일 포항에 주둔하던 제6연대 제4중대 좌익 사병 일부가 장교를 사살한 뒤 탈주하면서 일어났다. 그 이후 제6연대의 연대장이었던 최남근 중령은 군법회의에서 사형선고를 받고 1949년 5월에 남로당 특수군 책임자 이재복(목사, 1946년 10월 항쟁 당시 대구민전 위원)과 함께 총살되었다. '반란 연대'가 된 제6연대는 1949년 4월에 해체되어 이후 보병 제3사단 제22연대로 흡수되었다.[5]

여수·순천에서는 제14연대 좌익계 군인들이 시작한 봉기에 남로당 지방당의 조직원들과 대중이 자발적으로 참여하면서 민중 항쟁으로 발전했다.[6] 그러나 대구 제6연대의 봉기는 봉기한 군인과 지방 조직이 결합할 여유 없이 조기에 진압되었다. 3차에 걸쳐 봉기를 일으킨 제6연대 군인 280여 명은 무기를 들고 입산하여 경북유격대에 합세했다. 그들은 1949년 여름에 대구사단을 구성하여 태백산, 문수산, 일원산 일대에서 활동했다.[7] 봉기 군인들은 경북 각 군 유격대에도 핵심으로 참여했다. 1차 봉기를 일으킨 곽종진은 달성군당과 결합하여 달성군 유격대를 결성했다. 그는 달성 중석광산 노동자들과 함께 봉기를 일으키고 그들을 유격대에 합류시키기도 했다.[8]

1949년 6월 남로당과 북로당이 합당하면서 '조국통일민주주의전선'이 결성되고 8월과 9월 관공서, 경찰서, 군사령부 등을 전면 공격하는 '9월 대공세'가 전개되었다. 경북의 여러 지역에서 경찰서 습격, 다리 끊기, 열차 탈취 등의 무장투쟁이 일어났다. 대구 인근 지역에서는 1949년 8월 29일 달성군 유격대가 화원지서 뒷산에서 꽹과리를 치고 봉화를 올려 달성경찰서 경찰력을 유인하고 습격하여 총기를 다수 획득한 '화원 사건'이 일어났다.[9] 달성군 유격대는 달성군 가창면 상원동에 위치한 중석광산에 화재를 일으키기도 했다.[10] 1949년 10월 2일 경북도당 유격대가 세 갈래로 나뉘어 동부 블록은 경주경찰서를, 북부 블록은 안동경찰서와 형무소를, 남부 블록은 하양지서를 습격하는 투쟁을 벌였다.[11] 유격대의 무장투쟁은 1949년 7~8월 '아성 공격'과 '9월 대공세' 시기에 정점에 올랐다.

군경의 빨치산 토벌

남한 정부는 1948년 12월에 국가보안법을 제정하면서 빨치산 토벌을 강화했다. 토벌의 주축이 된 세력으로는 경찰, 국군, 서북청년단, 호림부대, 현지 우익 청년단체가 있었다.

경찰의 경우, 1948년까지는 경상북도 제5관구 경찰청 산하 특경대 등이 주력이었고, 1949년 이후에는 경상북도 비상경비총사령부가 설치되어 토벌을 진행했다.[12] 경찰은 각 경찰서 사찰계를 중심으로 지서 경찰과 우익 청년단체 회원, 전향자들로 구성된 특공대를 조직하여 토벌에 나서기도 했다.

여순 항쟁과 대구 제6연대 사건 이후 대대적인 숙군이 진행된 뒤, 새로이 정비된 국군은 1949년 초부터 경북 지역 빨치산 토벌과 민간인 학살의 주요 가해 주체로 등장했다. 일례로 경북 영천의 경우, 1949년 1월에는 국방경비대 제6연대(이후 제22연대로 개편)가 토벌군으로 파견되었고 9월에는 태백산지구전투사령부 소속 제2사단 제16연대와 제25연대가 들어와 작전을 수행했다. 이북 출신 군인들로 구성되어 제6연대에 배속된 속칭 백골부대白骨部隊도 작전을 수행했다.[13] 군 특수부대인 호림부대虎林部隊는 1949년 2월에 서북청년단원 일부를 포함한 이북 출신자 367명을 기간으로 창설되어 거제도와 경북 일대로 파견되었다. 창설 당시 총사령관은 육군본부 정보국 특무과장이었던 한왕룡 소령이었으며 부대장은 강종철 중위였다. 영천에는 1949년 2월 25일부터 호림부대 영천파견대(대장 이덕근)가 각 면에 주둔하면서 토벌작전을 수행했다.[14] 다양한 형태의 현지 우익 청년단체들은 군경의 토벌작전 시 길 안내, 현지 사정 전달, 군경 보조 등 토벌에 중요한 역할을 했다. 이 단체들은 1949년에 대한청년단으로 통합되었다.[15]

군경은 1949년 여름에서 겨울 사이에 빨치산의 9월 대공세에 맞서 합동 토벌작전을 대대적으로 벌였다. 이에 따라 경북 산악 지역에는 빨치산과 군경의 접전이 잦았다.

1949년 대구 지역의 투쟁 활동

1948년에 부분적으로 전개되던 무장투쟁은 1949년부터는 남로당의 주요한 투쟁전술로 자리 잡게 되었다. 이 무렵에도 남로당 대구시당의 활동은 계속되었으나 비공개로 진행되었던 활동 상황을 구체적으로 알기는 어렵다. 다만 『대구시보』 등 신문에 보도된 관련자 검거 기사와 몇몇 구술 증언을 통해 당시 상황을 단편적으로 살펴볼 수 있다.

1948년 12월 말 제6연대 도주 군인 박덕균, 남로당 대구시당 무기획득 총책임자, 남로당 무기 제조과장 등이 12월 19일 대구 시내에서 예정된 군경 친목 합동행진을 틈타 무장봉기를 계획하다가 경찰에 검거되었다.[16] 그리고 대구 계성중학교 교원 세포원 6명이 구속되었다.[17] 1949년 2월 22일에는 삼일절 기념일을 앞두고 경찰이 대구부 각 학교를 포위하고 수업 중이던 학생 100여 명을 연행한 사건이 있었다. 이 사건으로 중학교 교원

21명과 학생 30여 명, 학교 소사 3명 등 50여 명이 검거되었다.[18]

1949년 9월에는 9월 대공세를 맞아 당국의 검거가 더 많아졌다. 9월 초 대구에서 전평 관련자 30여 명이 검거되었다.[19] 9월 중순 경북 전평 서기과 책임자와 경북약품회사, 남선전기, 문경탄광, 달성광산 등 여러 기업체에서 활동하던 18명이 검거되었다.[20] 같은 시기에 대구 철도경찰대 사찰계가 대구 남로당 선전부와 문화부 계통 관련자 60여 명을 체포했다. 여기에는 각급 학교 교원과 금융조합·은행·관공서 등에 근무하고 있던 여성 10여 명이 포함되어 있었다.[21] 11월에는 유격대 무기제조책 검거 사건이 있었다. 경찰은 10월 중순 경북중학교에서 과학 성적이 우수한 학생이 화약을 제조 중이라는 소문을 추적하다가 대구 시내 수십 개소에서 민주군民主軍(제14연대와 제6연대의 반란군을 지칭) 제3사령부 무기제조 참모 겸 경북도당 특수무기 제조부 책임자 외 15명을 검거했다.[22] 11월 18일에는 대구지방법원과 대구검찰청에서 화재가 발생했다. 화재는 법원에 근무하던 전공電工이 남로당의 지령을 받고 방화한 것으로 드러났으며, 방화를 한 3명은 구속되어 몇 달 뒤 사형이 구형되었다.[23] 12월에는 금융기관과 관공서에서 활동하던 남로당 직장 세포원 25명이 구속되었다. 그들은 1948년 2월 중순부터 세포를 만들어 활동했으며, 특히 은행에 근무하는 세포원들은 자금 절취를 계획하고, 관공서 세포원들은 기밀을 탐지하고 중요 시설의 약도를 작성해서 남로당에 제공했다고 한다.[24]

이상의 기사들은 공안 당국의 발표를 바탕으로 한 것이므로 사실관계가 정확하지 않을 수 있다. 다만 이를 근거로 당시의 상황을 단편적으로나마 유추해보면 1949년에도 남로당 경북도당과 대구시당 산하에 직장·공장 세포와 학교 단위의 세포들이 다수 조직되어 있었고, 이 비합법 세포들을 중심으로 유격대의 무장투쟁을 보조하는 활동을 했음을 알 수 있다. 그리고 일반 대중조직 세포보다는 관공서, 은행, 무기 제조 등 특수세포의 활동이 더 강조되었음을 알 수 있다.

1949년 무장투쟁기의 남로당

이 무렵 남로당 대구시당의 조직 체계와 활동 방식은 1949년 11월에 보도된 기사를 통해 짐작할 수 있다. 이에 따르면 당시 남로당 대구시당 당원은 150여 명 정도였다. 당 간부로는 남로당 대구시당 위원장 이천철(31세), 부위원장 양유홍(32세), 위원장 서기실장 정달용(34세), 시당 블록책 최오득(39세), 시당 조직책 손달익(28세), 시당 부조직책 안정환(29세), 문서과책 조택현(35세), 출판과책 최현직(28세), 북구당책 김진원(23세), 북구당 조직책 문종록(33세), 북구당 지도과책 전기락(35세), 동구당 조직책 이윤식(28세), 중구당책 김용식(29세), 남구당책 김종하(45세)가 있었고, 『민성일보』, 경북인쇄소, 태양방직 등의 직역職域 세포책으로는 이성휘(24세), 양유석(21세), 마경초(31세), 강태석(21세), 신개동(24세), 이성로(28세)가 있었다. 그들은 당원들을 지도 교양하는 동시에 파괴당하고 연락이 끊긴 경북도당을 복구하기 위해 투쟁했다. 중요한 투쟁 과업으로 첫째, 조직의 유대 강화, 둘째, 비합법 태세 강화, 셋째, 선전과업의 강화 등을 내걸었다. 그들은 대구시 민주군 투쟁의 강화·연락·식량 보급 사업을 적극적으로 추진하다가 10월에 72명이 검거되었고 이 중 38명이 11월에 구속되었다.[25]

　이 기사를 보면, 1949년의 남로당 대구시당은 동서남북 4개 지구당과 직장 세포책을 중심으로 하는 체계를 취하고 있다. 이는 1946년 10월 항쟁 시기의 조직 체계와 같지만, 청년부, 학생부 등 대중조직을 위한 주요 부서는 없어진 상태이다. 그리고 10월 항쟁 시기에는 당 간부진에 일제강점기에 활동했던 지역 명망가가 상당히 많이 포진해 있었으나, 1949년에는 해방 직후에 활동했던 간부들은 완전히 물러나고 젊고 잘 알려지지 않은 새로운 인물들이 간부직을 맡고 있다. 주요 활동 내용도 새로운 대중조직을 건설하고 강화하는 사업보다는 입산한 경북도당과의 연락을 복구하고 식량 보급, 주요 시설 조사 등 유격대 활동을 보조하고 테러행위를 준비하는 사업에 치중하고 있다.

이와 같은 도시나 마을의 지하활동 조직들은 1949년 겨울부터 1950년 봄까지 전개된 군경의 동계 토벌작전으로 유격대 활동이 위축되면서 대부분 파괴되었다.

2 빨치산과 군경 사이에서

산사람과 들군

무장투쟁이 당 활동의 중심이 됨에 따라 남로당 경북도당의 체계도 농촌의 유격대 활동을 중심으로 바뀌었다. 이일재에 따르면, 남로당 경북도당은 1948년 8월까지 대구 지역의 원로 활동가인 이선장이 입산하지 않고 지하에서 위원장을 맡았다. 그 후 1949년 말까지 중앙당에서 파견된 최운봉이 도당 위원장을 맡았다. 1949년 말에는 도당이 대구시에 발붙이기 힘들어 팔공산으로 입산할 수밖에 없었다. 그러나 형식상 도당이 산에 있을 수 없다 하여 입산한 도당 지도부는 격을 낮춰 '경북도당 팔공산 대행기관'(팔대)이라고 불렀다. 이 무렵의 위원장은 배철이 맡았다. 그 역시 중앙당에서 경북도당 오르그(조직 책임자)로 파견되어온 사람인데, 입산한 상태에서 도당 위원장을 맡아 1950년까지 활동했다.[26]

경북도당의 체계를 보면, 1948년 2월경에는 당위원장 밑에 조직책과 2명의 부조직책이 있고 그 밑에 군마다 오르그가 1명씩 배치되어 군을 지도했다. 그러다가 1948년 6~7월 사이에 3개 군을 하나로 묶어 블록책을 1명 두고 그에게 도당에서 오르그를 보내 지도하는 블록책 구조로 바뀌었다. 1949년 무장투쟁이 본격화되자 경북도당 체계는 경북 전역을 북부, 동부, 남부의 세 블록으로 나누어 각각에 블록책을 두고 1개 블록이 몇 개의 군을 지휘하는 방식으로 다시 바뀌었다. 각 블록에는 도당 소속의 정치위원(코미사르)이 내려갔다. 제1정치위원은 유격대 내 정치공작을 총괄하고, 제2정치위원은 대적 사업을 담당했으며, 제3정치위원은 대민 사업을 담당했다. 입산한 당 조직은 당선과 군사선(또는 블록선)으로 나뉘었으며, 군사선은 각 군 유격대의 연합작전 등을 통괄했다. 그리고 도당에는 도 사령부를 설치하고, 각 지구 블록에는 지구 사령부를, 각 군당에는 군 지대를 두었다.[27] 구술자 김○한에 따르면, 군 지대 아래에는 면 지대가 있었으며, 면 지대는 아지트와 마을을 책임지면서 마을 주민들을 관리했다. 1949년경 남부지구 유격대에 속했던 영천군 유격대는 인원이 100명 정도였고 각 면 지대의 인원은 5~10명 정도였다. 그들의 주요 활동 지역은 팔공산, 화산, 보현산, 운주산, 채약산 등 군 외곽지 전역에 걸쳐 있었다.[28]

군당 유격대의 구성원은 '산화山化한 유격대' 즉 '산사람'과 '들군'으로 구분되기도 했다. '산화한 유격대'는 당의 명령에 따라 입산한 유격대원을 말한다. 그들은 군당별로 30여 명 정도가 있었고, 산중에서 생활했으며 총기로 무장하고 있었다. '들군'은 농기구로 무장한 농민군을 말한다. 그들은 입산하지 않은 채 자신의 연고지에 머물면서 '산화한 유격대'와 지역민 사이의 연결 고리 역할을 했으며 낮에는 마을에서 일상생활을 하다가 밤에는 유격대와 결합하여 활동했다.[29] '들군'은 흔히 다른 용어로 '세포'라고 불리기도 했다.[30] 경북 영천이나 청도처럼 좌익세가 강했던 지역에는 마을마다 들군의 수가 많았고 입산한 산사람과 들군의 경계가 불분명하고 유동적이었다. 주로 10대, 20대 청년층인 그들은 유격대에서 작전을 벌일 때마다 동원되어 무장투쟁의 주요 구성원이 되었다가 작전을 마치면 다시 마을로 돌아와 생활했으며, 이렇게 동원된 뒤에는 군경에게 한꺼번에 끌려가 집단학살을 당하는 경우가 많았다.

한국전쟁 전에 전개된 유격대의 무장투쟁은 권력을 장악하기 위한 것이라기보다는 당시 정권의 기반을 불안정하게 만들기 위한 제한적인 투쟁으로, 마을과 도시에서 당 사업을 병행하면서 투쟁을 유기적으로 전개할 필요성이 있었다.[31] 특히 산지가 협소한 한국에서 유격대 활동이 대중운동으로 연결되려면 들군의 역할이 중요했으며, 들군은 사실상 유격대의 존립 기반이었다. 그들이 자주적인 조직 단위가 되지 못하고 입산한 유격대의 동원 단위로 활동하다가 집단학살되면서 대중운동은 궤멸하고 유격대는 점차 고립되었다. 이것은 당시 남한에서 전반적으로 나타난 현상이지만, 1946년 10월 항쟁 이후부터 3년 동안 군경의 토벌과 야산대·유격대의 무장투쟁이 전개되었던 경북 농촌에서는 이 과정이 주민들에게 극심한 고통을 주었다.

빨치산의 생활과 활동

당시 빨치산 면 지대의 생활상을 입산 경험이 있던 구술자와 빨치산 활동 지역에 거주했던 구술자들의 증언을 통해 살펴보자. 마을에서 입산한 사람들은 우선 토벌대의 눈에 띄지 않게 평상시에 입고 다니던 흰옷을 염색하는 일부터 했다. 남편과 함께 입산한 여성들도 있었으며, 그 여성들이 주로 염색과 봉제 일을 맡아서 했다. 입산자들은 단벌의 옷으로 몇 달씩 계속 생활했으므로 몸에 이가 들끓는 등 위생 상태가 열악했다. 산골짜기 물가에 적당한 곳을 골라 아지트를 마련한 뒤 포장을 치고 솥을 걸어놓고 생활했지만, 군경에게 발각되는 일이 잦았으므로 정해진 장소가 없이 자주 옮겨 다녔다. 때로는 공동묘지 같은 곳에 움막을 파서 은신하기도 했다. 보급투쟁으로 거둬온 쌀로 백설기 떡을 만들어 비상식량으로 삼아 짊어지고 다니며 먹기도 했다. 산간마을 주민인 구술자 최○동은 1949년경 자신의 집에 숙박했던 빨치산의 행색에 대해 증언했다.

> 옷은 보니 형편없고. 군복 입은 거도 있고, 안 입은 거도 있고, 엉망진창이
> 라. 고무신은 신이 안 벗겨지도록 끈을 동여매어 신고. 가방 들시(열어)가
> 백찜(백설기) 떡이 부서져 부옇게 되어 있는 걸 버리고 가더라고. 버리고 가
> 면 다시 쌀 거둬 어디서 빻아가 떡 한 말씩 새로 하고. 그 사람들 떡을 따로
> 하는 데가 있어요. 그쪽에도 나이 많은 사람들이 있는데 그 사람들은 그것
> 만 해요.
>
> _ 최○동, 2013년 8월 1일

    빨치산 관련 연구를 보면 전쟁 후 유격대는 여러 형태의 교육을 받았
던 것으로 서술되어 있다.[32] 그러나 구술자들의 증언을 통해서는 전쟁 전
영천의 면 지대 수준 입산자들에게 체계적인 교육이 시행되었는지 확인
되지 않는다. 다만 입산자들은 평상시에 '아지트'나 '블록' 같은 소련 용어
를 많이 사용했고 체포되어도 서로의 존재가 발각되지 않도록 '김 동무',
'이 동무'와 같이 새로운 성과 가명을 부여받아 생활했다. 도당-군당(군 지
대)-면 지대로 이어지는 조직 단위 간의 서열은 엄격했다. 평소 각 지대는
보안을 위해 서로 마주치지 않도록 지역을 분담하여 활동했으며, 도 유격
대나 군 유격대가 면 지대가 머물던 지역으로 가서 훈련하거나 작전을 펼
칠 경우 면 지대는 자신들의 아지트를 비워주고 보안을 지켜야 했다. 면
지대에서 활동하던 사람 중 다소 똑똑한 사람은 군당 조직으로 선발되어
들어갔고 면 지대에는 '어벙한 사람'들이 남았다.[33]

    무장상태는 열악했다. 도당 유격대원들은 대구 제6연대 반란군이 가져
온 총을 가지고 다니긴 했으나, 면 단위나 군 단위의 유격대는 총이 없어
칼이나 나무로 만든 '헛총', 대창, 쇠스랑을 가지고 다녔다. 그러므로 총을

구하는 것은 유격대의 주요 업무 중 하나였다. 그들은 무장을 'PX'라고 불렀으며 'PX 확보'라는 지시가 도당에서 내려오면, 지서를 습격하거나 순찰을 다니는 경찰을 습격하여 총을 확보했다.[34]

'식량 보급투쟁'도 주요 업무였다. 당시 각 면 지대에는 마을 사람들을 성향별로 분류해놓은 명부가 있었다. 그들은 이 명부에 의해 우익인사, 지주, 면 서기 등을 대상으로 식량이나 물품을 요구하는 '보급투쟁'을 벌였다. 사정이 어려울 때는 일반 민가에 가서도 간장, 보리쌀 등을 요구했다. 당시 입산자였던 구술자 김○한은 "지서 근처는 못 가고 주로 지서와 거리가 먼 골짜기 마을의 주민들에게 가서 앞으로 좌익 정권을 만들어야 하는데 식량이 없으니 좀 달라고 하면 잘 준다. 강제로 빼앗는 거나 마찬가지지만 빨치산 부대는 그렇게 먹고살았다"라고 증언했다. 정보 수집과 연락, 대중 선전활동, 신규 입산자 충원도 주요 업무였다. 정보 수집과 연락활동은 입산자들이 지게를 지고 농사꾼으로 변장하여 여러 지역에 흩어져 다니면서 수행했다. 봉홧불을 놓아 서로 연락을 주고받기도 했다. 지서 주변이나 마을 중심가에 삐라를 뿌리거나 전봇대에 삐라를 붙이는 활동도 했으며, 그 내용은 '이승만 정권 타도'나 농지개혁과 관련된 것이 많았다. 대면적인 형태의 대중 선전활동은 지령을 받고 각 부대가 10여 명씩 마을별로 분담하여 내려가서 수행했다. 겨울밤에는 마을 주민들이 자주 모이는 사랑방에 가고 여름밤에는 마을 주민들이 피서를 나온 개울가 같은 장소에 가서 "우리는 약소민족 해방시키러 댕기는 사람이며 이제 곧 좋은 세상 닥친다"라고 하면서 남로당 활동에 대해 선전했다.[35] 당시 미군이 작성한 한 문서에 이 시기의 경북 지역 빨치산 활동과 관련하여 "경북 내륙 산악 지역에 남로당 선전물과 벽보가 나붙는 일이 자주 있었다. 빨치산들은 마을에 소규모로 나타나서 주민들을 모아놓고 인공기를 게양한 후 정치선전 연설을 하고 퇴각했다. 1948년 12월 5일과 6일에는 '당 노선'을 담은 좌익

영천유격대의 열차 습격을
보도한 신문기사(「동아일보」,
1949년 8월 19일).

삐라와 선전물이 상주, 안동 등지에 뿌려졌다. 12월 8일에는 청도군에 무
장한 인원이 나타나서 마을 주민들을 모아놓고 인공기를 게양한 후 공산
주의 선전을 하기도 했다"[36]는 기록이 있다.

　지서 습격, 다리 끊기, 열차 탈취 등은 좀 더 큰 규모의 무장투쟁에 속
했다. 이 시기에 영천유격대에 의해 일어난 주요 사건으로는 열차 탈취 사
건, 대창지서 습격 사건, 신녕지서 습격 사건 등이 있다. 1949년 8월 16일
의 열차 탈취 사건은 당시 신문기사에도 보도되어 있다.

"동해안서 열차 전복─반도叛徒의 선로 절단으로"
8월 16일 경주발 포항향 521호 열차가 동일 하오 3시 반 청문 나원 사방 간
을 통과할 지음 반도이 전기열차를 향하여 발사한 탓으로 마침내 승차 중이
던 여객 1명이 부상당했으나 열차는 무사히 통과했다. 그러나 때마침 경주
서 포항을 향하여 달리던 제1554호 열차가 동일한 지점에 이르자 전기 반
도들의 선로 절단으로 말미암아 기관차와 화차 4륜이 탈선 전복했는데 인명

피해에 대하여서는 아직 미상이며 전복 지점은 부산진역으로부터 119키로 상거한 지점이라 한다.

_「동아일보」, 1949년 8월 19일

　1949년 9월 10일의 대창지서 습격 사건은 지역민들 사이에 속칭 '9·10사태'라고 불리는데, 금박산에서 채약산으로 지나가는 유격대가 대창지서를 습격하고 대창면사무소를 방화한 뒤 하루 동안 면을 점령한 사건이다. 대창면 주민들에 따르면, '9·10사태'가 난 뒤 군경은 이에 대한 보복으로 1949년 가을과 겨울 두 차례에 걸쳐 조곡리 뒷산과 채석장 뒷산에서 좌익 활동 전력자 등 수십 명을 집단학살했다.[37] 반공 인사 증언록에는 "1947년 9월 10일에도 빨치산이 대창면 면사무소를 급습하여 불을 지르고 지서를 포위하면서 격전을 벌여 '양민' 여러 명과 면 서기 1명이 사망한 일이 있었다"[38]라는 기록이 있다. 이 기록은 연도만 다를 뿐 대창면 주민들이 구술한 내용과 같다.

　1949년 10월 30일의 신녕지서 습격 사건은 반공 인사 증언록에 따르면, "군위(군) 고로(면) 쪽에 있던 유격대원 100여 명이 신녕군으로 진입하여 신녕지서를 습격하고 방화한 뒤 신녕군에서 마을 전체를 손에 넣고 좌익계 임시 면장을 임명하는 등 2일간 면내 행정기능을 장악"했던 사건이다. 구술자들에 따르면, 빨치산 세력이 강할 때는 봉홧불을 놓고 삐라를 뿌리는 일이 일상적이었으며, 군의 경계 지역 고개에서 길을 막거나 다리를 끊고 군경의 차량을 습격하는 일이 자주 있었다. 경산 와촌면 박사리 사건처럼 군경 토벌 과정에 유격대와 지역 주민이 집단살해된 후 유격대의 보복으로 주민이 학살된 사건도 있었다.[39]

낮에는 군경이 밤에는 빨치산이

빨치산과 군경이 대치하는 이중권력 지역에서 10~20대의 마을 청년들은 빨치산과 군경 양쪽에 동원되는 생활을 했다.

우선, 마을 청년들은 남로당 하부 구성원이 되거나 빨치산 면 지대와 연결되면서 삐라 부착과 대중 선전, 연락, 정보 수집, 무기 확보, 식량 보급 등의 활동을 지원했다. 그리고 도당 유격대나 군당 유격대의 작전에 동원되기도 하면서, '지방 좌익' 상층부와 마을 주민 사이를 매개하는 중간층 역할을 했다. 그들은 대체로 일제강점기 항일운동가, 지식인 출신이 다수를 차지하는 남로당 상층부나 빨치산 지도부보다는 나이대가 낮고 계급적으로도 하층민이 많았는데, 그중 일부는 지주 출신인 빨치산 지도부와 친인척관계이거나 소작·고용관계로 맺어진 경우가 있었다. 그들은 마을의 일반 주민들과 혈연과 지연 등으로 연결되어 일상생활 속에 얽혀 있고, 이것이 빨치산 활동의 기반이 되었다.

구술자들이 구술한 내용에는 빨치산의 식량 보급투쟁 대상이 되거나 그들의 활동에 동원되었다는 증언이 상당히 많다. 입산자들의 보급투쟁에 대한 반응은 구술자들이 당시 처한 위치에 따라 달랐다. 다음은 당시 면서기로 우익인사였던 구술자, 한국전쟁기 국민보도연맹 사건 유족인 구술자, 산간마을 주민으로 빨치산에게 숙소와 식량을 제공하고 노역한 경험이 있던 구술자의 증언이다.

겨울이라. 한번은 밤에 누군가 와서 주인 있나 묻더라고. 문을 여니까 총칼을 가진 사람이 '나는 구룡포 사람인데 어제 금박산 전투에 실패하고 지금 채약산 가는 길인데 배고파서 왔다'고 그래. 내가 닭을 두 마리 잡아주니 '동무, 뒤에 만납시다' 하고 가더라고. 그리고 방에 들어와 누우니까 떨리는

데, 살이 막 뛰는 거야. 아이고, 내 죽을 뻔했다니까.

_ 면 서기 김○재, 2013년 8월 1일_

마을에 이데올로기 선전하던 지식인들은 산으로 가고 가난한 무식자들만
남았어. 그런데 산에 간 사람들이 친인척에게, '야야, 내가 식량이 떨어졌
다. 좀 가져오너라' 라고 하면 정과 천륜을 끊지 못해 목숨을 잃는 한이 있더
라도 명령을 따르는 거야.

_ 황보○, 2008년 8월 5일, 진실화해위원회 [40]_

그때 우리 큰아(큰애)가 깐방알라(갓난아기)라요. 알라 중간에 눕해(뉘)고
내외간에 둘이 자는데, 한번은 그 사람들 8명이 우리 집에 와가 눕었다 아침
에는 집에 김치 담아놨는 거 다 퍼갔어요. 심부름도 했심더. 와가지고 자기
들 필요한 거 거두잖은교? 무시(무)나 쌀도 가가는데, 저거가 못 가져가니
(나더러) 짐을 져 돌라 카는 기라.

_ 최○동, 2013년 8월 1일_

1949년 8월 16일의 열차 탈취 사건 때는 화산면 대안동의 청년 10여
명이 동원되었다가 나중에 자수한 뒤 영천경찰서로 끌려가 학살되었다는
증언이 있다.[41] 당시 마을 청년들은 빨치산의 선전에 동의하여 보급투쟁과
동원의 요구에 응한 경우가 있고 자신의 거주 지역을 지배하던 빨치산의
무장권력이 두려워서 요구에 응하기도 했다. 입산자들이 자신들과 혈연,
지연, 학연 등의 연줄로 얽힌 사람들이라 인정상 외면하지 못해 그 요구에
응하기도 했다. 이렇게 동원된 뒤에 군경에게 발각되면 가혹한 폭력과 심
문이 뒤따랐다. 군경은 토벌작전을 할 때 가옥 방화, 재산 탈취, 성폭행 등
으로 주민들에게 피해를 주었으며, 청년들은 일상적인 폭행 대상이었다.

입산자가 많았던 영천 화북면 구전동 마을은 주민 전체가 수시로 군경의 폭행 대상이 되었다.

군인들이 와서 '빨갱이 밥해줬제' 하면서 눈에 보이는 대로 물에 처넣고 했어. 마을 바로 앞의 못에. 우리가 죽지는 않고 겨우 살아남기는 했지만, 고통을 많이 받았지요. 서북청년단이 동네에 와가지고 다니면서 빨갱이를 만들었어요. 와서 무조건 두드려 패니 매에 못 이겨 산에 가버린 사람도 있어요.

_ 최○규, 2013년 7월 31일

군인 경찰이 와서 남녀노소 모두 불러 학교 운동장에 엎어놓고는 '여기는 완전히 빨갱이 마을이니 한두 명을 가려낼 거 아니다'고 하며 때리니 모두 허연 삼베옷 입은 채 일렬로 엎어져서 맞고. 고문이 끝나면 각자 매 맞은 식구들을 둘러메고 집에 가 눕혀놓고 어혈을 푸는데, 그 당시에는 장독杖毒을 풀려면 똥물을 먹어야 한다 해서 집집마다 똥물 거르고 받는 게 일이라.

_ 황보○, 2008년 8월 5일, 진실화해위원회 [42]

결국 군경의 가혹한 폭행은 일부 마을 청년들이 입산하는 계기가 되었다. 1946년 10월 항쟁에 참여한 뒤 학교 선배의 영향으로 남로당 활동을 하다가 경찰에게 발각되어 1949년 8월에 입산한 구술자 김○한은 자신의 입산 동기를 다음과 같이 이야기했다.

나는 당시 남로당에 가입하기는 했지만, 남로당이 뭔지 잘 몰랐어. 낮으로는 농사짓고 청년단에서 며칠마다 보초 경비 담당이 돌아오면 가서 해주고. 밤으로는 좌익에 일하는 학교 선배들이 와서 일해달라고 하면 배반을 못 하니 도와주고. 경찰 보면 거기 협력하고, 좌익 만나면 거기도 협력하고. 그러다가 (남로당에 협력한 것이 경찰에게) 발각되어 취조를 받게 되었어. 그 뒤 무슨 사건이라도 나면 경찰들이 여차하면 날 찾아와서 괴롭히더라고. 도저히 살 수가 있나. 괴로워서 안 되니 빨치산이 산에 가자 할 때 따라갔지.

_ 김○한, 2011년 11월 20일

청년들이 빨치산에게 협조하다가 경찰에게 발각되면 진퇴양난의 상황에서 입산하기도 했으므로, 입산자의 하부 구성원들과 마을 주민의 경계는 불분명하고 유동적이었다. 이런 유동성은 군경이 토벌 과정에서 민간인을 학살할 때, 학살되는 민간인의 수가 늘어나는 원인이 되기도 했다. 고경면 대성동에서는 마을 청년 20여 명이 인근의 산에 입산했다가 돌아온 뒤 경찰에 자수했으나 1949년 7월에 학살당한 사건도 있었다.[43]

동시에 마을 청년들은 군경의 토벌에도 동원되었다. 군경이 토벌작전을 할 때는 민보단民保團, 청년방위대 등의 외곽 조직을 만들어 주민들을 광범위하게 동원했다. 당시 20세 이상의 청장년 남성 대부분은 동원 대상이 되어 평상시에는 지서를 경비하는 일을 하고 토벌작전이 있을 때는 죽창 등의 무기를 들고 앞장서서 길을 안내하고 총알받이 역할을 했다.

민보단 간부들은 평상시에 지서에서 순경들과 함께 근무했고, 대원들은 낮에는 농사짓고 밤에는 2분의 1, 3분의 1씩 나누어 사흘에 한 번씩 교대로 지서 경비를 섰어요. 무기는 받지 않았지. 반란군 습격이 있으면 순경들은 지서에서 나오지 않고 민보단원만 경계를 섰지요. 우리가 지서 경비를 설 때는 개인마다 할당받은 번호가 있었으며 망루에 있던 민보단원이 1번부터 번호를 부를 때 대답이 없으면 그 단원은 도망간 것으로 알았어요.

_ 정○식, 2013년 7월 31일

지서에는 경찰이 여남은 명만 있다 보니 겁이 나서 출장도 못 가고 마을 일은 구장들을 불러 조사했지. 그래서 마을 사람들이 땅굴 파서 움막을 지어 빨갱이들 들어올 만한 길목에서 보초를 서고 순찰했어요. 토벌 간다고 지서에서 동원하면 마을 청년들은 막대기 하나씩 들고 나갔다. 총은 지서 경찰 한두 사람만 갖고 있었어요. 우리는 줄을 쭉 서서 막대기 들고 돼지몰이하듯이 산 전체를 포위하며 나갔지.

－ 최○찬, 2008년 10월 30일, 2008년 피해자 현황조사 용역사업단 [44]

군경이 합동작전할 때 우리는 길 안내를 숱하게 다녔어요. 군인들은 현지의 길을 모르니까 지리 좀 알 만한 사람을 찾아가지고 가거라, 이러거든. 우리 그런 괴롭힘을 수타 당했지. 군인들 길 안내한다고 청송군도 가고 의성군 배미산도 갔다 카이.

－ 이종만, 2013년 9월 5일

이에 따라 마을에 거주하던 남로당 하부 구성원들을 포함한 청년들이 우익 청년단체나 민보단 등에도 동원되어 좌익·우익 양쪽 집단의 토대를 중복으로 형성하는 경우가 있었다. 군경은 수시로 주민들을 모아놓고 누가 빨치산 협조자인지 서로 손가락질하여 지목하게 하고, 공개 총살을 목격시킴으로써 이러한 이중성을 차단하고자 했다.

3 　 빨치산에 대한 기억과 집단적 트라우마

'빨갱이 고수'와 '지방 빨갱이'

당시 '지방 좌익' 활동가나 빨치산에 대해 마을 주민들은 어떻게 인식하고 있었을까? 반공 인사 증언록과 같은 기존의 문헌 자료에는 그들은 대체로 비인간적인 이데올로기의 하수인이나 살인·방화를 일삼는 폭도로 묘사되어 있다. 반대로 당시 사회운동가나 빨치산 참가자의 수기에는 그들이 강철 같은 신념을 지닌 혁명가, 애국투사로 묘사되어 있다. 그러나 이 연구에 참여한 구술자들의 구술 속에 보이는 빨치산이나 '지방 좌익'에 대한 묘사는 기존 문헌에 기록된 것에 비해 좀 더 복합적이고 다양했다.

우선, 구술자들은 '지방 좌익'/빨치산 상층부와 하층부의 동조자 집단을 구분하여 보았다. 전자는 대체로 군당 유격대 이상의 구성원이며, 지주, 지식인, 지역 유지, 항일운동 경력자로 나이대도 구술자들보다 다소 높은 편이었다. 반면 후자는 면 지대 이하의 구성원이며, 농민이나 하층민 출신의 청년들로 마을의 일반 주민과 경계가 모호했다. 그리고 구술자와 비슷한 연배의 친인척이나 동료, 선후배도 있었다. 두 집단은 빨치산이나 '지방 좌익' 내부의 지위에 따라 구분되거나, 신분·계급·학력·세대에 의해 구분되었다.

같은 시기 청도에서도 양상은 비슷했다. 당시 청도 지역민들은 빨치산이나 '지방 좌익'을 '빨갱이 고수'와 '지방 빨갱이'로 구분했다. 대개 '빨갱이 고수'라고 불리는 좌익 상층부 인사는 지식인, 재력가, 지역 유지로 지역민들의 생활 근거지를 크게 벗어나지 않는 범위에 머물러 있었지만, 일상적 대면 관계보다는 주로 소문을 통해 지역민들에게 알려진 사람들이었다. 반면 '지방 빨갱이'로 불리는 사람들은 지역민들과 같은 마을에 거주하면서 '산에 거주하는 유격대'와 연계되어 있던 사람으로, 지역민과 비슷한 정도의 학력이나 재력을 가지며 직접적인 대면 관계에 있던 사람들이었다.[45]

이러한 역할 구분은 빨치산이 조직되기 전인 1946년 10월 항쟁 시기 영천에서도 보인다. 영천 지역민들의 증언에 따르면, 1946년 10월 영천 항쟁의 주도층도 상층부의 우두머리들과 하층부의 '몽둥이패' 또는 '작대기패'로 구분되었다. 상층부의 우두머리들은 군 단위, 면 단위, 마을 단위의 지도자나 여론 주도층이었다. 반면 '몽둥이패' 또는 '작대기패'로 불리는 하층부의 행동 세력은 시장 상인과 학생, 소작농민이나 하층민(남의집 살이하던 머슴, 마을 소임)으로 구성된 청장년층이었다. 그들은 평소 학교나 마을 사랑방, 주막 같은 장소에서 주민들과 접촉하며 여론을 이끌었으며, 항쟁이 일어났을 때는 수십 명씩 무리를 지어 면 일대를 순회하면서 항쟁을 전파하는 선봉대 역할을 했다.[46]

그러나 1946년 10월 항쟁 주도 세력의 상층·하층과 정부 수립기 '지방 좌익'/빨치산의 상층·하층은 인적 구성이 그대로 일치하는 것은 아니다. 10월 항쟁 시에 주도 세력 상층부는 상대적으로 공개적이고 합법적 국면에서 명망과 대표성이 요구되었다. 그래서 유명인사가 많았고 나이대도 다소 높았다. 이념이나 조직 면에서는 그 성향이 뚜렷하지 않은 사람이 많이 포함되어 있었다. 대체로 재력과 학력이 있었고 친족공동체에서 지위도 높았으며, 인품이나 언변, 외모 등 개인의 자질 면에서도 대중성을 지닌 사람이 많았다. 항쟁 직후에 그들 중 일부는 사살되었다. 일부는 투옥되었다가 1948년 8월 정부 수립 특사로 풀려났다. 출소자들은 경찰의 감시에 놓여 표면적 활동을 중지했으므로 경찰 측의 분류에 따르면 소위 '재가'在家 상태에 있었다. 일부는 자신이 살던 지역을 떠났다.

1946년 10월 항쟁에서 행동 세력으로 선봉대 역할을 했던 사람들은 항쟁 직후 일부 사살되었고 상당수는 입산했다. 정부 수립기에는 '지방 좌익'이나 빨치산의 간부가 된 사람도 있었다. 그들은 10월 항쟁 주도 세력 상층부보다는 나이대가 낮았으며, 하층민 출신도 포함되어 있었다. 남로당의 비합법조직에 편제되어 자기 고향이 아닌 인근의 다른 지역으로 가서 이름을 감추고 활동했으므로 그전 시기의 상층부 인사들보다는 이념성이나 조직성이 더 뚜렷했지만, 대중에게는 비공개적이고 익명적이었다.

이 연구에 참여한 구술자들이 '지방 좌익'이나 빨치산을 평가한 내용에는 10월 항쟁기와 정부 수립기 이후의 것이 섞여 있다고 볼 수 있다. 대체로 상층부에 대해서는 정부 수립 전의 합법적 국면에서의 행적을 중심으로 기억하는 경우가 많았다. 그들의 활동이 상대적으로 이 시기에 활발했고 공개적이었기 때문이다. 하층부에 대해서는 정부 수립 후 빨치산 활동이 활발해지고 지역 내전이 격화되었던 시기에 자신과 대면 관계에 있던 인물의 행적을 중심으로 기억하는 경우가 많았다.

똑똑하고 말 잘하고 잘생긴

이 연구에 참여한 구술자들은 상층부 인사에 대해서는 대체로 '자신의 고장을 대표할 만한 큰 인물', '말 잘하는 국회의원감', '미남' 등으로 묘사했다. 그런데 흥미로운 점은 구술자 중 당시 우익에 속했던 사람들도 이렇게

묘사했다는 것이다. 예를 들어 1946년 10월 항쟁 무렵 영천군의 인민위원
장이었다고 알려진 임장춘과 한국전쟁기 국민보도연맹 영천지부 간사장
을 맡았다고 알려진 임대식 형제에 대한 이야기와 대창면에서 농민조합장
및 치안대 대장을 하면서 10월 항쟁 당시 지서를 점령했다고 알려진 한석
헌에 대한 이야기를 들어보자.

> 임장춘이, 거물이지. 큰 한량이다. 살아 있었으면 국회의원 할 사람이라. 연
> 설 참 잘해요. 남부국민학교에서 연설하니 인산인해라. 연설하다가 좀 지루
> 하면, (청중의) 잡음이 나오잖아요? 그러면, '내 말하는 게 시원찮은교? 한
> 곡조 합시다' 이러면서 장구 쳐가며 한 곡조 하는 기라. 그러고는, '어떤교?
> 연설 쪼매 더 합시다' 이러면서 연설하고. 그 동생이 보도연맹 위원장이라.
> 그이도 똑똑했어요.
>
> _ 면 서기 김○재, 2013년 8월 1일

> 우리 면에서 유명한 빨갱이 오야봉(대장)인 한석헌이는 아주 잘생긴 미남이
> 고 말 잘하고 똑똑했어요. 요새 말하면 국회의원감이지. 면 소재지에서 지
> 서를 점령하고 좌익 지서장 노릇 하면서 사람들에게 훈련도 시키고 했는데
> 마을 어른들에게는 '뒤로 돌아가이소'라고 존댓말을 써가며 훈련을 했다고
> 합니다.
>
> _ 전직 경찰 박○준, 2011년 11월 19일

　　같은 시기 청도 지역 상황을 연구한 노용석은, 청도 지역 구술자들도
'빨갱이 고수', 즉 상층부 인사들에 대해 같은 방식으로 묘사했다고 했다.
그리고 그 이유를 지역민들이 해방 직후에 좌익이 무엇인지 모르던 상태
에서 소문을 통해 좌익 지도부를 접하면서 가졌던 궁금증이 좌익 지도부

의 높은 학력 및 재력 등 여러 가지 요인과 결합하여 그 이미지가 신비스럽게 포장되었다고 보았다. 그리고 지역민들의 이러한 신비감과 호감에는 공산주의 사상에 대한 호감이 포함되어 있었으나, 이것이 주를 이루기보다는 좌익·우익이라는 2개의 새로운 세력 중 한쪽의 '장수 將帥'를 존중한다는 의미가 포함되어 있었다고 보았다.[47]

필자가 만난 구술자 가운데 영천 지역 우익인사들도 이와 비슷했던 것으로 보인다. 우선, 그들이 기억하는 '지방 좌익' 상층부 인물들은 정부 수립 전의 합법적, 공개적 시기에 명망가로서 대중적 위세를 가지고 있었다. 또한 10월 항쟁 때의 선봉대처럼 직접 폭력적인 행동에 나서지 않았고 이념적 성향이 뚜렷하지 않은 사람도 많았으므로 그들과 날카롭게 대립하지 않았다. 그러므로 같은 지역의 유지로서 상대방 세력의 우두머리를 존중하면서, 연구자에게 자기 지역 출신 유명인에 대한 호감과 자부심을 표현했던 것으로 보인다.

구술자 중 산간마을에 살면서 정부 수립기에 빨치산 도당/군당 유격대원들을 직접 접한 적이 있던 무학 無學의 농민들은 좌익 상층부 인사들이 '지식인'이라는 점을 강조했다. 즉 "당시 그런 사상 가진 사람은 떨어진 옷을 입고 몰골은 거지처럼 해서 다녀도 다 대학 나온 사람"[48]이라는 것이다. 실제로 유격대원 중에는 대학 출신이 아닌 사람도 많았다. 그러나 구술자들은 유격대원 중 학력이 낮다고 알려진 사람에 대해서도 "천자문을 혼자 외워서 쓸 정도로 재주가 있는 사람"[49]이라고 하면서 '재주꾼'임을 강조했다. 빨치산 면 지대에서 활동했던 한 구술자는 "나처럼 어벙한 사람은 면 지대에 남았지만, 똑똑한 사람은 군당으로 갔다"[50]라고도 했다. 좌익세가 강한 지역에서는 하층민도 좌익 사상에 충실하면 조직의 지도부가 될 수 있다는 것이, 구술자들에게는 과거의 신분·계급적 질서를 뛰어넘어 새로운 권력을 행사할 수 있는 통로로 인식되는 면도 있었다. 산간마을 주민들은 이러한 사상이나 이념을 특정한 형태의 의식으로 보기보다는 '개인이 가진 지식'이나 '공부를 잘하거나 말을 잘하는 개인의 능력'으로 이해했고, 빨치산 상층부 인사들이 그런 개인적인 자질 면에서 '가난한 무식자'인 자신들과는 다르다고 생각했다.

좌익세가 지배적인 마을에 살았던 구술자들은 좌익 지도자들의 영향력에 대해 좀 더 직접적으로 묘사했다. 가령 영천 화북면 구전동의 대지주이자 남로당 경북도당의 간부였던 황보집과 그의 형제들에 대한 일화는 화북면, 화남면, 화산면 일대 주민들 사이에는 거의 전설처럼 전파되어 있다. 황보집은 일본 메이지明治대학 출신으로 대구의 대표적인 좌익계 신문이었던 『민성일보』의 편집장과 남로당 경북도당의 선전부장을 맡았으며 영천에서도 상당한 영향력을 행사했다. 대지주로 일족의 다수가 그의 집안과 고용관계 혹은 소작관계를 맺고 있었으므로 경제적으로도 영향력이 있었고, 일제강점기 화북면 구전동에 간이학교를 설립하고 교육 사업을 펼쳐 계몽적 선구자 역할도 했다. 그는 1948년 11월 5일에 병사했다고 한다. 그의 둘째동생 황보선은 1920년대 말 대구고보에서 사회과학 서클을 조직하고 활동하다가 투옥된 적이 있는 독립운동가였고, 해방 후에는 지역 언론계에서 활동한 좌익계의 대표적 이론가였다. 그 아래 동생 황보생은 입산하여 활동하다가 1949년경 화북면 자천동 장터에서 공개 총살을 당했다.[51] 구전동의 이웃 마을에 살면서 황보집이 설립한 간이학교에 다닌 적이 있는 구술자 최○동은 황보집을 '집이씨'라고 부르며 다음과 같이 말했다.

어릴 때 학교 마당에서 놀면서 집이씨를 한 번 봤는데, 키가 훤칠하고 머끔한 기, 신체 좋고 인물 좋더라. 그 사람은 왜정 때 왜놈한테 시비해가 이겼잖은교. 영천(읍)에서 왜놈이 여기 공출 곡식 가져가는 걸 중간에서 (가로채어) 좀 먹은 모양이라. 그걸 집이씨가 시비해가지고 이겼다야. 그래서 왜놈들이 그 마을에는 손 못 댔지요. 그 사람 명령 없이는 왜놈도 꼼짝도 못 해. 그만큼 똑똑하고 여물었어.

_ 최○동, 2013년 8월 1일

황보집의 일가로 자신의 아버지가 그 집안 집사로 일했던 구술자 황보○은 황보집을 '지주라기보다는 리더이자 선구자'라고 말했다.[52] 이러한 표현 속에는 기존의 신분·계급 질서를 인정하면서도, 새로운 평등사상을 표방하며 자신의 처지를 바꿔줄 수도 있는 능력이나 권력을 가진 사람을 경외하고 의지하는 마음이 내재해 있다. 이들은 좌익세력이 형성되기 전부터 좌익 상층부 인사들과 친족관계나 소작·고용관계를 맺고 있었으므로 마을공동체 안의 일상생활에서 사회경제적으로 연결되어 있었다. 정부 수립기에 집안이나 마을 전체가 빨치산/'지방 좌익'세력으로 활동했다면 기존의 친족·신분·계급적 측면에서의 위계적 관계는 남로당 조직에서 조직 지도부와 조직 대중의 위계적 관계로 전환되었다. 그러므로 그들은 기존 사회·경제적 관계의 불평등한 질서에 순응한 상태에서 지도부가 주장하는 새로운 평등사상을 수용하고 함께 활동했다고 볼 수 있다.

이런 마을에서는 상당 기간 좌익세력이 실질적인 집권세력이기도 했다. 마을에 살면서 전시 상태이자 좌익이 집권한 상태를 일상적 질서로 여기며 청년기를 보냈던 구술자들은, 자신의 지역에서 한동안 집권세력이었던 인물들이 한국전쟁을 겪으며 몰락한 것을 애석해하기도 했다.

별곡(구전동) 사람들은 완전히 망했지요. 그래서 우리가 웃으면서 캤구마. 나쁜 땅에다 곡식을 너무 좋은 거 숨가(심어)놓으면, 곡식이 생기(성장)를 못 하는 거 한가지라. 골짜기에 너무 큰사람 나놓이게네 생기(성장)를 못한다 이거라.

_ 최○동, 2013년 8월 1일

이처럼 몇몇 구술자들은 좌익 상층부 인사들을 능력이 출중한데도 때를 잘못 만나 몰락한 뒤 홀연히 사라진 비극적인 권력자로 묘사했다. 그러나 한편 그들이 그 권력으로 자신을 동원하여 피해를 주었다고 묘사하기도 했다.

내야 한창 빨빨 설칠 때거든. 힘은 있고 놀러 댕길 때라. 그런데 황보씨 그 사람 밑에 중학생도 있고 국민학생도 있는데. 그 밑에, 그 밑에, 그 밑에 있는 놈이 자꾸 (심부름을) 시키지. 그 사람들과 딱 마주칠 때는 '예, 예' 하면서 (빨치산 활동에 동원되어) 따라가는 날도 있고, 살짝 피해서 안 가는 날도 있고. 따라가면 아무것도 안 해. 저거 심부름이나 시키지. 불 놓으라 하면 불 놓고. 우리는 황보씨 그분이 그 길로 가니 좋은 건 줄 알고 따라갔지. 아무것도 모르고 맥지(공연히) 그냥 끌려가가 그 지랄하지.

_ 최○동, 2013년 8월 1일

지식인들은 산으로 가고 마을에 가난한 무식자들만 남았어. (어느 날) 경찰이 '산에 음식 날라주고 빨갱이에게 동조했던 사람은 보도연맹에 가입하면 괴롭히지 않겠다'고 했어. 결국 산사람에게 간장 한 접시 준 사람까지 자수하다 보니 마을 사람 대부분 보도연맹에 가입했다가 6·25 때 끌려가서 몰살당했지.

_ 황보○, 2008년 8월 5일, 진실화해위원회 [53]

황보집의 경우 한국전쟁 전에 병사했으나, 인근 마을 주민 중에는 그가 월북하여 북한에서 언론계 고위직을 지낸 것으로 아는 사람도 있었다. 다른 좌익 상층부 인사 역시 국민보도연맹 사건 등으로 학살되어 행방불명 되었는데도, 인근 마을 주민들은 그가 어디엔가 살아 있을 것이라고 믿는 경우도 있었다. 이처럼 구술자들은 일부 좌익 상층부 인사들을 전쟁 통에도 살아남을 정도로 능력 있는 사람인 동시에, 전쟁 때 자신만 살고 마을 사람들을 죽게 했다며 원망의 대상으로 보기도 했다. 즉 구술자들은 짧은 기간이나마 자신의 지역에서 집권하는 동안 자신의 삶에 큰 영향을 미쳤던 좌익 상층부 인사들에 대해 경외심과 의지하는 마음, 실패한 권력자의 죽음을 애석해하는 마음, 자신에게 피해를 준 것에 대한 원망과 기대라는 복합적 감정을 품고 있었다. 동시에 자신들이 그들을 따랐던 사실을 전적으로 긍정할 수도 없고 부정할 수도 없는 상태로 표현했다.

우익이 좋은동, 좌익이 좋은동, 알아야 뭘 하지요

한편 구술자들은 '지방 좌익'이나 빨치산 하부 구성원에 대해서는 '천지도 모르는 철없는 몽둥이패', '무식자', '농번기에 일하기 싫어 입산한 게으름뱅이' 등으로 낮춰 묘사했다.

> 봉홧불 놓고, 길 끊고, 삐라 뿌리고 할 때, 남의 집 머슴이나 살고 못사는 사람들이 대대로 한이 맺혀 있다가 잘사는 사람들 꺼 빼앗아준다 카이 천지도 모르고 따라가는 기라. 밤에 가자 카면 그냥 따라가는 거지. 지 죽는 줄 모르고.
>
> _ 함태원, 2013년 9월 5일

산에 나무하러 가면 여기 등 밑에도 숨어 있고 저기도 숨어 있고. 저것들은 농번기에 농사꾼들 일하는데 곡식 털어가서 낮에는 그거 처먹고 내도록 누워 있다가. 저녁에는 버드나무 밑에 소복이 들어앉아 있더라. 맨날 머리에 빨간 띠 두르고.

_ 이○식, 2008년 12월 16일, 2008년 피해자 현황조사 용역사업단[54]

이처럼 구술자들은 상층부 인물과는 달리 하층부 인물에 대해서는 부정적으로 묘사했다. 연구자 노용석은 청도의 지역민들도 '지방 빨갱이'라고 칭했던 좌익 하층부에 대해 부정적으로 묘사했다고 했다. 그리고 그 이유를 첫째, 좌익 활동이 구체화되면서 그들이 자신들과 처지가 다를 바 없는 이웃들이라는 것을 알고 일종의 '실망감'을 가졌던 점을 들고 있다. 둘째, 소문과는 달리 실제 '빨갱이' 활동이 신뢰를 주지 못했던 점을 들고 있다. 지역민들은 '산손님'이나 '빨갱이'에 대해 초기에는 그다지 부정적으로 바라보지 않았다고 한다. 그러나 1946년 '찬탁'과 '반탁' 논쟁 후 좌익·우익이 극단적으로 대결하게 되고 미군정이 반공정책을 치밀하게 펼치면서 부정적인 인식을 갖게 되었고, 1948년 남한 단독정부 수립 후 유격대가 무장투쟁을 본격적으로 전개하면서 일반 지역민까지도 폭력적으로 대했기 때문에 이런 인식이 강화되었다. '빨갱이'에 대한 부정적 인식은 주류의 담론으로 주입된 면도 있지만, 지역민의 생활 경험을 통해 형성된 면도 있다는 것이다.[55]

연구자 노용석의 해석은 어떤 측면에서는 타당하다. 그러나 이러한 해석에 근거한다면, 왜 정부 수립 후 강화되었던 빨갱이에 대한 부정적 담론이 '빨갱이 고수'라고 불렸던 상층부 인사에게는 적용되지 않았는가 하는 문제를 제기할 수 있다. 그 이유는, 지역민의 기억 속에 있는 좌익 상층부의 행적은 해방 후부터 10월 항쟁 때까지 공개적인 국면에서의 활동이 주를 이루었고, 정부 수립기의 비합법 국면에서는 좌익 상층부가 공개적으로 활동하지 않았거나 행적을 알 수 없는 경우가 많았다는 데 있다.

그리고 정부 수립기에 마을 주민들이 실제로 접했던 빨치산은 두 부류로 나눌 수 있다. 하나는 자신의 마을에 보급투쟁을 하러 오는 외지의 빨치산이다. 당시 빨치산은 보안을 유지하기 위해 출신지 마을이 아닌 인근의 다른 마을에 가서 우익인사를 대상으로 보급투쟁을 하는 경우가 많았다. 그러므로 우익 쪽에 있었던 구술자들은 자신이 경험한 빨치산을 주로 외지인이자 횡포를 부리는 약탈자로 묘사했다. 반면 우익인사를 제외한 구술자들은 자신의 이웃이었던 빨치산 하부 구성원에 대한 기억을 많이 가지고 있었다. 그리고 그들을 약탈자라기보다는 일탈자, 또는 무능한 패배자로 묘사했다. 일반 마을 주민들이 직접 대면하는 관계에 있던 빨치산 하부 구성원들은 실제 보급투쟁과 같은 행위를 하는 모습보다는 건달처럼 '낮에는 일하지 않고 잠만 자고 밤에 돌아다니는' 모습을 보였으므로, 농번기에는 그들 몫의 노동까지 감당해야 하는 것이 우선적인 불만이었다. 그리고 구술자들은 그들이 일반적인 농민대중과 정상적으로 결합하여 활동해도 성공하기 힘든 일을 대중과 유리된 상태에서 조잡한 무기를 들고 어설프게 했기 때문에 실패했다고 이야기하기도 했다.

그 사람들은 순 밤으로 댕기대요. 낮에 댕기면서 해도 못 하는데 밤으로 댕기면서 하니 뭘 하노? 하하하. 우리는 그카고 있었구마. 요새 가만히 생각해보이 뭐, 두디기(누더기, 걸레) 놀음도 아니고, 알라(어린아이) 호작(소꿉장난) 택이라, 그거…….

_ 최○동, 2013년 8월 1일

그것들은 우리 형 또래였는데……. 저 산 위의 나무 밑에 수북이 모여가지고 맨날 오늘 저녁에 개놈들 죽이러 가야 된다고 떠들어쌓고. 대나무창을 쥐고 씩씩거리며 지서 습격하러 간다고 나가는 것은 많이 봤는데……. 실제 지서를 습격했다는 말은 들어보지 못했어요. 대나무창 그거 가지고 대항할 수나 있나요. 그러다가 행방불명되었죠. 그때 나가서 돌아오지 않은 사람들 이 다 그렇지요.

_ 최○규, 2013년 7월 31일

구술자들이 빨치산 하부 구성원들을 부정적으로 보는 이유는 정권의 반공 담론이 주입된 탓도 있고 빨치산의 횡포를 생활 속에서 경험한 탓도 있겠지만, 첫째, 자신과 가까이 있던 이웃들이 활동에 나섰다가 참혹하게 패배하고 죽은 것을 목격했다는 데 있다. 구술자들이 그들을 비하하는 표현을 하는 바탕에는 한때 사회의 변화를 위해 행동하겠다고 나섰다가 무기력하게 죽은 것에 대한 실망과 함께, 그들이 실패한 원인에 대한 비판적인 인식이 내재해 있는 것이다.

둘째, 구술자들이 이웃이었던 빨치산 하부 구성원들을 어리석은 못난이, 바보, 무식자라고 하며, 그들의 비주체성과 무지함을 강조하는 것은, 그들의 억울한 죽음을 반어법적으로 호소하는 측면도 있다. 산간마을 주민인 구술자들은 '사상/이념'과 '지식'을 동의어로 여기기도 했다. 그들이 빨치산 하부 구성원들을 '무식자'라고 표현한 것은, 신분이나 계급적 측면에서 가진 것이 없을 뿐 아니라 지식이나 재주조차도 없는 '철저한 무산자'일 뿐 '사상가'가 아니라는 점을 강조하기 위함이다. 그리고 그런 '지식'이 없음에도 체제 간의 이념적 갈등 속에서 '사상/이념' 때문에 행동한 것처럼 누명을 쓰고 죽었으니 억울하다는 것이다.

이것은 구술자가 자신의 이웃이었던 빨치산 하부 구성원들의 주체성을 부정한다는 의미보다는 그들이 감정적 울분 때문에 나서서 행동했지만, 그렇게 죽을 만큼 큰 죄를 지은 것은 아니라는 것을 강조하는 의미가 포함되어 있다. 즉 구술자들이 그들을 비하하며 표현하는 바탕에는 사상/이념 때문에 죽은 이웃이나 동료들의 행동을 변명하고 감싸주는 마음이 있다. 이런 면은 1946년 10월 항쟁에 가담했다가 1949년에 학살된 영천 화북면 자천동 주민에 대해, 한 구술자가 이야기한 대목에서 구체적으로 나타난다.

> 함병태 아버지, 전영태 아버지는 평소 술이 좋아서 주막에 모여 놀던 사람들인데 영천(읍) 사람들이 와서 몽둥이 쥐고 나서라 하니 (항쟁에) 나섰어요. 그때는 무슨 주의가 없었어요. 양반은 글로 배웠으니 알지만, 일하는 사람은 남로당이 뭔지, 민주당이 뭔지 모르는데. 선동자가 '양반 없애고 땅 준다, 이북처럼 논밭 부치던 것 네 것 된다'고 선전하니, 어릴 때부터 고통받고 대대로 맺혀 있던 한이 고마 풀렸는 기라. 그래서 폭동이 일어난 기라. 참말로 그때는 내 세상인가 싶어 그랬지. 그러다가 억울하게 당했는 기지.
>
> _ 함태원, 2013년 9월 5일

셋째, 구술자가 자신과 가까운 대면 관계에 있던 인물들을 이렇게 부정적으로 표현하는 것은 구술자 자신의 트라우마를 반영한 것으로도 볼 수 있다. 몇몇 구술자들은 당시 자신의 경험을 이야기할 때는 자기 비하와 함께, 자신이 체제 간의 이념적 갈등 속에서 부득이하게 동원된 비주체적 존재였음을 강조했다. 그리고 그것은 무지와 가난 때문이라고 했는데 역설적으로 자신은 무지했기에 죽음이 난무하던 전쟁에서 요행히 살아남았다는 것을 강조하기도 했다.

여기에는 구술자 자신이 겪었던 고통스러운 시간에 대한 숨겨진 트라우마가 반영되어 있다. 그 트라우마는 분단·반공체제에서 '지식'으로 표상되는 '사상/이념'에 대한 두려움과 연결되어 있고, 이중권력 아래에서 양쪽에 동원되는 처지에서 강제성과 자발성이 혼합된 채 순응과 저항, 갈등과 협력을 반복하며 생존을 모색해야 했던 상황에 대한 고통스러운 기억과도 연결되어 있다.

그때는 목숨이 파리 목숨이지. 우리는 못 배웠으니 살았지, 좀 배웠으면 우리도 죽었다.

_ 최○동, 2013년 8월 1일

우리 동네는 아주 미개지입니다. 부촌처럼 뭐든 가르쳐야 사람이 되는데 모두 빈곤하다 보니 못 가르치고. 마카 모여봐도 국민학교도 못 나온 사람들이라 저마다 무식하지요. 그런데 딴 동네 사람들이 와가 그런 이야기 하면서 좋다고 따라가자 카니, '그래, 그래' 이카고, 그쪽 당원 돼. 그러니 나도 그 사람들 시키는 대로 꺼직기(끌려) 댕겼어요. 우익이 좋은동, 좌익이 좋은동, 알아야 뭘 하지요.
〔질문자: 선생님은 청년기에 역사적으로 여러 가지 일을 겪으셨는데, 심정이 어떠셨어요?〕
요새는 테레비라도 보고 사회를 어느 정도 알지만, 그때는 뭘 알아야 심정이고 뭐고 있지요. 글자도 모르고 아무것도 모르는데요. 우리는 왜정시대부터 오늘날까지 전시에 사는 택이지. 지금도 준전시 아인교. 평생 전쟁터에 사는 우리는 지금도 그냥 시키는 대로 할 뿐이지요. 심정이라고 말할 게 뭐 있십니까?

_ 이종만, 2013년 9월 5일

구술자들이 좌익 하층부 집단을 무지하고 철없는 존재라고 비하하며 표현하는 바탕에는 패배한 그들에 대한 실망감도 내재해 있지만, 자신과 내전기를 함께 겪었던 그들의 죽음을 애도하는 연민의 마음도 숨어 있다. 또한 여기에는 구술자 자신이 겪었던 고통스러운 시간에 대한 숨겨진 트라우마가 반영되어 있다.

빨치산과 지방 좌익에 대한 지역민의 인식을 살펴보면, 주입된 반공 담론을 넘어서 이 세대의 집단적 트라우마를 읽을 수 있다. 그것은 학살에 대한 두려움에서 비롯된 것이다. 대구·경북 지역에서는 아직도 어떤 자리에서 입바른 소리를 하는 사람을 보면, "골로 가니 조심해라"라는 말을 한다. 골짜기로 끌려가 학살당했던 경험이 집단적 기억으로 남아 있는 것이다. 이러한 집단적 기억은 반공의 사회심리 구조를 형성하고 냉전 통치성을 구축하는 토대가 되었다. 그리고 학살에 대한 두려움을 바탕으로 하는 이 세대의 집단적 트라우마를 통해 오늘날 대구·경북 지역이 보수화된 또 다른 원인을 알 수 있다.

구술자들의 증언은 분단·반공체제 아래 이념 갈등이 존재하는 상황에서는 그 솔직함의 정도를 가늠하는 데 한계가 있다. 이 시기를 연구하는 연구자들은 국가권력이 주도적인 상황에서도 지역민들이 어떻게 주체적으로 살았는지 밝히고 싶어한다. 그러나 국가폭력이 극심했던 시기 그들 행적의 자발성 정도나 주체성의 수준을 정확하게 평가하는 것은 현재의 이념과 체제의 벽을 넘어야 가능한 일이다. 구술자들이 그것을 있는 그대로 드러내어 말하기에는 아직 자유롭지 않다. 현재 80대 중반(1930년생) 이상인 구술자들이 점점 노쇠해지고 있는 상황에서, 이에 대해 있는 그대로의 목소리를 듣는 것은 영원히 불가능할 수도 있다.

4   반공의 사회심리와 냉전 통치성

1948년 8월 정부 수립 후 이승만 정권에 맞서면서 여순 항쟁과 '대구 6연대 사건'이 일어났다. 1948년 2·7총파업 투쟁 직후 조직된 남조선 인민유격대는 '대구 제6연대 사건' 이후 더 강화되었다. 여순 항쟁에 뒤이어 3차에 걸쳐 봉기를 일으킨 제6연대 군인 280여 명은 무기를 들고 입산해서 경북유격대에 합세했다.

이 시기에는 도시의 대중운동이 궤멸하고, 농촌과 산지의 유격대 활동이 주가 되었다. 남로당은 정부 수립 후 당국의 탄압으로 합법적 대중운동을 펼칠 수 없게 되자 무장투쟁을 주요한 투쟁전술로 삼았다. 무장투쟁이 당 활동의 중심이 됨에 따라 남로당 경북도당의 조직체계는 농촌의 유격대 활동을 중심으로 바뀌었다. 그리고 도시에서는 직장·공장 세포와 학교 단위의 비합법 세포를 조직하여 유격대의 무장투쟁을 보조하는 활동을 했다. 당국의 탄압으로 당 간부들이 계속 검거되면서 당 조직에는 해방 직후에 활동했던 간부들은 완전히 물러나고, 젊고 알려지지 않은 새로운 인물들이 간부직을 맡았다. 그리고 이 과정에서 지방 진보세력은 중앙조직에 대한 종속성이 강화되었다.

정부는 1948년 12월에 국가보안법을 제정하면서 군인, 경찰, 서북청년단, 호림부대, 현지 우익 청년단체를 동원하여 빨치산을 토벌하고자 했다. 군경은 1949년 여름에서 겨울 사이에 빨치산의 9월 대공세에 맞서 합동 토벌작전을 대대적으로 벌였다. 이에 따라 경북 산악 지역에는 빨치산과 군경의 싸움이 잦았으며, 낮에는 군경이 지배하고 밤에는 빨치산이 지배하는 이중권력이 형성되었다. 경북 농촌의 일부 지역에서는 1946년 10월 항쟁 이후부터 군경의 토벌과 야산대의 무장투쟁이 전개되었으므로, 지역민들은 근 3년간 이중권력 치하에서 생활해야 했다.

유격대의 구성원은 '산사람'과 '들군'으로 구분되기도 했다. '산사람' 즉 '산화山化한 유격대'는 당의 명령에 따라 입산한 유격대원을 말한다. '들군'은 농기구로 무장한 농민군을 말한다. '들군'들은 입산하지 않은 채 '산화한 유격대'와 지역민 사이의 연결 고리 역할을 했으며 낮에는 마을에서 일상생활을 하다가 밤에는 유격대와 합류하여 활동했다. 그들의 연령대는 10대, 20대 청년층이 많았고 계급적으로는 하층민이 많았다. 일부는 지주 출신인 빨치산 지도부와 친인척관계이거나 소작·고용관계로 맺어진 경우도 있었다. 그들은 마을의 일반 주민들과 혈연과 지연 등으로 얽혀 있었으며, 이것은 빨치산과 지역민을 연결하는 기반이 되었다.

'들군'의 역할을 하던 청년들이 빨치산에게 협조하다가 경찰에게 발각되면 진퇴양난의 상황에서 입산하기도 했으므로, 입산자의 하부 구성원과 마을 주민의 경계는 불분명하고 유동적이었다. 그들은 유격대에서 작전을 벌일 때 동원되어 무장투쟁의 주요 구성원이 되었다가 작전을 마치면 다시 마을로 돌아와 생활했으며, 이렇게 동원된 뒤에는 군경에게 한꺼번에 끌려가 집단학살당하는 경우가 많았다. 유격대와 지역민을 연결하여 유격대의 존립 기반을 이루던 '들군'들이 자주적인 조직 단위가 되지 못하고 유격대의 동원 단위로만 활동하다가 집단학살되면서 대중운동의 가능성은 사라지고 유격대도 점차 고립되었다.

이중권력 지역의 마을 청년들은 빨치산과 군경 양쪽에 동원되는 생활을 했다. 들군의 형태로 빨치산에게 동원되던 청년들은 군경이 토벌작전을 할 때는 민보단, 청년방위대 등의 형태로 동원되어 군경에게 길을 안내하고 교전이 있을 때 총알받이 역할을 했다. 그들은 좌·우익 양쪽 집단에 이중적으로 말단 하부단위가 되어 양쪽 집단의 토대를 중복으로 형성했다. 그래서 군경은 주민들을 수시로 모아놓고 누가 빨치산 협조자인지 서로 손가락질하여 지목하게 한 뒤, 공개 총살을 목격시킴으로써 이러한 이중성을 차단하고자 했다.

1949년 하반기에 도시의 지하조직은 당국의 집중적인 검거로 대부분 파괴되었고, 농촌 산지의 유격대도 1949년 겨울부터 1950년 봄까지 전개된 군경 토벌작전으로 대부분 파괴되었다. 정부 수립 전까지 활발했던 진보적 대중운동이 정부 수립 후 퇴조한 것은 일차적으로는 이승만 정권의 엄청난 물리적 폭력 때문이었다. 그러나 동시에 대중을 자주적 단위로 조직하지 못한 남로당과 유격대의 활동 방식도 문제가 있었다.

구술 자료를 통해 빨치산과 지방 좌익에 대한 지역민의 인식을 살펴보면, 주입된 반공 담론을 넘어서 내재하는 학살에 대한 두려움과 이 세대의 집단적 트라우마를 읽을 수 있다. 그 트라우마는 분단·반공체제에서 '지식'으로 표상되는 '사상/이념'에 대한 두려움과 연결되어 있고, 이중권력 아래에서 양쪽에 동원되는 위치에서 강제성과 자발성이 혼합된 채 순응과 저항, 갈등과 협력을 반복하며 생존을 모색해야 했던 상황에 대한 고통스러운 기억과도 연결되어 있다. 이러한 집단적 기억은 전쟁 후 한국 사회에 반공의 사회심리 구조를 형성하고 냉전 통치성을 구축하는 토대가 되었다. 또한 이 세대의 집단적 트라우마는 나중에 대구·경북 지역이 보수화되는 또 다른 원인으로도 볼 수 있다.

학살과 통제

"화약 창고 크기가 약 50평. 갇힌 사람은 15명에서 20명 정도였는데.

밤에 그것들은 총 메고 들어와 기분 내키는 대로 사람을 불러내지.

개귀신도 아니고. 손을 땅바닥에 대라고 한 뒤 손에 방아쇠를 탁 땡기뿐다.

그러면 손에 피가 줄줄 나오는데 그 구멍에 총을 푹 꿰어서 사람을 끌고 나갔어.

셋 들어오면 셋 꿰어서 나가고 둘 들어오면 둘 꿰어서 나가고.

불려 나간 뒤에 5분, 10분 지나면 총소리가 났어."

6장에서는 앞에서 살펴본 항쟁의 과정이 정부의 통제와 민간인 학살로 전개되는 양상을 살펴본다. 우선 대구 지역에서 일어났던 정부 수립기 민간인 학살, 국민보도연맹 조직, 한국전쟁 직후 민간인 학살, 아울러 영천을 사례로 경북 지역의 민간인 학살 과정을 개관하겠다.

그리고 1960년 제4대 국회에서 발간한 『양민학살사건 진상조사보고서』 기록과 진실화해위원회의 조사 결과를 분석하여 한국전쟁 전 대구·경북 지역의 주요 민간인 학살 사건과 학살의 유형을 파악하고 피살자 수, 피살자의 지역별·시기별 분포, 피살자의 사회인구학적 구성 등을 분석하려고 한다. 마지막으로 한국전쟁 전후에 일어난 민간인 학살 사건이 한국 사회의 형성에 어떤 의미가 있었는지 평가하고자 한다.

10월 항쟁 시기부터 시작되어 한국전쟁 전후에 발생한 대구·경북 지역의 민간인 학살 사건은 제주 4·3항쟁이나 호남 지역에서 발생한 여순 항쟁 관련 사건과 비교하면, 조사가 제대로 이루어지지 않은 편이며 학계에서도 활발히 연구되지 않았다.

정부 차원에서는 1960년 4·19 직후 제4대 국회 양민학살사건 진상조사특별위원회에서 이에 대한 조사를 시도한 적이 있다. 당시 제4대 국회는 한국전쟁 전후 '양민피살자신고서'를 접수하여 『양민학살사건 진상조사보고서』를 발간했으며, 피학살자유족회 활동이 활발했던 대구·경북 지역에서는 5천여 장의 신고서를 접수했다. 그러나 제4대 국회의 활동은 5·16쿠데타로 무산되어, 이 자료가 사건의 진상규명을 위해 제대로 활용되지 못했다. 최근 2005년부터 2010년 사이 진실화해위원회에서 일부 사건의 진상을 규명했다.

이 글에서는 이상의 자료를 활용해 한국전쟁 전후 대구·경북 지역 민간인 학살 사건의 실태를 개관함으로써, 그간 조사와 연구가 미비했던 이 분야가 앞으로 본격적으로 조사·연구될 수 있는 토대를 마련하고자 한다.

1   민간인 학살과 체제 통제

정부 수립기 대구 지역의 민간인 학살

1949년에 유격대와 군경의 접전이 일어나면서, 대구시 외곽 지역에서는 남로당 가입자나 산간 지역 주민들이 다수 살해되었다. 이 시기 학살의 주요 목적은 유격대의 보급기지를 차단하고 유격대와 대중운동의 연결 고리를 끊는 것이었으므로, '들군'의 역할을 하던 마을 주민들이 주로 학살되었다.

정부 수립기에는 운동의 중심지가 경북의 산지와 농촌 지역으로 이동했으므로 도시 지역인 대구에는 경북의 군 지역만큼 피살자가 많지 않다. 그러나 대구시와 달성군 거주자들이 시 외곽지로 끌려가서 경찰과 호림부대 등에 의해 집단학살된 사례는 신문기사와 제4대 국회 보고서, 진실화해위원회 보고서 등에서 확인되고 있다. 특히 제4대 국회 보고서에는 피살자들의 직업이 명시되어 있는데 대구·달성 지역 피살자 중에는 농민, 교원, 학생, 노동자, 상인, 임산업자, 광산 직원 등이 포함되어 있다.[1]

주요 학살지는 달성군 가창면 상원동 달성 중석광산이었다. 제4대 국회 『최종보고서』에는 "1949년 3월 18일부터 1950년 7월 중순까지 호림부대와 소속 불명의 군복 무장병이 가창면 상원동 중석광산에서 140명을 학살했다"[2]라고 기록되어 있다. 달성 중석광산 학살 사건은 현장 생존자의 증언도 있다. 달성군 가창면 주민 전○희는 1949년 호림부대원에게 끌려가서 달성 중석광산 화약 창고에 일주일 동안 구금되었다가 풀려났다. 그는 화약 창고에 함께 구금되었던 사람들이 밤마다 호림부대원들에게 끌려나가 창고 근처에서 총살당하는 소리를 들었으며, 그중에는 대구 전매국 노동자와 철도 노동자도 포함되어 있었다.

> 화약 창고 크기가 약 50평. 갇힌 사람은 15명에서 20명 정도였는데 수시로 불려 나가고 실어다 들이고 해서 (숫자가) 일정하지 않았어. 전매국 직원 10여 명이 끌려왔고 철도청 사람도 잡혀와 맞는 걸 봤고. 밤에 그것(호림부대원)들은 총 메고 들어와 기분 내키는 대로 사람을 불러내지. 개귀신도 아니고. (불러낸 사람에게) 손을 땅바닥에 대라고 한 뒤 손에 방아쇠를 탁 땡기 뿐다. 그러면 손에 피가 줄줄 나오는데 그 구멍에 총을 푹 꿰어서 사람을 끌고 나갔어. 셋 들어오면 셋 꿰어서 나가고 둘 들어오면 둘 꿰어서 나가고. 불려 나간 뒤에 5분, 10분 지나면 총소리가 났어.
>
> _ 달성군 전○희, 2015년 7월 30일

당시 달성 중석광산 근무자 서상일의 증언에 따르면, 1949년 여기에 주둔하던 호림부대원들은 광산 옆의 옥산 전씨 제실을 사무실 겸 취조실로 사용했고 광산의 화약 창고를 구금 장소로 사용하면서 민간인을 학살했다. 그리고 경찰 주둔소가 따로 있어 남대구서에서 파견된 경찰이 15명 정도 주둔하면서 호림부대원들의 활동을 보조했다. 이곳은 한국전쟁 직후에도 국민보도연맹원과 형무소 재소자 학살 장소로 사용되었다. 구술자 서상일은 한국전쟁 직후에도 광산에 헌병대가 주둔했고, 자신은 헌병대와 군인이 민간인을 학살할 때 시신 처리에 동원되었다고 하면서, 트럭 여러 대가 열 차례 정도 민간인을 싣고 와서 학살했다고 증언했다.[3]

1960년 대구시 달서구 본리동 유해 발굴 현장.
ⓒ 진실화해위원회, 「군위·경주·대구 지역 국민보도연맹 사건」, 2009b, 615쪽.

또 다른 민간인 학살지로 자주 거론되는 곳은 대구시 달서구 본리동 학산 일대다. 이곳은 현재 대구시 달서구 본리동, 상인동, 송현동이 경계를 이루는 곳으로 '월배 본리골', '본리동 부채골' 등 다양한 이름으로 불렸다. 진실화해위원회 조사에 따르면, 이 책 5장에서 기술한 1949년 8월 29일 '화원 사건'이 발생한 직후, 마을 구장 신재식 등 달성군 주민 20여 명이 화원지서로 연행되어 구금되었다가 화원면 본리동 부채골에서 사살되었다.[4] 1960년 신문에도 1949년부터 1950년 6·25 직후까지 본리동 과수원 서남계곡에서, 그리고 1949년 겨울 상인동에서 민간인 학살이 있었는데 대구피학살자유족회 회원들이 유해를 발굴했다는 기사가 실렸다.[5]

정부 수립기 경북 지역의 민간인 학살: 영천의 사례

경북 지역의 경우 내전과 이중권력 상황에서 입산자의 하부 구성원과 마을 거주민의 경계가 유동적이었던 점은 민간인 학살이 대규모로 일어난 원인이 되었다.

당시 군경은 토벌 과정에서 무장 유격대와 교전을 벌이기도 했지만, 산속에 숨어 있는 입산자를 토벌하기가 쉽지 않았으므로 마을에서 활동 중인 좌익 혐의자들을 1차 토벌 대상으로 보았다. 그러나 입산하지 않은 좌익 활동가도 핵심적인 사람들은 대부분 도피한 상태였으므로 체포하기가 어려웠다. 이러한 상황에서 군경은 마을 주민 중에서 1946년 10월 항쟁에 연루된 구속 전력자, 입산자나 남로당원의 가족과 친척, 입산자에게 동원되어 활동한 뒤에 자수한 마을 청년들을 토벌 대상으로 가장 먼저 지목하였다.

산간마을에서 토벌작전을 할 때에는 마을 청년들을 학교 운동장이나 마을회관 앞에 소집하여 무차별 구타한 뒤, 누가 좌익 협조자인지 서로 지목하게 하고 지목된 사람은 바로 총살하는 방식으로 전과를 올렸다. 1949년 8월 영천 임고면 수성동 학살 사건, 9월 영천 임고면 금대동 학살 사건은 이런 형태로 학살이 일어난 대표적인 사례다. 1949년 10월 영천 화산면 유성동 학살 사건은 마을 청년들이 추석에 한데 모여 놀았는데 그중 남로당 가입자가 있었다는 이유로 청년들을 지서로 끌고 간 뒤 학살한 경우다. '무진생(1928년생) 이상의 마을 청년들은 거의 다 남로당에 가입했던' 영천 금호면 도남동이나, '국민학생, 중학생까지 모두 좌익의 심부름을 했던' 영천 화북면 구전동에서는 마을 남성 수십 명이 학살 대상이 되었다.[6]

영천의 사례를 보면, 정부 수립기에 군경에게 학살된 민간인은 최소한 600명 이상으로 추산된다. 제4대 국회에서 발간한 『양민학살사건 진상조사보고서』에 따르면 한국전쟁 전후를 통틀어 영천 지역에서 신고된 피살자 중 군경에게 살해된 사람은 380명이며, 이 중 1948년 8월 15일부터 1950년 6월 24일 사이 정부 수립기에 살해된 사람은 39퍼센트인 147명이다. 그리고 이들이 피살된 시기에 따라 세분해보면, 정부 수립기 피살자의 71퍼센트인 104명이 1949년에 학살되었고, 특히 정부 수립기 피살자의 51퍼센트인 75명이 1949년 하반기에 학살되었다.[7] 그리고 진실화해위원회 조사 결과를 보면, 한국전쟁 전후 군경에 의한 영천 지역 희생자 중 조사를 통해 신원이 밝혀진 사람은 502명인데, 이 중 정부 수립기 희생자는 43퍼센트인 216명이다. 정부 수립기 희생자 216명의 76퍼센트인 165명이 1949년에 학살되었고, 특히 1949년 하반기에 집중적으로 학살되었다. 정부 수립기 희생자 216명은 성별로는 남성이 98퍼센트, 직업별로는 농민이 93퍼센트다. 나이대별로는 30대 이하가 90퍼센트로, 특히 10~20대가 67퍼센트를 차지한다.[8] 이 통계를 보면, 영천 지역에서는 빨치산의 9월 대공세와 군경의 집중 토벌작전이 벌어진 1949년 하반기에 10~20대 청년들이 다수 학살된 것으로 나타난다. 이들은 마을에 거주하던 비무장 민간인, 또는 입산자 중 체포되거나 자수한 뒤 재판 없이 학살된 사람으로, 빨치산 하부 구성원과 마을 주민 사이에서 유동층을 구성했던 사람들이 상당수 포함되어 있었을 것으로 추정된다.

국민보도연맹과 한국전쟁 시기의 민간인 학살

이승만 정권은 단독정부 수립 후 민간인 학살을 통해 반대 세력을 제거하고 반공 선전을 강화했다. 1948년 12월에 국가보안법을 제정·공포한 후에는 살던 지역에서 이주하려는 주민을 대상으로 유숙계 제도를 시행하고, 학도호국단 및 민보단과 대한청년단을 편성하여 각계 각층을 통제하여 대중의 신체를 직접적으로 구속했다.[9] 또한 좌익 교원과 학생들을 통제하기 위해 대구 칠성동 어망공장을 학생관계수용소(학도훈련소)로 개소했다.[10] 이 어망공장은 당시 경상북도 경찰청 특경대장을 맡았던 이강학이 운영하던 곳이라는 증언이 있다.[11]

1949년 4월에는 '좌익 전향자 조직'인 국민보도연맹을 만들었다. 국민보도연맹 경상북도연맹(이하 경북보련)은 1949년 11월 6일에 대구공회당에서 청중 1천여 명이 모인 가운데 선포식을 했다. 경북보련의 간사장은 백기호, 부간사장은 배승환, 총무부장과 보도부장은 마영, 조직부장은 양재소, 선전부장은 백기만이었다.[12] 결성 당시 경북보련은 임시사무소를 대구경찰서 3층에 두고 450명의 자수자를 포섭했으며, 그중에는 남녀 중학생 약 80명도 포함되어 있었다.[13] 11월 23일에는 대구에서 총 1,554명이 국민보도연맹에 가맹한 것으로 집계되었다. 가맹자의 인적 구성을 보면, 학생이 절반이었고, 민청원이 약 20퍼센트, 남로당원이 약 17퍼센트, 여맹원이 약 8퍼센트였다.[14] 경북보련은 대구와 달성군 지역을 대상으로 한 것으로 보이며, 가맹자가 그 뒤에도 계속 늘어나 12월 5일 기준 3,332명이 가입했다. 1949년 12월 7일자 신문기사에는 경북보련 가맹자의 성별·직업별 인원이 실려 있다. 성별로 보면, 전체 3,332명 중 남성이 2,818명(85퍼센트), 여성이 514명(15퍼센트)이다. 직업별로 보면, 학생 1,056명(32퍼센트)으로 가장 많고, 그다음으로는 무직이 570명(17퍼센트), 노동·공원이 534명(16퍼센트), 농업이 424명(13퍼센트)을 차지했다. 사회적으로 지식인층에 해당하는 공무원·의사·변호사·기자·약제사·승려는 124명(4퍼센트)이었다(238쪽 〈표 6-1〉 참조).[15] 이 숫자는 1949년 12월 5일 기준의 잠정 집계치이므로 한국전쟁 발발 직전의 가맹자 수는 훨씬 더 많았을 것이다. 적어도 4천 명은 넘었을 것으로 추정된다.

1950년 3월 10일에는 경북보련 간사장 백기호가 국가보안법 위반 혐의로 경찰에 검거되는 사건이 있었다. 백기호는 경북 영천 출신이며 1920년대 사회주의 운동을 했던 활동가로, 1926년 6월경 '2차 조선공산

직업	남	여	계
학생	688	368	1,056
무직	472	98	570
노동·공원	508	26	534
농업·과수원	414	10	424
상업·점원·행상	298	2	300
회사원	134	2	136
공무원·의사·변호사·기자·약제사·승려	116	8	124
기타 광공업, 자영업[16]	188	0	188
계	2,818	514	3,332

〈표 6-1〉 경북보련 가맹자의 성별·직업별 인원(1949년 12월 5일 기준)
출처: 『영남일보』, 1949년 12월 7일

당 검거사건' 때 검거되어 1927년 4월 면소처분을 받았다.[17] 해방 직후에
는 조선인민당에서 활동하다가 3당 합당 후 남로당에 합류했으며,[18] 10월
항쟁 관련으로 구속된 뒤 1947년 7월에 석방되어 남로당 재정을 후원하는
역할을 했다. 그는 일제강점기에 활동했던 소설가 백신애의 오빠이기도
하다. 1950년 3월 12일 『영남일보』 기사에 따르면, "백기호는 남로당의 지
령을 받고 경북보련 간사장에 취임, 야산유대를 자기 주택 내에 은폐, 치
료 혹은 야산유대에 의약품을 구입 제공하고, 경북보련을 자당 세력의 확
대 강화 기관으로 오인"했다고 한다.[19] 경산 반야월에 있던 백기호의 과수
원은 한국전쟁 전 유격대원들이 입산 루트로 활용하거나, 한국전쟁 직후
국민보도연맹원이 학살을 피해 은신처로 활용했다는 증언이 있다.[20] 한편
국민보도연맹원이 다수 분포되어 있던 영천의 몇몇 마을에서는 국민보도

연맹에 가입한 청년들이 지서 인근에서 집단 거주하며 활동했다는 증언도 있다.[21] 이와 같은 기사와 증언을 보면, 국민보도연맹 가입 후에도 남로당 활동을 계속한 간부나 맹원이 있었던 것으로 보인다.

대구의 국민보도연맹원들은 한국전쟁 발발 직후에 대구형무소 재소자들과 함께 경산 코발트광산, 대구 가창골, 달성 중석광산 등지에서 학살되었다. 정확한 희생자 수는 밝혀져 있지 않다. 한국전쟁 발발 직전 가맹자 수를 최소 4천 명으로 잡고, 다른 지역의 사례에 비추어 가맹자의 60퍼센트 정도가 학살되었다고 본다면, 대구형무소 재소자 학살자 1,400명과 합쳐서[22] 대구에서 적어도 3,800명 이상이 학살된 것으로 추산된다. 제4대 국회 보고서에는 한국전쟁 발발 후 학살된 대구 지역 피살자 411명의 명단이 있는데, 대부분 국민보도연맹 사건 피살자로 추정된다.[23]

이러한 상황은 경북 지역도 마찬가지였다. 당시 신문에 의하면, 1950년 2월 1일 경북보련 군위군지부와 성주군지부가 결성을 선포했고, 경주군지부는 2월 8일에, 경산군지부는 2월 9일에 결성을 선포했다. 그리고 포항군지부와 영일군지부는 2월 13일에 활동을 개시했다. 이를 볼 때 경북보련 각 군 지부는 1950년 2월경 일제히 결성된 것으로 보인다.[24] 영천 지역의 경우, 1950년 2월 군경의 토벌작전에서 살아남은 민간인 상당수가 국민보도연맹에 가입했다. 경북보련 영천군지부 국민보도연맹원은 약 1천 명 정도이며, 이 중 최소 600여 명이 한국전쟁 개전 직후 영천경찰서 소속 경찰과 당시 영천에 주둔했던 국군에게 학살되었다.[25] 이 시기에 학살된 민간인들은 1946년 10월 항쟁 관련자들이 군경의 진압을 피해 입산하여 저항하다가 1949년 말~1950년 초에 대대적 토벌에 직면하면서 자수한 경우와, 이들과 연루되었던 주변 지역 주민들이 다수를 이룬다. 1946년 10월 항쟁과 영천 국민보도연맹 사건의 관련성은 미군 문서에도 다음과 같이 기록되어 있다.[26]

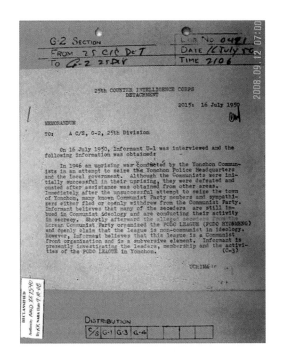

2008.09.12 07:00

1950년 7월 16일 제25사단 방첩대에서 정보원으로부터 영천의 국민보도연맹에 관한 정보를 인터뷰하여 사단 G-2에 보고하면서 1946년 10월 항쟁과 국민보도연맹 조직의 관련성을 설명한 문서. ⓒ 미국 국립문서기록 관리청(진실화해위원회, 「경북 영천 국민보도연맹 사건」, 2009d, 139쪽 수록)

1946년 영천의 공산주의자들이 경찰본부와 지역 정부를 장악하려고 반란을 일으켰다. 공산주의자들은 처음에는 반란을 일으키는 데 성공했으나 다른 지역에서 지원군이 온 뒤에 패배하고 쫓겨났다. 유명한 공산당원들과 동조자들 다수가 영천 중심가를 점령하려다가 실패하자 도피하거나 공산당을 공개적으로 탈당했다. (……) 공산당을 탈당했다는 자들은 보도연맹PODO LEAGUE(PODO RYONMENG)을 조직했고 이 연맹이 비공산주의 조직이라고 공개적으로 주장했다.

_ 제25사단 본부, G-2 보고서, 1950년 7월 16일

영천 지역의 국민보도연맹원 예비검속은 전쟁 발발 직후인 1950년 6월

26일부터 시작되었고 한국전쟁 직후의 학살은 3차에 걸쳐 진행되었다. 1차로, 1950년 7월 10일에서 7월 말 사이, 경상북도 인민위원회 노동부장을 맡았던 정시명과 남로당 영천군당 총무부책 안경수 등 지도자 40명 이상이 영천의 여러 곳에서 경찰에게 학살되었다. 2차로, 낙동강 전선이 형성되던 1950년 8월 초순에 영천 북부의 전선 접경 지역에서 380여 명이 학살되었다. 특히 음력 6월 25일인 8월 8일을 전후하여 임고면 아작골(절골)에서 150여 명이, 자양면 벌바위에서 100여 명이 집단학살되었다. 화북면 구전동(현 화남면 구리)에서는 주민 수십 명이 피난길에 마을 입구에서 집단적으로 끌려가서 학살되었다. 3차로, 영천·신녕전투가 벌어지던 9월 초순과 중순에 영천경찰서에 장기 구금되어 있던 국민보도연맹원과 피난민 일부가 전선 후방인 영천 남부 지역에서 학살되었다. 그리고 이 무렵에 금호면 도남동의 국민보도연맹원 37명을 포함하여 최소 170명 이상이 고경면, 대창면, 북안면 등의 산골짜기에서 학살되었고, 당시 후퇴하면서 남진한 각 사단 소속 헌병대와 미군 방첩대 등이 경찰서 사찰계의 협조하에 격전 지역 바로 후방에서 남은 구금자들과 피난민 속의 '오열 검거'를 위해 '즉결처분'을 하면서 민간인 학살 사건이 일어났다.[27]

2 　기록으로 본 학살 사건

이 절에서는 제4대 국회『양민학살사건 진상조사보고서』의 기록을 분석하여 한국전쟁 전에 경북 지역에서 발생한 주요 집단학살 사건을 파악해본다(앞 절에 서술한 대구·달성 지역과 영천 지역은 제외한다).

1960년 4·19 직후 제4대 국회에서 '양민학살사건 진상조사특별위원회'(이하 제4대 국회)를 구성하고 한국전쟁 전후 민간인 학살 사건을 조사했다. 조사는 '양민피살자신고서'를 접수하고, 이를 근거로『양민학살사건 진상조사보고서』(이하 제4대 국회 보고서)를 발간하는 방식으로 이루어졌다. 피학살자유족회 활동이 활발했던 대구·경북 지역에서는 5천여 건의 신고서가 접수되었다. 그러나 제4대 국회는 신고를 통해 접수된 사건 중극히 일부만 조사하여 최종 보고서에 담았으며, 그 활동마저 5·16쿠데타로 무산되었다.

제4대 국회 보고서는『최종 보고서』와『시·군별 보고서』로 구성되었다.『시·군별 보고서』는 권당 200~300매의 '신고서'와 신고서의 내용을 정리한 '연명부', '집계표'로 이루어졌다. 신고서에는 당시 국회가 한국전쟁 전후 '양민 피살자'로 신고받은 사람들의 인적 정보와 가해 기관, 피살 시기, 피살 장소, 피살 경위에 대한 기록을 1인당 A4용지 1~2장 분량으로 수록하고 있다. 신고서에 기록된 피살자 중 피살 일자, 장소, 경위가 같거나 비슷한 사람들은 집단학살된 것으로 판단된다.

2005년에서 2010년 사이 진실화해위원회에서는 제4대 국회 보고서 등 문서 자료와 주민들의 진술을 바탕으로 일부 민간인 학살 사건의 진상을 규명했다. 한국전쟁 전 대구·경북 지역 민간인 학살 사건과 관련해서는 13편의 사건보고서를 발표했고, 희생자 583명(희생 추정자 포함)에 대해 '진실규명'을 결정했다. 즉, '문경 석달 사건'(86명 진실규명), '청도 민간인 희생 사건'(21명 진실규명), '영덕 지품면 민간인 희생 사건'(34명 진실규명), '영천 청통면 이영쇠 사망 사건'(1명 진실규명), '한국전쟁 이전 경산 지역 민간인 김종학 외 9명 희생 사건'(10명 진실규명), '경주 감포읍 정호식·정의선 희생 사건'(2명 진실규명), '영천 민간인 희생 사건'(205명 진실규명), '대구 10월 사건 관련 민간인 희생 사건'(60명, 첨부 자료 41명 진실규명), '경주 지역 민간인 희생 사건'(40명 진실규명), '군위·안동·영주·의성 민간인 희생 사건'(14명 진실규명), '예천·문경 민간인 희생 사건'(44명 진실규명), '대구·고령·영천·성주 민간인 희생 사건'(5명 진실규명), '봉화·영양·청송 민간인 희생 사건'(20명 진실규명)이 이에 해당하는 것이다. 그러나 진실화해위원회는 한시적 기구라는 조건 때문에 주로 신청사건을 중심으로 사건 조사를 했으므로 상대적으로 신청인이 적은 대구·경북 지역의 사건에 대한 조사는 미비했다.

여기에서는 대구·경북 지역 『시·군별 보고서』 19권에 수록된 신고서의 내용을 근거로 지역별 주요 사건을 정리해본다. 이 가운데 약 10퍼센트는 진실화해위원회 조사를 통해 진실규명되거나 다른 자료를 통해 소개되었으나, 약 90퍼센트는 그동안 조사되지 않은 것이다.[28] 또한 신고서에는 소수만 기록되어 있으나, 진실화해위원회 조사에서는 수십 명이 집단학살된 것으로 밝혀진 경우도 있다. 이 사건들은 향후 현지조사를 통해 구체적인 진상 파악과 검증이 필요하다.

경주·월성

경주·월성의 경우, 제4대 국회 보고서에 한국전쟁 전 피살자 231명에 대한 기록이 있다. 이 중에는 1949년 5월 안강지서 방화 사건이 일어난 직후 월성군 안강읍의 여러 지역에서 집단학살이 일어났음을 보여주는 기록이 있다. 즉 권택주 등 안강읍 주민 23명에 대한 신고서에는 1949년 6~7월 경 안강읍 주민들이 군경에게 연행된 뒤 지서에 감금되었다가 안강읍 육통리 능골,[29] 노당리(재말낭이) 산림,[30] 강교리 산골,[31] 두류리 저수지 제방 근처(안강수리조합 저수지 서면 계곡),[32] 하곡동 산골[33]에서 각각 집단학살되었다는 기록이 있다. 특히 전영만에 대한 신고서에는 피살자 가운데 학생이 다수 포함되어 있다는 기록이 있고, 문이수에 대한 신고서에는 주민들이 안강지서를 방화하지 않았는데도, 안강지서 방화 혐의로 사살되었다는 기록이 있다.

현지조사 결과 지역 주민들도 1949년 6~7월경 안강읍에서 집단학살 사건이 있었다고 증언했다. 특히 육통리 능골 학살 사건의 현장 생존자 중 한 사람은 "나는 모심기를 하던 중 안강지서로 끌려가 구금되었다가 주민 40~50명과 함께 트럭에 실려 사건 현장까지 끌려갔다. 그곳에서 군인들에게 총격을 당한 뒤 바로 정신을 잃었는데, 깨어보니 주위의 희생자 중에는 어린 중학생들이 많이 있었다. 안강중학교 학생들이었다"라고 증언했으며, 이 증언은 전영만에 대한 신고서에 기록된 내용과 일치한다.[34]

경주·월성 지역에는 이 사건 외에도 1949년 6월 22일 또는 28일에 경주군 내동면 황룡리 절골에서 주민들이 국군에게 살해된 사건이 있었다. 왕유종 등 7명에 대한 신고서에는, "국군이 적의 습격을 받아 군인 1명이 피살된 관계로 분기충천하여 부락민을 총살"했으며, "당시 백골부대가 황룡리 절골을 포위하여 주민을 전부 한 곳에 몰아놓고 남녀노소 무차별 총

살하는 한편 가옥 10여 호에 불을 질렀다"라는 기록이 있다.[35]

이협우를 우두머리로 하는 민보단(이후 대한청년단)에 의한 민간인 학살 사건도 자주 있었다. 제4대 국회 보고서에 따르면 한국전쟁 전 월성군 내 남면 등지에서 이협우 등에게 살해되었다는 신고서의 피살자는 63명이다. 이 중 44명은 여성, 노인, 미성년자인데, 그 가운데에는 3~9세 아동 17명 이 포함되어 있다. 대표적인 사건으로는 1949년 3월 8일 월성군 내남면 망성리 최순근 일가 6명 학살 사건,[36] 음력 6월 20일 내남면 명계리 최현 준 일가 22명 학살 사건,[37] 음력 7월 7일 같은 마을의 김원도 일가 22명 학 살 사건을 들 수 있다. 그중 김원도 일가 학살 사건은 2010년에 진실화해 위원회에서 '진실규명'으로 결정되었다.[38]

경산·청도·영일

경산의 경우, 제4대 국회 보고서에 한국전쟁 전 피살자 65명에 대한 기록 이 있다. 진실화해위원회에서는 이 가운데 1949년 음력 3월 10일 경산군 용성면 부제동 주민 10명이 부제동 공동묘지에서 지서 순경에게 사살된 사건을 조사하여 '진실규명'으로 결정했다.[39]

청도의 경우, 제4대 국회 보고서에 한국전쟁 전 피살자 166명에 대한 기록이 있다. 이와 별도로 진실화해위원회의 '청도 민간인 희생 사건' 보 고서에는 한국전쟁 전 희생자 21명에 대한 기록이 있다. 진실화해위원회 보고서는 1949년 3월경 청도군 매전면 동산동 주민 18명이 백골부대에 게 끌려가 동산동 뒷산에서 사살된 내용을 수록했는데, 이 가운데 7명의 신원이 확인되었다. 또한 3월 21일 각북면 삼평리 주민 5명이 각북지서에 연행되어 삼평리 뒷산에서 사살되었다. 6월 22일에는 청도읍 한재리 주민

10여 명이 빨치산에게 밥을 해주었다는 이유로 경찰에게 끌려가 사살되었다. 음력 12월 4일에는 청도군 이서면 금촌동 주민들이 각북면 삼평동 뒷산에서 경찰에게 살해되었다.[40] 진실화해위원회 보고서에 실려 있는 사건의 일부는 제4대 국회 보고서의 기록과 중복된다.[41]

진실화해위원회 보고서에는 기록되지 않았으나, 제4대 국회 보고서에 따르면 1949년 음력 5월에서 7월 사이 청도군 운문면 오진동에서 최소 22명 이상의 주민들이 경찰 또는 백골부대에게 살해되었다. 이 중에는 5월 10일 박봉달 등 8명이 활엽수를 채취하고 하산하던 중 백골부대에게 사살된 사건과 6월 4일 김달곤의 가족 4명이 사살된 사건이 포함되어 있다.[42]

영일의 경우, 제4대 국회 보고서에 기록된 한국전쟁 전 피살자는 169명이다. 제4대 국회 보고서에 기록된 이 지역의 주요 사건은 다음과 같다.

- 1949년 2월 24일, 영일군 죽장면 상옥리 주민들이 월성군 강동면 안강에서 육군 맹호부대에게 살해되었다.[43] 2월 26일에는 영일군 동해면 증흥리에 살던 일가족 5명이 서북청년단에게 살해되었다.[44]
- 1949년 3월 20일경에는 영일군 지행면 대곡리 주민들이 군인에 의해 트럭에 실려가다가 지행면 구룡포로 가던 도중 고디골에서 살해되었다.[45]
- 1949년 9월 23일경에는 영일군 지행면 산서리에 살던 일가족 4명이 국군 제12연대에게 가옥을 전소당한 후 살해되었다.[46]
- 1949년 10월 17일경에는 영일군 죽장면 월평리, 봉계리, 입암리 주민들이 죽장면 입암리 하천에서 육군 맹호부대에게 살해되었다.[47]
- 1949년 11월 10일경 영일군 죽장면 상사리, 하사리 주민들이 마을에 주둔하던 맹호부대에게 끌려가 청송군에서 살해되었다.[48]

그리고 1960년대 신문에는 "1949년과 1950년에 걸쳐 영일군 구룡포읍, 대포면, 동해면의 3개 읍면에 주둔했던 백골부대, 해군 헌병대, 대한청년단원들에게 약 250명이 총살당하고 500여 명이 수장되었다"라는 기록이 있다.[49]

칠곡·고령·성주·군위·김천·금릉

칠곡의 경우, 제4대 국회 보고서에 기록된 한국전쟁 전 피살자는 16명이다. 주민들은 1949년 6월 초순 석적읍 성곡리 벼랑골에서 집단학살 사건이 있었다고 증언한다. 1949년 5월 말 칠곡군 지천면 심천동에 지서 경찰이 들어와서 주민들을 칠곡경찰서로 연행했다. 연행된 사람 가운데 일부는 6월 초순에 석방되었으나, 이수영 등 5명은 칠곡군 석적읍 성곡리 벼랑골에서 사살되었다. 가족들은 사건 현장에서 이들의 시신을 수습하면서 수십 명의 시신이 무더기로 있는 것을 목격했다.[50]

제4대 국회 보고서에 따르면 고령군은 한국전쟁 전 피살자가 12명이고, 성주군은 11명이다. 군위군은 한국전쟁 전 피살자가 27명, 김천·금릉 지역은 4명, 상주는 5명이다. 이 지역들은 한국전쟁 후 피살자가 많다.

영덕

영덕은 1946년 10월 항쟁 후부터 대둔산과 동대산을 중심으로 박종화 부대 등 빨치산의 활동이 활발했으며, 군경의 토벌작전도 잦았던 지역이다. 제4대 국회 보고서에 기록되어 있는 한국전쟁 전 피살자는 대구·경북의 시·군 중 가장 많은 350명이다.

진실화해위원회는 영덕에서 일어난 사건 가운데 '영덕군 지품면 민간인 희생 사건'을 '진실규명'으로 결정한 바 있다. 이에 따르면, 1949년 12월 31일 국군 제25연대 군인들이 영덕군 지품면 송천동과 수암동 주민들을 마을 앞 공터로 소집하여 빨치산 협조자를 색출한다는 이유로 폭행하고, 청장년 남성들은 원전국민학교로 끌고 갔다. 이튿날 이 가운데 19명이 원전리 각별계곡에서 사살되었다. 비슷한 시기에 지품면 용덕동에 빨치산이 식량 조달을 위해 다녀간 뒤 주민들이 지서에 신고했다. 그러자 국군 제25연대 군인들이 마을을 수색하고 주민들을 소집해 폭행한 뒤, 여성을 포함한 젊은이들을 끌고 가서 원전리 각별계곡 등에서 사살했다.[51]

제4대 국회 보고서에는 영덕군 지품면에서 1949년 11월부터 1950년 1월 사이에 총 44명이 제25연대 군인들에게 살해되었다고 기록되어 있다. 이 중 송천동과 수암동 주민은 15명의 신고서가 있다.[52] 용덕동 주민은 20명의 신고서가 있다.[53] 개인별 신고서의 기록을 종합해보면, 이 시기에 지품면의 다른 마을 주민 6명도 용덕동 주민들과 같은 이유로 지품면 딱박골 등에서 육군 제25연대에게 사살되었고,[54] 영양군 석보면 포산리 주민들도 음력 12월 2일 맹호부대에 의해 영덕군 지품면으로 끌려와서 사살되었다.[55]

지품면 이외에 영덕군 영해면 주민 17명에 대한 신고서에는 1949년 8월에서 1950년 2월 사이 이 마을 주민들이 영해 공동묘지에서 지서 주임 엄동열에게 사살되었다는 기록이 있다.[56] 4·19 직후에 발간된 신문은 1949년 4월부터 수개월 동안 영해면에서 10여 명의 부녀자를 포함한 60여 명의 주민이 학살되었다는 보도를 함으로써 이 사실을 입증하고 있다.[57]

영덕군 창수면 주민들은 1949년 12월 17일 영양군으로 끌려가서 살해되었다. 이들 가운데 14명에 대한 신고서에는 "1949년 12월 17일 맹호부대 26연대가 와서 길 안내를 해달라고 하며 무죄한 사람을 데리고 가 본면 지서에 하룻밤 구류시킨 후 영양군 석보면 홍계리에 가서 무조건 집단 총살했음"이라는 기록이 있다.[58]

　4·19 직후 한 신문은 1950년 음력 3월 14일 국군 제3사단 제22연대 군인들이 영덕경찰서에 유치되어 있던 31명의 피의자들을 영덕면 덕곡동 속칭 두매루들골 뒷산에서 집단사살했다고 보도했다.[59]

영양·안동·영주·예천·의성·봉화·문경

제4대 국회 보고서에 따르면 영양은 한국전쟁 전 피살자가 149명이다. 제4대 국회 보고서에 기록된 이 지역의 주요 사건은 다음과 같다.

- 1948년 11월 20일 영양군 석보면 요원동 주민들이 백골부대 정보원에게 심문을 당한 뒤 영양면 동부동에서 사살되었고, 12월 1일 영양군 석보면 소계리 주민들이 군인에게 연행된 후 석보면 원리에서 사살되었다.[60]
- 1949년 3월 25일경 영양군 입암면 방전동 주민들이 영양경찰서 경찰에게 검거된 뒤 영양면 무창동과 동부동에서 살해되었다.[61]
- 1949년 10월 11일 영양군 입암면 신사동 주민들이 영양군 영양면 서부동 팔십곡에서 백골부대에게 사살되었다.[62] 음력 11월 11일경에는 영양군 일월면 용화동, 도계동, 섬촌동 주민들이 마을을 습격한 백골부대 1개 중대에 의해 트럭에 실려가서 영양군 수비면 발리동 공동묘지에서 사살되었다.[63] 이 두 사건은 진실화해위원회에서 신청 사건만 일부 진실규명되어 '경북 봉화·영양·청송 민간인 희생 사건 보고서'에 기록되어 있다.[64]
- 1949년 12월 2일 영양군 일월면 용화동 주민들이 영양경찰서에 3일 유

치되었다가 영양면 무창동에서 사살되었다.[65]

제4대 국회 보고서 기록에 따르면 안동은 한국전쟁 전 피살자가 141명이다. 제4대 국회 보고서에 기록된 주요 사건은 다음과 같다.

- 1948년 9월 15일경 안동군 예안면 도촌동(고사리골) 주둔 백골부대가 이 지역을 공비잔류 지구라 하여 주민들을 집단사살했다.[66]
- 1949년 7월 28일 또는 8월 20일경 안동군 길안면 대곡동 주민들이 청송군 진보면 주둔 군인에게 끌려가서 길안면 지동 앞 천변에서 사살되었다.[67]
- 1949년 8월 15일에서 9월 12일 사이 안동군 풍산면 주민들이 풍산면 상리동 하천변, 막곡동 뒷산, 매곡동 천변에서 살해되었다.[68]
- 1949년 12월 14일 청송군 진보면 주둔 백골부대 1개 중대가 안동군 도산면 온혜2동에 와서 주민 17~18명을 부역을 위해 동원한 뒤 주둔지인 청송군 진보면으로 끌고 가서 구타·고문하여 실신케 한 뒤, 6~7일 후인 12월 20일경 영양군 일월면 주곡동 뒷산에서 사살했다.[69]

영주는 제4대 국회 보고서에 기록된 한국전쟁 전 피살자가 35명, 예천은 58명이다. 주요 사건을 살펴보면, 영주에서는 1949년 음력 8월 8일에서 16일 사이 단산면 주민들이 순흥면 미봉산에서 군인들에게 살해되었다.[70] 예천에서는 1949년 9월 18일 용궁면 월오동 주민들이 예천면 청복동에서 경찰에게 살해되었다.[71] 이 두 사건은 진실화해위원회에서 신청 사건만 일부 진실이 규명되었다.[72]

의성은 제4대 국회 보고서에 기록된 한국전쟁 전 피살자가 7명이다. 의성에서는 안계면 봉양동 주민들이 1949년 음력 6월 9일 비안면 용남동과

이두동 사이 지점에서 군인에게 사살되었다.[73]

　제4대 국회 보고서 미입수 지역인 봉화군은 4·19 직후 발간된 신문에 민간인 학살 사건이 보도되어 있다. 이에 따르면 1949~1950년에 주민들이 빨치산에게 식량을 준 혐의로 9개 면 도처에서 학살되었다. 특히 물야면 오록동과 봉화면 도촌동, 유골동 등에서는 100여 명의 주민들이 산호부대, 백골부대 군인과 의용경찰에게 학살되었다.[74]

　문경의 경우, 문경군 신북면 석봉리 석달마을에 1949년 12월 24일 제2사단 제25연대 제2대대 제7중대 군인 70여 명이 들어와서 주민들을 수류탄과 총으로 학살하고 가옥에 불을 질렀다. 이 사건으로 주민 127명 중 86명이 희생되었으며, 이 가운데에는 여성 43명, 아동 32명이 포함되어 있었다. 그리고 1949년 음력 8월 2일 문경군 문경읍 갈평리에 국군 제16연대 군인들이 마을에 들어와서 민보단장 이갑록, 부단장 권두칠 등 17명을 학살했다. 당시 농촌 산간마을에서는 군경이 토벌작전을 펼치면서 마을에 들어왔을 때, 마을 대표가 구장이나 우익단체장을 하다가 학살된 경우가 있다. 그들은 횡포를 부리는 군경에 맞서 마을 주민 편을 들다가 학살되거나, 우익단체장을 하면서도 지방 좌익을 몰래 돕다가 발각되어 학살되었다. 문경 석달마을 사건의 진상은 제4대 국회 최종 보고서에 실려 있고 갈평리 사건의 진상은 경상북도 의회 보고서에 실려 있으며, 이 두 사건은 진실화해위원회에서도 2007년과 2010년에 '진실규명' 결정을 한 바 있다.[75]

학살의 유형

김동춘은 한국전쟁 전후 민간인 학살의 유형을 전쟁 전 군경의 빨치산 토벌 과정에서 일어난 '작전으로서의 학살'과, 전쟁 후 국민보도연맹 사건과 같은 '처형으로서의 학살', 수복 후 '보복으로서의 학살'로 구분했다.[76] 그러나 실제 일어난 사건들을 살펴보면, 한국전쟁 전 군경의 토벌 과정에서는 선별에 의한 '처형'의 성격을 띤 학살과 작전 과정 중 주민에 대한 무차별 학살이 함께 나타나고 있다.

군경은 산지에 은거하는 입산자에 대한 토벌이 쉽지 않았으므로 마을 내부에서 활동 중인 좌익 혐의자들을 토벌 대상으로 보았다. 4·19 당시 대구·경북 지역의 학살 사건을 조사했던 이복녕이 증언했듯이, 당시 좌익 활동가들은 대부분 남로당의 비합법 무장투쟁 방침에 따라 입산한 상태였다.[77] 이러한 상황에서 마을에서 토벌 대상으로 가장 먼저 지목된 사람들은 1946년 10월 항쟁 관련 구속 전력자들이었다. 그들은 10월 항쟁 직후 검거되었다가 1947년 봄에 훈방되거나 1948년 8월 정부 수립 특사로 출소한 경우가 많았다. 또한 10월 항쟁이 전 주민 봉기의 성격을 띠었으므로 구장·마을 대표, 지역 유지 중 일부는 좌익 활동을 한 사실이 없는데도, 10월 항쟁 관련자로 주목을 받고 있었다. 그들은 평소에는 요시찰 대상자로 분류되어 경찰의 감시를 받다가 군경의 토벌작전 기간이 되면 경찰서로 호출되어 전쟁 후 국민보도연맹 사건과 유사한 형태로 집단학살을 당했다. 10월 항쟁 관련자에 대한 선별 학살의 사례로는 영천 대창면 조곡리 뒷산 학살 사건을 들 수 있다.[78]

입산자 중 토벌 과정에서 산에서 체포되거나 자수한 사람들도 마찬가지였다. 그들은 연행 즉시 간단한 조사를 거친 후 재판도 없이 살해된 경우가 많으며 주민들의 경각심을 불러일으키기 위해 체포한 사람을 공개 사살하는 경우도 있었다. 또한 조사를 거친 후 상부 단위 경찰서로 이송되는 과정에서 살해된 경우도 상당수 있다. 10월 항쟁 관련자나 입산자의 가족·친척이 대살代殺된 사례도 있다. 대살은 가족 구성원을 토벌 대상자와 동일시하는 가족주의적 연좌제 의식에서 비롯된 것으로 당시 군경이 토벌의 전과를 올리는 주요 수단이 되었다. 당시 농촌 지역 주민들의 남로당 활동에는 전통적인 씨족관계가 상당한 영향을 미쳤으므로 집성촌 마을에서는 마을 유지나 지주가 남로당 활동을 하면 마을 전체가 한꺼번에 남로당에 가입하는 일이 종종 있었으며, 이 경우 마을 전체가 토벌의 표적이되어 주민들이 학살된 사례가 있다.

희생자의 또 다른 부류로는 산간 지역 주민을 들 수 있다. 1949년경 군경은 합동 토벌작전을 벌이면서 작전 지역 안에 거주하던 주민들에게 소개 명령을 내린 뒤 소개하지 않고 남은 주민들을 모두 좌익으로 간주하여 학살하고 마을을 방화하는 경우가 많았다. 이 경우 거동이 불편하여 소개 명령을 따를 수 없는 노약자들이 주로 학살되었다. 또한 군경은 작전 지역 안의 촌락에 대한 수색작전을 벌일 때 마을로 들어가서 무차별 총격을 가한 뒤 가택 수색을 하거나 특정 장소에 마을 주민들을 소집하여 청장년 남성들을 중심으로 빨치산 협조 혐의자를 가려내고 이들을 마을 인근의 산에서 학살하는 방식의 토벌을 했다. 군경은 때로는 빨치산으로 위장하여 작전 지역의 마을에 들어갔을 때 생존을 위해 호의적인 반응을 보이는 주민이 있으면 통비분자로 몰아 학살하는 방식의 토벌을 하기도 했다. 영덕 지품면 사건과 문경 석달 사건이 그러한 학살의 대표적 사례이다.[79]

군경이 입수한 빨치산들의 원명부가 마을 주민들을 종종 좌익 혐의자로 몰게 한 경우도 있다. 산간마을 주민 중에는 무장한 빨치산에게 식량 및 생필품을 탈취당하거나 생존을 위해 입산자의 심부름을 한 경우, 빨치산들이 그 사람을 자신에게 협조한 공로자라고 여겨 이름을 장부에 적거나 직책을 부여하기도 했는데, 그 장부를 군경 측이 입수하면서 장부에 이름이 오른 사람들이 잡혀가서 학살되었다.

한국전쟁 전 군경의 토벌 과정에서 좌익 활동과 무관한 주민들이 다수

학살되었다. 생존한 주민 중 상당수는 그 뒤 국민보도연맹이 결성되자 국
민보도연맹에 가입했다가 한국전쟁 직후에 살해되었다.

3 피학살자들은 누구인가

이 절에서는 제4대 국회 보고서의 『최종 보고서』와 『시·군별 보고서』의 내용을 토대로 대구·경북 지역 민간인 학살 사건 피살자 수, 피살자의 시기별·지역별·성별·나이별 구성과 그 특징을 분석하려고 한다.

제4대 국회 보고서는 한국전쟁 전후 민간인 학살 사건이 발생한 지 10여 년밖에 지나지 않았던 때 작성되었기 때문에 현 시점에서 보면 매우 중요한 역사적 자료라고 할 수 있다. 그러나 그 양이 많고 원본이 한자 수기로 기록되어 자료의 1차 정리에 상당한 노력이 필요하므로 활용하기가 쉽지 않다. 앞선 연구에서도 그 점 때문에 전체 자료 중 일부만 다루고 있으며, 특히 제4대 국회 보고서 중 현재 남아 있는 24권, 7천여 장 가운데 19권, 5천여 장을 차지하는 대구·경북 지역 『시·군별 보고서』는 그간의 연구에 거의 활용되지 않았다.[80] 진실화해위원회 조사에도 극히 일부만 활용되었을 뿐이다.

『시·군별 보고서』는 진실화해위원회에서 전량을 입수한 뒤 한자 수기로 된 원본을 한글 해제한 적이 있다. 필자는 진실화해위원회 한글 해제본 중 대구·경북 지역 신고서 5천여 장을 전량 원본과 대조하여 한글 해제 과정에서 오류가 있었던 부분을 수정하고 그 내용을 항목별로 정리한 뒤 집계하고 분석했다. 그리고 『최종 보고서』 '양민학살사건 증언청취 속기록'의 내용 중 대구·경북 지역에 관한 부분도 같은 방식으로 정리했다.

아울러 필자는 2007~2010년 진실화해위원회 조사관으로 근무하면서 제4대 국회 보고서에 신고된 피살자 중 영천 지역 피살자 296명에 대한 기록을 참고인 진술과 대조하여 자료의 신뢰도를 확인했다. 당시 자료의 신뢰도 확인 결과, 피살자의 신원, 군경에 의한 피살 여부는 296명 모두 신고서의 기록이 참고인 진술과 일치했다. 다만 신고서에는 피살자의 생년월일, 피살 일자 등이 양력·음력 여부가 기재되지 않은 채 기록된 경우가 많았는데 진술조사를 통해 음력으로 신고한 경우가 대부분임이 확인되었다. 그리고 농촌 지역의 경우 신고인이 대부분 문맹인 상태에서 동장이나 유족회 대표가 한자 수기로 대필하면서 기록 과정에 오류가 발생한 것으로 추정되는 예도 있었다. 이 글은 이러한 현지조사를 통한 신뢰도 확인과 1차 집계 작업을 기초로 작성했다.

얼마나 많은 민간인이 학살되었나

제4대 국회 보고서 중 대구·경북 지역 19개 『시·군별 보고서』(문경, 선산, 청송, 봉화 제외)에 수록된 피살자 중 군경에 의해 피살된 민간인 수는 총 5,082명이었다. 이는 지방 좌익세력이나 인민군에 의한 피살자와 행방불명자 22명을 제외한 것이다. 그리고 『시·군별 보고서』 각 권의 끝에는 '연명부'와 '집계표'가 첨부된 경우가 있다. '연명부'는 지역별 피살자의 성명만 모아 기록한 명부다. 그런데 '연명부'에는 신고서에 적힌 피살자가 빠지거나 신고서와 이름이 다른 사람이 적힌 경우가 있었다. 그리고 '집계표'는 시·군별로 피살 기관, 성별, 직업별, 나이별 인원수를 집계한 것이다. '집계표'에도 개인별 신고서에 기재된 사람이 빠지거나 같은 사람이 중복으로 집계된 경우가 있어 상당 부분 오류가 있는 것으로 확인되었다.

그러므로 필자는 '연명부'나 '집계표'가 아닌 신고서에 기록된 인명을 기준으로 피살자 수, 성별, 직업별, 나이별 인원수를 집계했다. 제4대 국회 보고서의 기록을 연구한 이강수는 경북 지역 피살자를 2,200여 명으로 밝히고 있다. 이 연구는 개별 신고서에 대해서는 집계하지 않은 것으로 보인다. 그가 집계한 지역별 피살자 수치는 고령군과 예천군을 제외하고는 필자가 집계한 수치와 상당히 차이가 있다.[81]

이와 별도로 제4대 국회 보고서 『최종 보고서』에는 한국전쟁 전 문경 석달 사건으로 86명이 희생되었고, 대구에서도 민간인이 다수 희생되었다고 기록되어 있다. 그러나 『최종 보고서』에는 『시·군별 보고서』처럼 피살자 개개인의 인적 정보나 피살 경위를 확인할 수 있는 정보가 실려 있지 않으므로 『최종 보고서』에 실린 피살자 수는 집계 대상에서 제외했다.

제4대 국회의 조사는 신고 기간이 짧았고 지역에 따라 유족들이 신고 후 피해를 당할까 우려하여 신고를 기피한 경우가 있어 실제 피살자 중 신고되지 않은 사람이 상당수 있다. 예를 들어 영천 지역의 경우 영천경찰서가 작성한 『대공인적위해자조사표』에 제4대 국회 보고서에 기록되지 않은 피살자 140여 명의 명단이 있으며, 진실화해위원회의 진술조사를 통해 제4대 국회 보고서나 영천경찰서 자료에 기록되지 않은 피살자 127명이 추가로 확인되었다.[82]

제4대 국회의 대구·경북 지역 『시·군별 보고서』 19권에 신고서가 있는 피살자 수를 지역별로 집계해보았다. 집계할 때, 제4대 국회 보고서는 1960년 신고 당시 신고인의 주소지 중심으로 분류되어 있어 간혹 피살자의 학살 당시 거주지와 다른 지역의 보고서에 신고서가 편철된 경우가 있는데, 이 경우 피살자의 학살 당시 거주지 주소를 기준으로 지역 구분을 했다. 지명은 당시를 기준으로 하되, 대구와 달성, 경주와 월성, 김천과 금릉은 하나의 지역으로 간주했다.

그 결과는 다음 〈표 6-2〉와 같다. 이 표를 보면 영덕, 경주·월성, 청도의 순으로 신고된 피살자 수가 많다. 그리고 지역별 신고율의 차이가 크다. 이것은 1960년 신고 당시의 지역별 유족회 활동 정도나 행정조직의 신고 참여도, 신고자들이 거주하던 마을의 정치적 성향의 차이 등이 반영된 것으로 보인다.

지역	계	비율	지역	계	비율	지역	계	비율
영덕	556	10.9	영일	357	7	칠곡	168	3.3
경주·월성	551	10.8	경산	328	6.5	김천·금릉	151	3
청도	477	9.4	안동	318	6.3	영주	123	2.4
대구·달성	431	8.5	영양	256	5	의성	106	2.1
영천	380	7.5	고령	197	3.9	군위	105	2.1
상주	362	7.1	예천	184	3.6	성주	32	0.6
						계	5,082	100

〈표 6-2〉 제4대 국회에 신고된 대구·경북 각 지역의 피살자 수 (단위: 명, %)

이러한 한계가 있으나 제4대 국회에 신고된 피살자 수와 진실화해위원회의 조사 자료를 근거로 한국전쟁 전후 대구·경북 전체의 민간인 피살자 수를 대략이나마 추산해볼 수 있다. 영천의 경우 2008년 피해자 현황조사를 통해 지역 전체 민간인 피살자 수를 약 1,200명으로 추산한 바 있다.[83] 이는 제4대 국회에 신고된 영천 지역 피살자 수 380명의 3.2배에 달한다. 또 진실화해위원회 현지조사를 통해 한국전쟁 후 영천 국민보도연맹 사건 피해자를 600여 명으로 추산한 바 있다.[84] 이는 제4대 국회에 신고된 한국전쟁 후 영천 지역 피살자 수 212명의 2.8배에 달한다.

이 사례를 참고하여 대구·경북의 전체 피살자를 제4대 국회 보고서에 신고된 피살자의 2.8~3.2배라고 가정해보면 약 1만 4천 명에서 1만 6천 명이라는 숫자가 나온다. 이는 1949년 당시 경북 인구 320만 6천 명의 약 0.5퍼센트에 해당하는 수치이며 4·19 직후 대구피학살자유족회에서 민간인 학살 사건 조사를 담당했던 이복녕이 "당시 조사 결과 대구·경북 일원에서 약 3만 명이 희생된 것으로 나왔다"라고 증언한 것의 절반에 해당하는 것이다.[85]

언제, 어떤 지역에서 학살되었나

제4대 국회에 신고된 대구·경북 지역 피살자 5,082명을 피살 시기별로 나눠보자. 신고서에 기록된 날짜가 대부분 음력임을 고려하여 피살 일자가 1945년 8월에서 1950년 5월 9일(양력 6월 24일) 사이로 신고된 경우는 '한국전쟁 전 피살자'로 분류했다. '한국전쟁 전 피살자' 중 1945년 8월에서 1948년 7월 10일(양력 8월 14일) 사이로 신고된 경우는 '미군정기 피살자'로, 정부가 수립된 1948년 7월 11일(양력 8월 15일)에서 1950년 5월 9일(양력 6월 24일) 사이로 신고된 경우는 '정부 수립기 피살자'로 분류했다. '피살 일자' 란에 피살 일자가 기재되어 있지 않거나 '불명'으로 기재된 경우, '피살 경위' 란에 국민보도연맹 또는 형무소에서 집단학살이라고 기재되어 있으면 '한국전쟁 후 피살자'로 분류했다. 또 신고서에 피살 일자가 기록되어 있지 않은 사람이 진실화해위원회 조사를 통해 피살 일자가 밝혀졌을 때는 진실화해위원회의 조사 결과에 근거하여 분류했으며, 그 외에는 '피살 시기 미상자'로 구분했다. 물론 이러한 분류는 불완전한 것이다. 그러나 이를 근거로 대략적이나마 시기별 특징을 파악할 수 있었다.

제4대 국회에 신고된 피살자 5,082명 중 이와 같은 방법으로 피살 시기를 추정할 수 있는 사람은 4,938명이다. 이 4,938명 중 한국전쟁 전 피살자로 신고된 사람은 1,664명으로 전체 신고된 피살자의 33퍼센트에 달했다. 이는 한국전쟁 후 피살자로 신고된 3,274명의 약 절반에 해당하는 것이다(〈표 6-3〉 참조).

구분	1945. 8. 15 ~1948. 8. 14	1948. 8. 15 ~1950. 6. 24	1950. 6. 25~	미상	계
피살자 수 (비율)	157 (3.1)	1,507 (29.7)	3,274 (64.4)	144 (2.8)	5,082 (100)

〈표 6-3〉 제4대 국회에 신고된 대구·경북 지역 시기별 피살자 수 (단위: 명, %)

한국전쟁 전 피살자를 미군정기 피살자와 정부 수립기 피살자로 나눠보면, 전자가 157명, 후자가 1,507명으로 후자가 전자보다 10배가량 많았다. 이를 다시 분기별로 나눠보면 1949년 하반기 피살자가 한국전쟁 전 피살자의 43.8퍼센트로 이 기간에 가장 많았다(〈표 6-4〉 참조). 즉 대구·경북 지역에서 한국전쟁 전 학살은 1949년 하반기 군경 토벌작전이 대대적으로 벌어지던 시기에 많이 일어났음을 알 수 있다.

구분	~1947년	1948년 상반기	1948년 하반기	1949년 상반기	1949년 하반기	1949년 월 미상	1950년 상반기	계
피살자 수 (비율)	51 (3.1)	104 (6.3)	97 (5.8)	456 (27.4)	729 (43.8)	29 (1.7)	198 (11.9)	1,664 (100.0)

〈표 6-4〉 제4대 국회에 신고된 한국전쟁 전 대구·경북 지역 분기별 피살자 수 (단위: 명, %)

한국전쟁 전과 후의 피살자 수와 비중을 지역별로 비교해보면, 경북 동부 지역(영덕, 영양, 영일, 안동, 영천, 경주·월성, 청도)은 한국전쟁 전 피살자가 많고 비중도 상대적으로 컸다. 특히 영덕과 영양은 한국전쟁 전 피살자가 한국전쟁 후 피살자보다 많았는데, 영덕의 경우 한국전쟁 전 피살자가 350명으로 영덕 전체 피살자의 65.5퍼센트를 차지했으며, 영양도 한국전쟁 전 피살자가 149명으로 영양 전체 피살자의 59.6퍼센트를 차지했다.

반면 경북 서부 지역(상주, 김천·금릉, 고령, 의성)은 한국전쟁 후 피살자가 많고 그 비중도 컸다. 상주는 한국전쟁 후 피살자가 357명으로 상주 전체 피살자의 98.6퍼센트를 차지했으며, 김천·금릉, 고령, 의성도 한국전쟁 후 피살자가 지역 전체 피살자의 90퍼센트를 넘었다(〈표 6-5〉 참조).

지역	전체 피살자 수	전쟁 전	전쟁 후	전쟁 전 비율	전쟁 후 비율	지역	전체 피살자 수	전쟁 전	전쟁 후	전쟁 전 비율	전쟁 후 비율
영덕	534	350	184	65.5	34.5	영주	121	35	86	28.9	71.1
영양	250	149	101	59.6	40.4	군위	101	27	74	26.7	73.3
영일	355	169	186	47.6	52.4	경산	302	65	237	21.5	78.5
안동	318	141	177	44.3	55.7	대구·달성	411	53	358	12.9	87.1
영천	378	166	212	43.9	56.1	칠곡	158	16	142	10.1	89.9
경주·월성	540	231	309	42.8	57.2	의성	105	7	98	6.7	93.3
청도	446	166	280	37.2	62.8	고령	195	12	183	6.2	93.8
성주	32	11	21	34.4	65.6	김천·금릉	146	4	142	2.7	97.3
예천	184	57	127	31.0	69.0	상주	362	5	357	1.4	98.6
						계	4,938	1,664	3,274		

〈표 6-5〉 제4대 국회에 신고된 한국전쟁 전과 후의 피살자 수 지역별 비교 (단위: 명, %)

* 피살 시기 미상자 제외

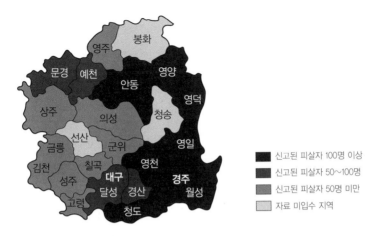

제4대 국회에 신고된 한국전쟁 전 피살자의 지역별 분포.

　신고된 피살자 중 한국전쟁 전 피살자가 100명 이상인 지역, 100명 미만 50명 이상인 지역, 50명 미만인 지역을 구분하여 지도로 확인해보면 이러한 차이가 더 뚜렷이 드러난다. 위 분포도를 보면 한국전쟁 전 피살자가 100명 이상인 영양, 안동, 영덕, 영일, 영천, 경주·월성, 청도는 경북 동부에 태백산에서 지리산으로 연결되는 산지에 자리 잡고 있다. 이들 지역에서 제4대 국회 특위에 신고된 한국전쟁 전 피살자는 총 1,372명으로 이는 한국전쟁 전 대구·경북 전체 피살자의 82퍼센트를 차지한다. 반면 한국전쟁 전 피살자가 50명 미만인 곳들은 경북 서부의 평야에 자리 잡고 있다.

　제4대 국회에 신고된 한국전쟁 전과 후 피살자 비중의 차이가 실제 한국전쟁 전과 후 피살자 비중의 차이와 상관관계가 있다고 본다면, 이러한 지역별 차이가 나타난 원인은 다음과 같이 생각해볼 수 있다.

　우선, 이러한 지역별 차이는 1946년 10월 항쟁의 강도나 피살자 수와 직접 연관이 있는 것은 아니다. 10월 항쟁 당시에는 대구와 대구 인근 지역에서 항쟁이 격렬하게 발생했고 대구와 떨어진 지역, 미군이 주둔하던 지역, 산간 지역은 항쟁이 상대적으로 미약했다. 이에 따라 미군정기의 민간인 학살 사건은 영천, 칠곡 등 주로 항쟁이 격렬했던 지역에서 일어났다.[86]

그러나 262쪽의 분포도는 한국전쟁 전 빨치산 활동과 군경 토벌이 잦았던 지역, 특히 국군의 토벌이 잦았던 지역을 중심으로 민간인 학살 사건이 자주 일어났음을 보여준다. 여러 기록에 따르면, 피살자가 많았던 영덕, 영일, 영천, 경주·월성 지역은 입산자들의 활동이 활발했던 지역이다. 또 군 측의 자료에 따르면, 1949년 3월부터 1950년 3월 사이 경북에서 국군이 주로 토벌을 나갔던 지역은 포항·영일 등 동해안 지역, 안동 지역, 청도 운문산 지역 등이었다.[87] 〈표 6-5〉와 262쪽 분포도를 통해서도, 이들 지역에서 한국전쟁 전 피살자가 많고 그 비중도 크다는 것을 확인할 수 있다.

피학살자의 사회인구학적 구성

제4대 국회에 신고된 피살자의 나이 분포를 살펴보자. 한국전쟁 전 피살자 1,664명 중 신고서에 생년월일이나 나이가 적혀 있지 않은 경우를 제외한 뒤, 나이 파악이 가능한 1,575명을 1950년 나이를 기준으로 분류한 결과 20대가 45.9퍼센트, 30대가 29.6퍼센트를 차지했다. 미성년자는 1,575명 중 154명으로 9.7퍼센트를 차지했는데, 이 중에는 9세 이하도 24명이 포함되어 있었다. 50대 이상은 75명으로 4.8퍼센트를 차지했다(〈표 6-6〉 참조).

한국전쟁 후 피살자 3,274명 중 나이 파악이 가능한 3,201명도 같은 방식으로 분류한 뒤, 한국전쟁 전 피살자와 한국전쟁 후 피살자의 나이 분포

나이 출생 연대	50대 이상 (~1900)	40대 (1901~1910)	30대 (1911~1920)	20대 (1921~1930)	10대 (1931~1940)	9세 이하 (1941~)	계
한국전쟁 전 (비율)	75 (4.8)	157 (10.0)	466 (29.6)	723 (45.9)	130 (8.2)	24 (1.5)	1,575 (100.0)
한국전쟁 후 (비율)	106 (3.3)	293 (9.2)	830 (25.9)	1,712 (53.5)	245 (7.6)	15 (0.5)	3,201 (100.0)

〈표 6-6〉 제4대 국회에 신고된 한국전쟁 전과 후 피살자의 나이 분포 (단위: 명, %)

를 비교해보았다. 그 결과 양쪽 집단 모두 20대가 절반가량으로 다른 연령대보다 비중이 컸다. 한국전쟁 전 피살자가 한국전쟁 후 피살자보다 연령대가 조금 더 다양했고 한국전쟁 후 피살자는 한국전쟁 전 피살자에 비해 20대의 집중도가 더 높았다.

제4대 국회에 신고된 피살자의 성별 분포도 살펴보자. 한국전쟁 전 피살자 1,664명 중 남성이 1,539명으로 92.5퍼센트, 여성이 125명으로 7.5퍼센트를 차지했다. 한국전쟁 후 피살자는 3,274명 중 신고서에 성별이 적혀 있지 않은 16명을 제외하고 남은 3,258명을 분류한 결과, 남성이 3,153명, 여성이 105명으로 남성이 96.8퍼센트, 여성이 3.2퍼센트를 차지했다. 즉 한국전쟁 전이 한국전쟁 후에 비해 여성 피살자 수가 더 많고 그 비중도 조금 더 큰 편이었다(〈표 6-7〉 참조).

구분	한국전쟁 전	한국전쟁 후	계
남성	1,539(92.5)	3,153(96.8)	4,692(95.3)
여성	125(7.5)	105(3.2)	230(4.7)
계	1,664(100.0)	3,258(100.0)	4,922(100.0)

〈표 6-7〉 제4대 국회에 신고된 한국전쟁 전과 후 피살자의 성별 분포 (단위: 명, %)

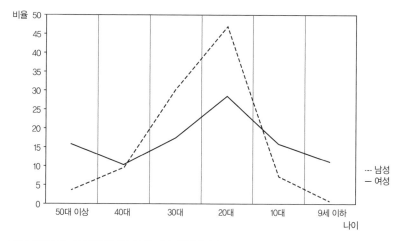

비율

제4대 국회에 신고된 한국전쟁 전 남성 및 여성 피살자의 나이 분포 비교.

한국전쟁 전 남성 피살자와 여성 피살자 중 나이 파악이 가능한 1,575명의 나이 분포를 살펴보자. 여성 피살자 125명의 나이 분포를 보면 20대가 28.8퍼센트를 차지하여 다수이긴 하나 19세 이하도 27.2퍼센트, 50대 이상은 16.0퍼센트로 비중이 큰 편이었다. 이를 남성 피살자의 나이 분포와 비교해보면, 여성 피살자는 남성 피살자에 비해 미성년자와 노년층의 비중이 더 컸으며, 특히 9세 이하는 피살자 수 자체가 남성보다 여성이 많았다(위 그림과 〈표 6-8〉 참조).

	50대 이상 (~1900)	40대 (1901~1910)	30대 (1911~1920)	20대 (1921~1930)	10대 (1931~1940)	9세 이하 (1941~)	계
남성 (비율)	55 (3.8)	144 (9.9)	444 (30.6)	687 (47.4)	110 (7.6)	10 (0.7)	1,450 (100.0)
여성 (비율)	20 (16.0)	13 (10.4)	22 (17.6)	36 (28.8)	20 (16.0)	14 (11.2)	125 (100.0)

〈표 6-8〉 제4대 국회에 신고된 한국전쟁 전 남성 피살자와 여성 피살자의 나이 분포 (단위: 명, %)
* 나이, 성별 미기재자 제외

요컨대 한국전쟁 전 피살자의 경우 20대와 30대 남성이 다수를 차지하기는 하지만 한국전쟁 후 피살자에 비해 여성, 노인, 미성년자의 비중이 더 커서 나이와 성별 분포가 더 다양했다. 이는 한국전쟁 전에 청년층 남성을 선별하여 학살한 사건도 있었지만, 군경이 토벌 과정에서 민간인을 가족 단위, 마을 단위로 학살한 사건이 전쟁 후에 비해 더 많았기 때문으로 보인다.

4 학살, 진보의 절멸과 국가 권력의 토대 강화

대구·경북 지역에서 일어난 민간인 학살 사건의 대부분은 1946년 10월 항쟁을 뿌리로 한다. 10월 항쟁 후 항쟁 참여자들은 군경의 탄압을 피해 팔공산, 지리산, 태백산 등으로 들어가서 야산대를 형성했다. 야산대가 발전한 유격대는 군경과 대치하며 '작은 전쟁'이라 불리는 지역 내전을 벌였고, 지역민들은 이중권력 아래에서 생활했다.

이러한 상태에서 1946년 10월 항쟁 관련 구속 전력자들과 남로당 가입자들, 그들의 가족이나 친척 등 민간인들이 비무장으로 재판 절차 없이 학살당했다. 특히 1949년에 정부는 군경 합동 토벌작전을 벌이면서, 유격대의 보급기지를 차단하고 유격대와 대중운동의 연결을 차단하기 위해 '들군'의 역할을 하던 청년들과 군경의 작전 지역 안에 거주하던 산간마을 주민을 다수 학살했다. 이중권력 상황에서 입산자의 하부 구성원과 마을 주민의 경계가 불분명하고 유동적이었던 점은 민간인 집단학살이 대규모로 발생한 원인이 되기도 했다.

제4대 국회 보고서에는 한국전쟁 전후 대구·경북 지역 피살자 5,082명의 기록이 있다. 이 가운데 한국전쟁 발발 직전까지의 피살자 수는 1,664명으로 33퍼센트에 달한다. 이 기록을 분석해보면, 경북에서는 빨치산의 9월 대공세와 군경의 토벌이 집중적으로 있었던 1949년 하반기에 민간인이 다수 학살된 것으로 나타난다. 피살 지역을 분석해보면, 주로 태백산맥과 연결되는 경북 동부 지역 주민들이 다수 학살되었다. 이들의 성별·연령별 특징을 보면, 20대 남성이 다수를 차지하나 한국전쟁 개전 후 피살자에 비해 여성·노인·미성년자의 비중이 더 컸다. 그 이유는 한국전쟁 전에는 한국전쟁 후에 비해 군경이 토벌할 때 민간인을 가족 단위, 마을 단위로 무차별 학살한 경우가 더 많았다는 데 있는 것으로 보인다. 이 시기에는 운동의 중심지가 경북의 산지와 농촌 지역으로 이동했으므로 도시 지역인 대구에는 경북 농촌 지역만큼 피살자가 많지 않다. 그러나 대구시와 달성군 거주자들도 달성군 가창면 상원동 달성 중석광산, 대구시 달서구 본리동 학산 일대 등 시 외곽지로 끌려가서 경찰과 호림부대 등에 의해 집단학살된 사례가 여러 자료에서 확인되고 있다.

이승만 정권은 단독정부 수립 후 민간인 학살을 통해 반대 세력을 제거할 뿐 아니라, 1948년 12월 국가보안법을 제정·공포한 후 1949년 4월에는 '좌익 전향자 조직'인 국민보도연맹을 만들어 주민들을 통제했다. 국민보도연맹 경상북도연맹(경북보련)은 1949년 11월 6일에 결성되어 12월 5일 기준 3,332명이 가입했다. 성별로는 남성이 85퍼센트, 여성이 15퍼센트였고, 직업별로는 학생이 32퍼센트로 그 비중이 가장 컸다. 이 숫자는 1949년 12월 5일 기준의 잠정 집계치이므로 한국전쟁 발발 직전의 가맹자 수는 훨씬 더 많았을 것이다. 이러한 상황은 경북 지역도 마찬가지였다. 경북보련 각 군 지부는 1950년 2월경 일제히 결성된 것으로 보인다. 여기에는 당시 군경의 토벌작전에서 살아남은 민간인 상당수가 가입했다. 경북보련 영천군지부의 경우, 국민보도연맹원이 약 1천 명 정도였으므로 다른 군 지부의 가맹자 수도 이를 근거로 추산해볼 수 있다.

이승만 정권은 자신의 반대 세력을 제거하기 위한 민간인 학살을 한국전쟁 시기에도 계속했다. 대구의 국민보도연맹원들은 한국전쟁 발발 직후에 대구형무소 재소자들과 함께 경산 코발트광산, 대구 가창골, 달성 중석광산 등지에서 학살되었다. 정확한 희생자 수는 밝혀져 있지 않다. 그러나 한국전쟁 발발 직전 가맹자 수를 최소 4천 명으로 잡고, 다른 지역의 사례에 비추어 가맹자의 60퍼센트 정도가 학살되었다고 본다면, 대구형무소 재소자 학살자 1,400명과 합쳐서 대구에서는 적어도 3,800명 이상이 학살된 것으로 추산된다. 경북 각 지역에서도 국민보도연맹원들이 한국전쟁 발발 직후 학살되었다. 영천의 경우 가맹자 1천여 명 중 적어도 60퍼센트 이상이 한국전쟁 직후에 학살된 것으로 추산된다.

한국전쟁 후 민간인 학살 사건을 1950년 6월 25일 전쟁 발발 직후에 일어난 국민보도연맹 사건, 1950년 9월 28일 수복 후에 일어난 부역 혐의자 학살 사건과 군경 토벌작전 학살 사건으로 나눠보면, 인민군 점령 기간이 길었던 호남 지역에는 군경 토벌작전 희생자가 많고, 중부 지역에는 9·28수복 후 부역 혐의 희생자가 많다. 이에 비해 인민군 비점령 지역과 교전 지역이 많았던 영남 지역은 국민보도연맹 사건 희생자가 많다. 그리고 한국전쟁 후에는 국민보도연맹원과 형무소 재소자 등을 선별하여 학살한 경우가 많았으므로 한국전쟁 전에 비해 피살자 중 여성·노인·미성년자의 비중이 상대적으로 적고 20대 남성의 비중이 크다. 그리고 한국전쟁 전과 달리 경북 서부의 낙동강 주변 평지 지역의 희생자가 많다.

1946년 10월 항쟁 후부터 시작된 한국전쟁 전후 민간인 학살은 건국운동의 주축이었던 지역 진보세력의 배제와 절멸 과정, 특히 진보세력 말단에서 대중과의 접점에 있던 청년 활동가군의 말살 과정이 되었다. 한국전쟁은 학살을 통한 통제를 완성하는 계기가 되었고, 8년간의 학살을 거쳐 중앙 국가기구는 지방권력과 마을 주민들을 선별적으로 배제하여 신생 국가의 통치 주도권을 획득하고 체제를 공고히 할 수 있었다.

10월 항쟁의 유산 그리고
남겨진 이야기

———————

"남편 죽은 뒤로 경찰들이 수시로 와서

나를 마당에 세워놓고 막대기로 마구 때리고 가곤 했어요.

친척들은 자신에게 피해가 돌아올까 싶어 우리 집 왕래를 끊었지요.

그런데 시어머니조차 나를 '서방 잡아먹은 년'이라고 구박했어요.

나는 시어머니 살아계시던 20년 동안

겨울에도 불을 때지 않은 뒷방에서 이불도 없이 잠을 자곤 했어요."

———————

1 10월 항쟁, 미완의 시민혁명

노동자·시민이 연대한 대중운동이자 사회운동

1946년 10월 항쟁은 한국 사회가 시민혁명을 거치지 않은 상태에서 일제 강점기 이전부터 수십 년 동안 누적된 갈등과 건국운동의 좌절에 대한 반발이 국가 형성의 과도기에 폭발한 것이라고 볼 수 있다. 미군정은 해방 후 1년 동안 친일 관리를 고용하고 식량 공출을 강압적으로 시행하는 한편, 토지개혁을 지연하고 건국운동 세력을 탄압했다. 이러한 정책은 식민지에서 벗어난 지 1년밖에 되지 않는 민중에게는 일제 식민지의 악몽이 되풀이되는 것과 같았고 사회적 트라우마를 환기하는 것이었다. 10월 항쟁에는 과거와 같은 식민지 상황으로 환원되는 것을 저지하고자 하는 민중의 반제反帝 요구가 내재해 있다. 또한 대대로 내려오는 봉건적 질서의 속박에서 벗어나고자 하는 농민의 반봉건 요구가 결합해 있다. 이러한 반제 반봉건의 요구는 주로 친일 관리와 경찰, 악덕 지주에 대한 공격으로 나타났다. 그러므로 앞선 연구자들도 "해방된 조국에서 일제시대와 같은 착취와 억압으로부터 벗어나 풍요로운 삶을 기대한 민중의 항쟁", "반제 반봉건의 과제를 수행하고 기층 민중에 바탕을 둔 새로운 정권을 창출하는 변혁적 지향을 가진 전민 항쟁이자 식민지 시대를 거친 사회에서 보이는 민족운동과 계급운동이 혼재된 운동" 등으로 평가했다.[1]

1946년 10월 항쟁은 각 지역에서 대부분의 계층·계급이 연대하여 일어났다. 이러한 연대에는 해방 후 1년 동안 대중투쟁의 경험을 쌓아온 조직 대중이 선도 세력이 되었다. 당시 전국에서 노동자 파업이 진행되었으나 대구에서만 노동자 파업이 시민 항쟁으로 전환했다. 그 이유는 대구에서 실업난과 식량난 등 사회·경제적 문제가 더 심각했던 탓도 있었지만, 다른 지역과 달리 지역의 건국운동 과정에서 노동자와 시민이 계속 연대해왔고 총파업 기간에도 노동자와 시민의 연대를 적극적으로 추진했다는 데 있다. 1946년 10월 1일 오후 대구역 광장에서 열린 시민대회는 노동자의 파업이 시민 연대로 확산하는 결정적인 장이었으며 해방 후 1년 동안 축적된 대중투쟁 역량이 지역 중심부에서 표출된 것이었다. 그리고 이것이 당국의 위기의식을 불러일으켜 경찰 발포로까지 이어졌다. 10월 2일 오전 대구경찰서 앞에서는 학생·청년들, 특히 수천 명에 달하는 10대 중학생들이 조직적이고 선도적으로 시위를 벌이며 경찰의 무장해제를 이끌어내고 경찰과 시민의 세력관계에서 시민이 우세한 상태를 만들어 항쟁의 전환점을 열었다. 이처럼 도시의 항쟁은 주로 이념적 기반과 직업별 조직이 항쟁 확산의 토대가 되었다.

경북 농촌에서는 일부 악덕 지주와 친일인사를 제외한 지역민 대부분이 항쟁에 참여했다. 이것은 지역 유지와 명망가로 구성된 군 인민위원회가 여러 계층·계급을 포용하는 지도부로서 해방 후 1년 동안 계속 지역 민중의 지지를 받아왔기 때문에 가능했다. 농촌에서는 도시와 달리 학생 외에도 상인조직과 머슴 등 하층민 조직이 항쟁을 전파하는 선도 세력이 되었고, 친족공동체와 마을공동체는 항쟁이 확산되는 조직적 기반이 되었다. 농촌 지역에서는 며칠에 불과했지만, 항쟁 주도 세력이 치안과 행정 권력을 장악하고 수권 자치기구 역할도 했다. 이처럼 1946년 10월 항쟁은 해방 후 1년 동안 진행된 대중운동의 연장선에서 일어난 것이며, 각 지역의 진보세력이 진행해온 사회운동의 성과를 드러낸 것이다.

항쟁 지도부와 조직 역량의 부족

1946년 10월 항쟁은 항쟁을 이끄는 전국적 지도부가 없었던 것이 가장 큰 한계로 지적될 수 있다. 그러므로 항쟁은 지역 민중과 진보세력이 결합하여 각 시·군 단위로 발생한 뒤 미군정의 막강한 물리력에 의해 단기간에 진압되었으며, "항쟁 단위가 전국적, 체계적 형태를 띠지 못하고, 한 지역이나 군 이상의 유기적 연대가 결여된 채 조직 역량의 분절성이 극복되지 못한 운동"[2]이라는 평가도 있다.

　지역 지도부의 한계도 지적될 수 있다. 대구 항쟁이 전개될 때 지역 차원에서 노동자 총파업을 이끈 파업 지도부나 1946년 10월 2일 오전의 시위를 이끌었던 청년·학생 활동가로 구성된 시위 지도부 외에는 대중투쟁을 실질적으로 이끄는 항쟁 지도부가 구성되었던 것 같지는 않다. 지역 진보세력 지도부 인사로 구성된 조선공산당·민전(민주주의민족전선)의 대책위원회는 미군정과의 협상 창구나 사태 수습 기구 역할을 했을 뿐이다. 그러므로 10월 2일 오후에 대구 시내 곳곳에서 기층 민중의 봉기가 일어났을 때는 이를 이끌어나가는 지도부가 없었으며, 미군정이 계엄령을 선포하자 항쟁은 단시간에 진압되었다.

　이것은 이미 10월 항쟁 전에 전개되어온 지역 사회운동의 한계를 반영한 것이다. 조선공산당 대구시당이 중심이 된 대구의 진보세력은 도시 인구의 다수인 빈민을 적극적으로 조직하지 못하고 있었다. 민전 대구시위원회 역시 지방 명망가 중심의 상층 통일전선 단위로서 기층 민중의 움직임과 거리가 있었다. 그들은 신생 조직으로서 훈련된 활동가가 부족하다는 한계도 있었다. 또한 점령군의 성격과 국제 정세에 대해 정확하게 인식하지 못하고 전선의 성격을 명확하게 인식하지 못해 미군정 협조 노선을 취했다. 그래서 대중의 지지도가 상당히 높았음에도 지방 미군정청에 협조하며 야당의 역할에 머물렀고, 대중 봉기가 일어났을 때 지도부 역할을 하지 못했다. 도 단위의 조직이 있음에도 이 조직이 군 단위의 상급 조직으로서 실질적 역할을 하지 못해 각 시·군별 조직이 서로 유기적이지 못하고 폐쇄적이었던 점도 한계로 지적된다.

농촌에서는 19세기 전통적 항쟁의 경험이 항쟁 속에 다양한 형태로 전승되어 있었다. 이러한 요소는 농민 항쟁이 대중적이고 자주적으로 전개되는 토대가 되었으나, 동시에 농촌의 항쟁이 다른 지역과의 연대 없이 고립적으로 진행되는 한계로 작용했다.

전통적 농민 항쟁의 전승이자 현대 민중 항쟁의 원형

학계 연구에는 10월 항쟁이 조선공산당이 주도하는 좌편향의 무분별한 투쟁에서 비롯되었고, 진보세력에 커다란 피해를 주어 그 뒤 남한의 사회운동에 부정적 영향을 미쳤다는 평가가 많다. 그러나 미군정의 좌익 탄압은 항쟁의 결과라기보다는 항쟁의 원인이 되었던 사건이다. 1946년 10월 항쟁 후부터 1948년 정부 수립 전까지 진행된 사회운동 양상을 보면, 항쟁 결과 사회운동 역량이 무조건 손실된 것만은 아니었다. 1946년 10월 항쟁이 미군정의 막강한 물리력에 의해 진압된 뒤 미군정 및 보수세력과의 대결이 전면화되면서 주요 핵심세력은 탄압당했지만, 항쟁을 거치며 정치적으로 자각한 대중을 중심으로 대중운동이 더 성장한 곳도 있었다. 즉 1946년 10월 항쟁은 앞선 연구의 주장과는 다른 의미에서 진보세력 조직 운동의 전환점이 되었던 사건이다. 이 과정에서 운동의 중심이 도시에서 농촌으로, 평지에서 산지로 이동하는 경향이 나타났고, 핵심 활동가층의 세대 교체가 이루어졌다. 그리고 지역 진보운동이 중앙조직에 종속되며 전국 네트워크에 편입되는 경향이 강화되었는데, 이것은 그 후 진보세력의 운동이 그전의 운동보다 더 급진화한 원인의 하나로 보인다.

1946년 10월 항쟁 이후의 사회운동은 1948년 제주 4·3항쟁과 여순 항쟁으로 이어져 장기 항쟁으로 전화했고, 미군정의 탄압에 맞서 지역 진보세력은 계속 단독정부 저지 운동을 펼쳤으나 분단체제로 치닫는 상황을 막지 못했다. 정부 수립 전까지 활발했던 대중운동이 정부 수립 후 퇴조한 것은 일차적으로는 이승만 정권의 엄청난 물리적 폭력 때문이었다. 그리고 합법적 대중운동을 지속할 수 없게 되자, 비합법 무장투쟁으로 전환했던 남로당과 유격대 활동의 문제점도 있었다. 특히 산지가 협소한 한국에서 유격대 활동이 대중운동으로 연결되려면 대중과 유격대의 연결 고리가 되었던 청년-'들군'들의 역할이 중요했다. 그런데 유격대의 존립 기반이라 할 수 있는 들군들이 자주적인 조직 단위가 되지 못하고 입산한 유격대의 동원 단위로 활동하다가 집단학살을 당하면서 대중운동은 궤멸하고 유격대는 점차 고립되었다.

1946년 10월 항쟁은 한국전쟁 전 민간인 집단학살의 출발점이 된 사건이기도 하다. 항쟁 후 항쟁 참여자들은 군경의 탄압을 피해 팔공산, 지리산, 태백산 등으로 들어가서 야산대를 형성했다. 야산대가 발전한 유격대는 군경과 대치하며 '작은 전쟁'이라 불리는 지역 내전을 벌였고, 지역민들은 '낮에는 군경, 밤에는 빨치산'이라는 이중권력 아래에서 생활했다. 야산대·유격대는 잔인하고 지속적이고 철저한 군경의 소탕작전에 의해 뿌리가 뽑혔고, 내전 지역에서 생활했던 주민들은 '빨치산 협조자'라는 이유로 한국전쟁이 발발하자 학살된 경우가 많다. 학살은 건국운동의 주축이었던 지역 진보세력의 배제와 절멸 과정, 특히 진보세력 말단에서 대중과의 접점에 있던 청년 활동가군의 말살 과정이 되었다. 이승만 정권은 반대 세력을 제거하기 위한 민간인 학살을 한국전쟁 시기에도 계속했다.

1946년 10월 항쟁은 현대 한국 사회의 틀이 형성되던 초기에 중요한 전환점이 되는 사건이며 전후 냉전 통치성 구축의 출발점이 되는 사건이다. 1946년 10월 항쟁 이전의 지방 단위에는 애국세력과 친일세력의 구분만 있을 뿐, 좌익과 우익이 명확하게 나누어져 있지 않았다. 항쟁 후 우익세력은 미군정의 지원을 받아 마을공동체 단위까지 말단 하부조직을 형성하고 지방권력을 장악했다. 그 뒤 이승만 정권은 이를 토대로 국가권력을 하향적으로 이식했다.

학살에서 생존한 지역민들에게는 패배와 학살의 공포가 집단적 트라우마를 형성했다. 이 트라우마는 전쟁 후 한국 사회 전반에 '반공 = 빨갱이 혐오'의 사회심리 구조를 만들어 냉전 통치성을 구축하는 토대가 되었다. 이 세대의 집단적 트라우마는 나중에 대구·경북 지역이 보수화된 또 다른 원인이 되었던 것으로 보인다. 이러한 과정을 거치면서 한국 사회에는 친미반공 정권이 안정적으로 들어서게 되었다.

근대와 현대의 교차점에서 일어난 1946년 10월 항쟁은 19세기의 전통적 농민 항쟁의 전승이면서 동시에 현대 민중 항쟁의 원형이다. 우리는 10월 항쟁을 통해 1894년 동학농민항쟁과 1980년 5·18항쟁의 양상을 동시에 엿볼 수 있다. 세대와 시간을 넘어 전승되어온 민중 항쟁의 흐름은 한국 사회를 형성한 또 다른 중요한 축이 되었다.

남겨진 이야기: 전쟁 후의 또 다른 전쟁

아홉 살 '이쁜이'는 왜 '10·1폭동 처형자'로 기록되었나

1946년 10월 항쟁부터 한국전쟁 시기까지 일어난 민간인 학살 사건의 진상을 규명하려면 몇 가지 과제가 있다. 첫째, 피해자 개개인의 희생 사실을 확인하는 것, 둘째, 가해의 지휘·명령체계를 조사하여 국가 가해 책임을 확인하는 것, 셋째, 사건 배경과 원인, 경위의 재구성을 통해 사건의 구조와 정황을 파악하는 것 등이다. 이 중 앞의 두 가지는 법적 진실규명의 영역에 속하고, 세 번째는 역사적 진실규명의 영역에 속한다.

법적 진실규명은 육하원칙에 따라 개인이나 집단의 희생에 대한 국가의 가해 사실을 확인하고 입증하는 것을 주요한 내용으로 하며, 이를 확인할 수 있는 목격자 진술이나 증빙자료가 필요하다. 진실화해위원회에서 조사할 때, 개개인에 대한 국가의 가해 사실을 확인하는 증빙자료로 가장 많이 쓰인 것이 1960년 제4대 국회에서 발간한 『양민학살사건 진상조사 보고서』(이하 제4대 국회 보고서)와 전국의 여러 경찰서에서 작성한 『대공인적위해자조사표』, 『신원기록편람』 등의 자료다.

제4대 국회 보고서의 경우, 1960년 제4대 국회 양민학살사건 진상조사 특별위원회에서 한국전쟁 전후 민간인 학살 사건 희생자들의 신고서를 모은 것이다. 이 보고서는 당시 양민 피살자로 신고된 8,715명에 대한 기록

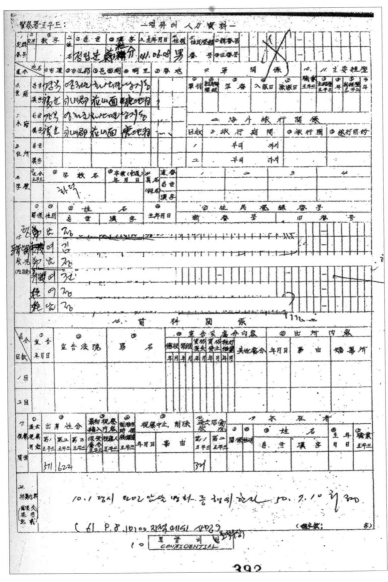

영천경찰서, 『대공인적위해자조사표』(전5권, 1979) 중 5-1, 「처형자 명부」 컴퓨터 입력 자료, 392쪽에 실린 경북 영천군 화산면 당지동 정립분(1941년 6월 8일 출생)에 대한 기록.
ⓒ 진실화해위원회, 「경북 영천 국민보도연맹 사건」, 2009d, 141쪽.

과 행정부에 대한 건의안 등 방대한 자료를 담고 있다. 그러나 경상북도와 제주도 등 일부 지역 자료만 남아 있으며, 부역혐의 학살 사건이나 미군 사건 희생자는 거의 신고되지 않았다는 한계가 있다. 이는 한국전쟁기 희생자 중 피학살자로 인정받을 수 있는 범위에 대해, 신고 당시의 사회적 인식을 보여주는 것이라 할 수 있다. 제4대 국회 보고서의 『시·군별 보고서』 중 제주 지역 자료는 제주 4·3연구소에서 2001년에 한글 해제본과 함께 영인본으로 발간했다. 진실화해위원회에서 『시·군별 보고서』 전량을 한글 해제한 자료는 현재 국가기록원으로 이관되어 국가기록원에서 한글 해제본 서비스를 하고 있다. 제4대 국회 보고서는 국회도서관에도 소장되어 있다.

경찰서 자료의 경우, 진실화해위원회는 2007년부터 치안본부와 전국 경찰서를 대상으로 『대공인적위해자조사표』, 『신원기록편람』 등을 입수했다. 이는 각 경찰서에서 한국전쟁기에 작성된 자료를 모아 1970년대 말 전산화를 위해 재작성한 것으로 1980년대 말 연좌제가 폐지된 후에는 공식적으로 폐기 문서에 속하지만, 집단희생조사국 자료조사팀이 경찰서 문서창고 등을 찾아서 수집한 것이다. 이 자료에는 「처형자 명부」, 「실종자 명부」, 「월북자 명부」, 「요시찰인 명부」 등이 포함되어 있으며, 울산 등 일부 지역에는 「보도연맹원 명부」도 포함되어 있다. 경찰서 작성 자료는 희생자의 신원과 가해 기관을 공식적으로 정확하게 확인할 수 있는 국가 문서다. 그러나 가해 당사자인 기관에서 작성한 것이고, 사건이 발생하고 상당한 시간이 지난 후에 작성했기 때문에 기록의 신뢰성에 어느 정도 한계가 있다. 필자는 진실화해위원회 조사 과정에서 영천경찰서 자료를 제4대 국회 자료 및 진술인들의 진술 자료와 비교하여 자료의 신뢰도를 확인했다. 그 결과 희생자의 신원에 대한 기록은 다른 자료보다 훨씬 더 정확하고 상세했으나, 처형 날짜와 처형 사유에 대한 기록은 부정확했다. 그런데 경주경찰서 자료를 같은 방식으로 검토한 결과, 처형 날짜에 대한 기록이 정확했으며 처형 사유 난에는 희생자가 가입한 단체명 등의 정보가 상세하게 적혀 있었다. 그러므로 자료를 작성한 경찰서에 따라 자료의 정확도나 정보의 풍부함 정도는 차이가 있는 것으로 추정된다. 진실화해위원회에서 입수한 경찰서 작성 자료는 현재 국가기록원에 소장되어 있으며 비공개 상태다.

278쪽 사진은 영천경찰서에서 작성한 『대공인적위해자조사표』(전 5권. 1979) 「처형자 명부」에 실린 경북 영천군 화산면 당지동 정립분鄭粒分(1941년 6월 8일 출생)에 대한 기록이다. 이 자료의 하단에는 "10·1 당시 요인 암살·방화 등 행위한 자, 50. 7. 10. 처형"으로 기록되어 있다.

정립분. 1941년생. '립분'은 아마 집에서 부르던 이름 '이쁜이'의 한자 이름인 듯하다. 사망 당시 아홉 살인 '이쁜이'는 도대체 무슨 일을 했기에 한국전쟁기에 처형되어 「처형자 명부」에 기록되어 있을까? 1941년에 출생한 '이쁜이'는 1946년에 만 다섯 살에 불과한데 어째서 '10·1 당시 요인 암살·방화 등' 무시무시한 행위를 한 '처형자'로 기록되어 있을까?

1960년 제4대 국회 보고서의 양민 피살자 신고서에도 정립분에 대한 기록이 있다. 281쪽 사진이 그것인데, 성명·생년월일·주소·가족사항이 영천경찰서 자료와 일치한다. 이 자료에는 "형 정동택 탈영한 원인으로 가족 전원이 적색분자라 하여 피살당함"이라고 기록되어 있다. 필자는 2009년 현지조사를 통해 이 사건의 진상을 확인하여 「경북 영천 국민보도연맹 사건」 보고서에 서술한 적이 있다. 다음은 영천군 화산면 당지동 주민 7명의 진술을 근거로 보고서에 서술한 내용의 일부다.[3]

1950년 9월 4일에서 16일 사이, 화산면 당지동 주민들이 같은 마을 주민 정동택(당시 23세)이 군대에서 탈영했다는 이유로 당지리 가장골 양지골짜기

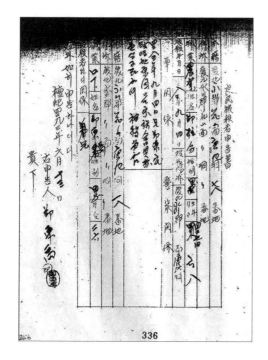

제4대 국회 보고서 양민 피살자 신고
서에 실린 영천군 화산면 당지동 정
립분에 대한 기록. ⓒ 진실화해위원
회, 「경북 영천 국민보도연맹 사건」,
2009d, 140쪽.

등에서 국군에게 살해되었다.

정동택은 한국전쟁 후 징집되어 군에 입대했다. 그는 고향 부근에서 벌어
진 영천 화산전투에 참전했다가 고향 마을로 식량을 구하러 가서 부대를 이
탈했다. 당시 정동택의 부인은 만삭이었고 가족은 피난을 가지 않은 상태였
다. 정동택의 부모는 맏아들인 정동택에게 군대로 다시 돌아가지 말라고 했
고, 이에 정동택은 사촌의 집 밑 굴에 숨어 있었다. 정동택의 탈영 후 정동
택이 소속된 부대의 대원으로 추정되는 국군들이 그를 찾아 당지동 마을을
집집마다 수색했고 정동택은 곧 발각되어 체포되었다. 국군은 우선 정동택
과 정동택의 가족인 정잠준(당시 50대, 정동택의 아버지), 이귀원(1907, 여,
정동택의 어머니), 함안 조씨(당시 20대, 여, 정동택의 처), 정동병(1934, 정동

택의 동생), 정립분(1941, 정동택의 동생), 정동춘(1948, 정동택의 동생)을 포함한 친지 9명을 '빨갱이'라는 죄목으로 붙잡아 1950년 9월 4일 당지리 가장골 양지골짜기에서 살해했다.

그리고 국군은 당지동 마을에서 청년들을 눈에 띄는 대로 잡아들였다. 당시 마을 주민 중 일부는 소개 명령에 따라 화산리로 피난을 가던 중 국군과 화산방위대원들(대장 문동발)에게 잡혀 국군의 주둔지로 끌려갔으며, 미처 피난을 못 간 주민들도 국군의 주둔지로 붙잡혀갔다. 이 중 김영오(1932), 정기욱(1926), 정달선(1928), 정동달(1932), 정동득(1929), 정동식(1921), 정동우(1935), 정동일(1934) 등은 단지 당지동 주민이라는 이유로 또는 정동택과 같은 정씨라는 이유로 나무에 묶여 총을 맞고 칼로 난자당한 채 살해되었다. 다음은 당시 국군에게 잡혀갔다가 풀려난 주민 정동복(1934, 정동식과 정동득의 동생)의 진술이다.

"나의 형 정동식과 정동득이 먼저 붙잡혀간 뒤 우리는 화산동으로 피난을 가다가 군인들에게 잡혔다. 내가 잡혀갈 때는 마을의 청년 2명, 우리 집의 노인 1명, 나를 포함한 아이 2명 등 5명이 잡혀갔다. 끌려가는 길에 청년 2명은 반죽음이 되도록 맞았다. 당시 군인들은 피난을 간 마을 주민의 빈집에 주둔하고 있었다. 우리가 그곳에 갇혀 있으니, 대대장처럼 보이는 큰 칼을 차고 있는 자가 오더니, '너희는 인생이 불쌍해서 보내준다, 안 그러면 오늘 내 칼에 목이 베어 죽었을 것이다'라고 말하면서 노인과 아이는 풀어주었다. 나는 그때 먼저 붙잡혀간 형들이 이미 죽었다는 것을 알고 그 자리에서 한참 울었다. 청년 2명은 풀어주지 않고 군인들이 실탄을 메고 가라고 시켰는데 너무 맞아 걸음을 못 걸으니 마을 인근 섭제골에서 죽여버렸다. 군인들이 떠난 뒤 형들의 시신을 수습하러 당지동 뒷산으로 가보니 시신이 10여 구가 있었다. 시신들은 각 가족끼리 묶어서 총을 쏘고 목을 칼로 찔러 난도질을 해놓았더라. 형님들 제사는 음력 8월 5일(양력 9월 16일)에 지내고 있다."

참고인들은 이 사건의 가해자가 정동택 소속부대 국군으로 추정될 뿐 구체적인 소속은 모르며, 국군 복장을 하고 있었고 지휘관은 1미터 정도 되는 큰 칼을 차고 있었다고 진술했다. 그런데 국방부에서 발간한『한국전쟁사』에 의하면, 1950년 9월 초순에서 중순경 신녕·화산전투가 벌어질 당시에는 국군 제6사단 2연대와 7연대가 화산 지역에 주둔하고 있었다.

이 사건의 피해자 수는 수십 명에 달한다고 하는데, 참고인들은 이 중 14명의 이름을 진술했다. 참고인들이 진술한 14명 중 7명은 미성년자이며, 특히 정동택의 동생인 정립분, 정동춘은 사망 당시 아홉 살, 두 살의 아동이었다. 또한 여성은 2명으로 정동택의 처인 함안 조씨는 임산부였다. 이 사건 후 당지동은 '빨갱이 마을'로 낙인이 찍혀, 남은 마을 주민들도 여러 가지 피해를 보았다.

요컨대 정립분은 형인 정동택이 군에서 탈영했다는 이유로 1950년 9월 4일에서 16일 사이, 부모·형제와 마을 사람들과 함께 국군에게 학살되었다. 1946년 10월 항쟁과 무관한데도 경찰서 자료에 '10·1사건 관련 처형자'로 기록되었으며 학살된 날짜도 1950년 7월 10일로 잘못 적혀 있다.

한국전쟁 시기에 희생된 민간인 중에는 1946년 10월 항쟁에 가담하지 않았는데도 경찰서 자료에 '10·1폭동 처형자'로 기록된 경우가 꽤 있다. 진실화해위원회에서 1950년 한국전쟁 발발 직후에 일어난 영천 국민보도연맹 사건 희생자로 확인된 사람 239명 중 116명은, 영천경찰서『대공인적위해자조사표』(1979), 『신원기록편람』(1981) 등의 자료에 "10·1사건 당시 암살·방화 등을 하다가 처형된 자", 또는 "10·1사건 가담, 주민 납치, 공공시설 파괴하다가 처형된 자" 등으로 기록되어 있다. 이 중에는 정립분과 같이, 1950년 기준으로 9~19세인 미성년자 15명도 포함되어 있다. 그들은 1946년 10월 항쟁 당시 5~15세였으므로 경찰 자료에 기록된 그들의 '처형 사유'는 사실상 허위 기재된 것이라 볼 수 있다. 그리고 전시에 국민보도연맹원이라는 이유로 재판 등 적법 절차 없이 학살된 사람이 대부분인 다른 '처형자' 101명의 처형 사유도 진위를 확인하기 어렵다.

　민간인 학살 피해 유가족들은『대공인적위해자조사표』,『신원기록편람』과 같은 경찰서 자료의「처형자 명부」에 신상 정보가 기록되어 있을 뿐만 아니라, 일부는 당국에 의해 '요시찰' 대상으로 분류되어「요시찰인 명부」에 신상 정보가 기록되어 있다. 민간인 학살 피해 유가족 중에는 연좌제 피해를 당했다고 증언하는 사람이 많은데, 적어도『대공인적위해자조사표』나『신원기록편람』과 같은 자료를 작성했던 시점인 1981년까지는 이런 자료를 근거로 유가족들이 당국의 감시·통제를 받거나 연좌제 등의 불이익을 당했다고 추정할 수 있다.

학살 후 홀로 된 여성들

경북 북부 지역에서 오랫동안 농민운동을 한 선배와 대화를 나눈 적이 있다. 그 선배의 말로는 경북 북부 지역 농촌 마을을 방문해보면, 1946년 10월 항쟁 후 산으로 떠난 남편을 기다리며 한평생 혼자 사는 할머니들이 많다고 한다. 같은 날 모여서 제사 지내는 '과부 할머니'만 수두룩한 동네도 있다고 한다. 그런데 그 '과부 할머니'들은 매년 김장철마다 김치를 잔뜩 담가 김장독을 따로 마련하여 땅에 묻곤 했다. 그래서 그 선배가, "아유, 할매요. 식구도 없는데 그렇게 많이 담그능교? 힘든데 뭐할라고 그라능교?" 이렇게 물어보면, 할머니들은 "언제 올동 아노?"라고 대답했다고 한다.

나는 예전에 진실화해위원회에 근무하면서 이와 비슷한 민간인 학살 피해자의 미망인을 많이 만났다. 그들은 날벼락을 맞듯이 하루아침에 갑자기 남편을 잃은 뒤 혹독한 고통을 겪었으면서도, 빨갱이 가족이라는 이유로 입 한번 벙긋 못 하고 비참한 삶을 살아온 분들이다. 한날한시에 학살로 남편을 잃은 '과부 할머니' 40명이 모여 산다는 마을을 본 적도 있다. 내가 만난 할머니 한 분은 1913년 출생으로 2009년 당시 연세가 96세였다. 그 할머니는 내게 1949년에 학살된 남편의 시신을 찾아다니던 일을 이야기하며, "나는 아들이 효도해주니 위안은 되지만, 그동안 많이 외로웠다. 내가 이 이야기를 하려고 지금까지 안 죽고 살았나 보다"라고 말씀하시며 내 손을 잡으셨다.

그나마 그 할머니는 경제적으로 큰 어려움을 겪지는 않으신 편이었다. 다른 할머니들은 대부분 나를 만났을 때 가장 많이 하소연한 것이 남편을 잃은 뒤 닥쳤던 생활고와 남성 중심의 사회에서 여성 가계 부양자로서 고단한 삶을 살았던 것이었다. 더구나 그들은 군경 미망인들과 달리 국가가 시행하는 복지 혜택조차 받지 못해 그 상태가 더 심각했다.

> 남편 죽은 일을 슬퍼할 겨를도 없었어. 먹을 것은 없는데 일할 사람도 없고. 그래서 농사일하고 남의 집 일도 하고, 나 혼자 시부모와 자식 4남매 여섯 식구 부양하느라 손가락이 휘어지도록 고생했지요. 내가 고생한 것은 하늘만 알지, 아무도 모르지요.
>
> - 권O래, 2009년 2월 17일, 진실화해위원회 [4]

1962년 보건사회부 통계에 따르면, 전쟁 직후인 1955년에서 1960년 사이에는 전쟁미망인의 75퍼센트 이상이 생활 정도가 '하'에 속한 것으로 조사되었다. 약 80퍼센트 정도가 국졸 미만의 학력을 가졌고, 특히 45퍼센트 정도는 학교를 전연 다닌 적이 없는 문맹자였다.[5] 즉 이들은 대다수가 빈곤 상태였으며, 집안의 가부장적 사고 때문에 교육을 제대로 받지 못해 빈곤을 벗어날 수 있는 기술이나 지식, 사회 경험이 없었다. 이런 상태에서 이 여성들이 전쟁으로 가계 부양자가 되었을 때 선택할 수 있는 생계 수단은 한정되어 있었다. 농촌 지역에 살던 여성들은 남편이 죽은 후 가장이 되면서 일반 농촌 여성들보다 더욱 강도 높은 노동을 해야만 했다.

특히 좌익 관련 사건으로 남편이 죽으면 친족이나 이웃들과 인간관계가 단절된 경우가 많아 여성이 혼자 감당해야 할 노동의 부담이 훨씬 더 컸고, 논에 물 대기와 같이 농촌공동체에서 남자들끼리 협업으로 진행해 오던 여러 농사일에서도 소외될 수밖에 없었다. 농사 지을 땅조차 없는 여성들은 바느질품을 팔거나 식모살이, 노점상 등 도시 비공식 부문의 직업에 종사한 경우가 대부분이었고, 더 심한 때는 생계를 위해 성매매와 같은 일을 하거나 비자발적인 형태의 재혼을 선택하기도 했다. 이처럼 살아남은 여성들은 가족을 살리기 위해 온갖 희생을 감수하며 혹독한 삶을 살아야 했다.

군경에게 학살당한 민간인 희생자의 미망인들이 호소한 또 다른 문제는 사회적 소외와 외로움이었다. 좌익 관련 사건 희생자의 아내들은 남편이 죽고 난 뒤 빨갱이 가족이라는 이유로 경찰의 감시나 핍박을 당한 경우가 많다. 게다가 가족과 친척, 이웃 등 공동체로부터 경계의 대상이 되어 소외된 삶을 살기도 했다. 빨갱이의 처이므로 다른 가족에게 피해를 줄까 봐 시댁에서 노골적으로 쫓겨난 사례도 있었다.

남편 죽은 뒤로 경찰들이 수시로 와서 나를 마당에 세워놓고 막대기로 마구 때리고 가곤 했어요. 친척들은 자신에게 피해가 돌아올까 싶어 우리 집 왕래를 끊었지요. 그런데 시어머니조차 나를 '서방 잡아먹은 년'이라고 구박

했어요. 나는 시어머니 살아계시던 20년 동안 겨울에도 불을 때지 않은 뒷
방에서 이불도 없이 잠을 자곤 했어요.

- 서〇조, 2009년 2월 17일, 진실화해위원회 [6]

이 여성들은 재혼하는 것도 쉽지 않았다. 자녀를 부양하고 있던 여성은
두말할 나위도 없고, 자녀가 없는 경우에도 전통적으로 여자는 한번 시집
가면 영원히 그 집 사람이 되어야 한다는 생각 때문에 재혼이 쉽지 않았던
것이다.

남편은 내가 열여덟 살에 혼인하여 스무 살에 끌려가 총살당했다. 혼인하고
도 남편은 제대로 집에 있지 않았기에 남편과는 한 달 재미도 못 봤다. 재혼
은……. 그 당시에는 재혼한 사람은 집안에서 사람 취급을 받지 못했고, 친
정에도 발걸음을 할 수 없었기에 아예 생각조차 하지 않았다. 그래서 아이
도 없이 60년을 살았다. 지금도 자다가 일어나 생각해도 그때 일이 꿈같고
내 몸뚱이가 살아 있는 것이 짐이다. 모진 목숨 이어가고 있지만, 하루하루
가 지날 때마다 이 짐 덩어리를 어떻게 할꼬 한탄한다. 이 마음을 알 사람은
세상에 아무도 없을 것이다.

- 구〇주, 2009년 6월 22일, 진실화해위원회 [7]

나는 스물하나에 결혼하고 3년 만에 그렇게 되었어요. 남편 죽을 무렵 딸을
하나 낳았지만 그 아이는 낳은 지 열 달 만에 죽었어요. 재혼은, 시집살이
가 하도 몸서리가 나서 안 했어요. 나 시집 산 거 말도 못 해요. 요새 생각하
면 이보다 더 못 하더라도 재혼을 한번 해봤더라면 하는 생각 들 때도 있지
만 지금 후회하니 무슨 소용 있겠어요. 남편이 군대 가서 전사했으면 (나라
에서) 생활비라도 타 먹고 하지만 그것도 저것도 아니고 억울하게 죽었으니

한평생 내 가슴만 터지고. 스물한 살이면 요즘 같으면 결혼도 하지 않았을 나이인데.

— 권○욱, 2009년 4월 16일, 진실화해위원회 [8]

한국전쟁 전후 좌익 관련 여성 유족의 경험에 관해 연구한 이령경에 따르면, 이처럼 재혼에 대한 사회적 인식이 부정적인데도 좌익 관련 피해 여성 중에는 '빨갱이 가족'이라는 멍에를 벗기 위해, 또는 농사 지을 땅조차 없는 빈곤 때문에, 생존수단의 하나로 첩으로 들어가거나 비자발적 재혼을 한 사람도 있었다.[9] 이렇게 재혼을 한 여성들은 대체로 고향을 떠나 과거를 숨기고 사는 경우가 많았다.

한국전쟁 당시 전쟁터에서 전사한 군경의 미망인도 마찬가지이지만 민간인 희생자의 미망인들도 지금은 고령으로 생존자가 그다지 많지 않다. 남편 사망 후 가장으로서 자녀 양육과 생계를 책임지는 노동을 함께 감당해야 했기 때문에 건강이 극히 나쁜 상태에서 단명한 경우가 많았고, 현재 생존해 있다 해도 건강이 나쁜 경우가 많다. 보살펴줄 가족이 없는 생존자의 경우 생활보장대상자로서 정부의 도움을 받기는 하지만 그 돈만으로는 생활하기 힘들어 지금도 체력이 허락하는 한 부업을 하며 살거나, 거동이 불편한 경우 마을 주민들의 보살핌으로 생활하고 있다. 희생자가 대규모로 나왔던 몇몇 농촌 마을에서는 한국전쟁 후 마을을 떠날 능력이 있는 유가족들은 타지로 이주하고 지금은 고향을 떠날 힘조차 없는 80~90대 고령의 여성 노인들만 부양가족 없이 남아 있는 사례도 있다.

분단과 반공 이데올로기로 인해 60여 년 동안, 길게는 70년 동안 사회와 국가로부터 외면당한 채 살아온 이 여성들에 대한 관심과 지원이 절실하다.

70년간의 기다림

2015년 7월 31일 대구 달성군 가창면 가창댐 수변공원은 아침부터 분주하다. '10월 항쟁 및 한국전쟁 전후 민간인 희생자 유족회'(이하 10월항쟁유족회)가 '한국전쟁 전후 10월 항쟁, 국민보도연맹, 가창골 희생자 합동 위령제'를 지내고 있기 때문이다. 가창골은 한국전쟁 직후에 대구형무소 재소자와 국민보도연맹원들이 집단학살을 당한 곳이다. 당시 희생된 대구형무소 재소자 중에는 제주 4·3항쟁 희생자와 여순 항쟁 희생자도 포함되어 있기에 매년 이곳에서 위령제가 열릴 때면 제주나 호남 지역의 유족도 참석하고 있다.

10월항쟁유족회는 10월 항쟁 관련 희생자들의 유족이 모인 단체다. 10월항쟁유족회 이전에 대구 지역에 있었던 유족회로는 1960년 4·19 직후에 활동했던 경북 지구 피학살자 유족회가 있다. 이 유족회는 해방 공간의 사회운동가이자 한국전쟁기 국민보도연맹 사건 유족인 이원식이 회장으로 활동했다. 또 10월 항쟁 희생자 박상희(박정희의 형)의 부인인 조귀분도 간부로 활동했으므로 10월 항쟁과 깊은 관련이 있는 조직이었다. 이 유족회는 전국 유족회 운동의 핵심으로 활동하다가 5·16쿠데타 직후 극심한 탄압을 받고 해산했다.

그 뒤 한동안 맥이 끊겼던 유족들의 운동은 1999년 AP통신이 노근리 사건을 보도한 후 재개되었다. 전국 각지에 유족회가 결성되었고, 대구·경북에서도 경산 코발트광산 유족회, 양민학살 피학살자 대구 유족회, 청도 유족회가 2000년에 차례로 결성되었다. 이 무렵 10월 항쟁 추모 행사는 해마다 10월 1일 해방 공간의 사회운동가 이일재와 유족 나정태가 중앙공원 고목에 술잔을 올리는 형태로 조촐하게 진행되었다.

2006년에는 대구·경북 민중연대와 통일연대 등 38개 시민사회단체가

연대하여 최초로 '10월 항쟁 추모제'를 개최한 뒤 지금까지 매년 시민사회
단체 주최로 추모제를 열고 있다.

2005년 12월 진실화해위원회가 결성되고 2007년 12월부터 진실화
해위원회에서 '대구 10월 사건 관련 민간인 희생 사건'(이하 '대구 10월 사
건')에 대한 조사가 본격적으로 시작되자, 이를 계기로 개별적으로 활동하
던 10월 항쟁 유족들이 결집했다. 그들은 2009년 12월 4일에는 지역 시
민단체인 4·9인혁열사계승사업회의 지원을 받아 가톨릭근로자회관에서
'10월항쟁유족회' 결성식을 가졌다. 다른 유족회는 대부분 연고를 맺은 지
역이나 특정한 학살 사건이 일어난 장소를 중심으로 결성되어 있다. 이와
달리 10월항쟁유족회는 학살의 원인이 되는 사건을 중심으로 결성된 유족
회다. 즉 '10월 항쟁'이라는 이름을 전면에 내걸어 항쟁의 역사적 의미를
적극적으로 알리면서, 동시에 민간인 학살 희생자의 진실규명과 명예회복
을 위한 운동을 펼치고 있다.

그러나 보수적인 대구·경북 지역에서 10월 항쟁의 역사적 성격을 제대
로 인식하고 그 생각을 주위 사람들에게 표현하는 것은 비상한 결의가 있
어야 하는 일이기도 하다. 유족들 사이에서도 10월 항쟁을 어떤 사건으로
보느냐에 따라, 사회·정치적인 의식과 과거청산 문제에 대한 태도가 다르
다. 아직까지 유족 중에는 10월 항쟁을 '좌익 폭동'으로 인식하는 사람도
많으므로, 초기에는 유족회 활동에 난관이 많았다. 이 무렵 다른 유족들의
반응은 냉랭했으나, 대신 지역 시민사회단체와의 교류는 활발했다. 유족
회에서는 결성 직후부터 인터넷 카페를 개설하고 4·9인혁열사계승사업회
와 10월문학회 등 시민사회단체와 연대하면서 지역 사회에 10월 항쟁의
진상을 알리고자 애썼다.

2010년 3월, 진실화해위원회에서 '대구 10월 사건'에 대한 진실규명 결
정이 되었다. 그 뒤 대구 10월 사건 관련 유족들은 국가를 상대로 힘겨운

손해배상 청구소송에 들어갔다. 유족들의 소송은 여러 갈래로 진행되었다. 우선 진실화해위원회에 진실규명을 신청했던 5명이 소송을 제기하여 그중 4명이 승소했다. 그리고 영천과 칠곡 유족 중 진실화해위원회에 신청하지 않았으나 조사관이 조사 과정에서 확인하여 진실규명한 경우 '미신청 진실규명 유족' 중 일부가 소송을 제기했는데 진실화해위원회 신청인이 아니라는 이유로 패소했다.

반면 '미신청 진실규명 유족' 중 10월항쟁유족회 회원 5명은 2015년 5월 14일 대법원에서 승소했다. 그들이 국가를 상대로 한 소송에서 승소한 것은 진실화해위원회 진실규명 후 다시 한 번 국가가 공식적으로 '대구 10·1 폭동'이 아닌 '대구 10월 사건'의 실재를 인정하고 이와 관련된 민간인 학살 사실도 인정한 것이라 볼 수 있다. 승소한 유족들은 대부분 10월항쟁 관련으로 국민보도연맹에 가입한 뒤 한국전쟁 발발 직후 학살된 희생자의 유족으로, 진실화해위원회의 '대구 10월 사건' 결정서에는 미신청 희생거명자로 분류되어 있던 사람들이다. 이는 최근 국가를 상대로 소송을 제기한 유족 중 상당수가 진실화해위원회에서 진실규명 결정을 받았음에도, '미신청 유족'이라는 이유로 패소하고 있는 상황에서 '미신청 유족'도 재판부의 의사에 따라 승소할 수 있음을 보여주는 것이다.

2010년 12월 진실화해위원회가 해산된 뒤 기존에 운동을 벌이던 유족들은 대부분 소송에서 승소한 뒤 활동의 동력을 잃었고, 이에 따라 전국적으로 과거청산 운동이 정체하게 되었다. 그러나 10월항쟁유족회는 2014년 가을에 가창 지역 상원리 유해 발굴을 시도하고 가창 지역 피해자·목격자 전수조사 사업을 벌이면서 활동을 계속 펼쳐나갔다. 이 활동이 2014년 10월 22일 공영방송(대구 KBS, 〈시선 오늘을 보다〉)을 통해 보도되면서, 유족회에 과거 진실화해위원회에 진상규명을 신청하지 못했던 유족들의 문의가 쇄도했다.

진실화해위원회는 법으로 정해진 신청 기간(1년)과 조사 기간(4년)이 짧았고, 홍보 부족, 신청사건 중심 조사의 한계 때문에 미처 진실규명을 신청하지 못하고 조사조차 진행하지 못한 유족이 많다. 더구나 보수적인 대구·경북 지역에서는 유족들이 국가 폭력에 대한 트라우마가 심하고 다른 지역에 비해 유족회 활동도 활발하지 않았기에 진실화해위원회에 신청하는 유족이 적었다. 일례로 2006년 11월 30일 기준 진실화해위원회 접수창구별 신청서 접수 결과를 보면, 총 1만 860건 중 전라남도가 2,590건(23.8퍼센트)인 데 비해 경상북도는 537건(4.9퍼센트), 대구광역시는 193건(1.8퍼센트)에 불과했다.[10]

　진실화해위원회가 존속할 동안 미처 진상규명 신청을 하지 못한 '미신청 미조사 유족'들은 현재 국가가 과거청산 활동을 중단했기 때문에 사실상 국가로부터 버림받은 상태다. 그들은 한국 사회에서 65년 이상 비국민으로 대우받으며 트라우마를 안고 살아왔으나, 생계에 파묻혀 사회활동에 무관심하거나 수동적인 경우가 많고 정치적으로 보수적인 경우도 많다. 그들은 대부분 '누락된 피해자'로서 국가가 자신들에게도 진상규명, 명예회복, 국가 배상의 혜택을 주기를 원하고 있으나 그 전망이 불확실한 상태다.

　10월항쟁유족회는 '미신청 미조사 유족'들을 포용하여 새로운 유족회 운동의 선두에 서서 활동하고 있다. 이러한 운동은 기존의 진실화해위원회 활동과 연결된 유족 운동이 아닌 새로운 2기 유족회 운동의 성격을 지니는 것으로 볼 수 있다. 2014년 12월 10일, 10월항쟁유족회는 단체의 이름을 '10월 항쟁 및 한국전쟁 전후 민간인 희생자 유족회'로 변경했다. 그후 10월항쟁유족회는 회원이 계속 늘어나서 2015년 8월 기준 40명의 회원이 활동하고 있다. 회원들의 나이는 60대 후반에서 80대 초반이며 70대가 많은 편이다. 회원은 희생자의 자녀인 유족 2세대가 대부분이지만, 1세대(주로 희생자의 처)도 소수 있다.

그동안 10월항쟁유족회는 매년 위령제를 지내고 대구시를 상대로 가창 지역 학살터 위령비 건립을 요구해왔다. 또한 '한국전쟁 전후 민간인 희생자 등의 명예회복에 관한 특별법' 제정을 위한 서명운동을 벌이고 있다. 10월항쟁유족회는 이 서명운동을 벌이는 데 전국 유족회 가운데 가장 선도적이다. 유족회 회원들이 놀라운 열정으로 서명운동을 벌인 결과 2015년 8월 기준 2만 명 정도의 서명을 받았다. 서명운동은 지금도 계속되고 있다.

회원들은 자신들의 가족, 친지, 이웃에게 서명을 받기도 하고 다른 지역에 행사가 있을 때마다 가서 서명을 받고 있다. 몇몇 유족들은 서명운동을 펼치는 과정에서 자녀나 친구들에게 60여 년 동안 함구해왔던 아버지의 존재에 관해 이야기하기도 한다. 그 과정은 한평생 잊고 살았던 아버지, 잃어버렸던 아버지를 마음속에서 다시 살려내고 자신의 정체성을 찾아가는 과정이 되기도 한다.

저는 크면서 보도연맹, 빨갱이 빨갱이 하면서, 아버지라는 호칭을 불러보지 못했어요. 평소에 살면서 아버지라는 단어는 마음에 떠올리지도 못했지요. 그런데 올해는 서명운동하러 다니면서 아버지라는 말을 진짜 많이 해봤어요. 처음에는 어색했어요. 생전에 그런 소리 안 하다가 하려니 잘 안 나오더라 카이께네. 그런데 서명받을 때, (서명하는 상대방이) "여 누군데? 누가 해당되는데?"라고 물으면 "우리 아부지!" 그 말이 당당하게 나오더라고예. 전에 같으면 움츠리고 못 할 건데. "우리 아부지!" 이래 나오더라고, 말이.

- 임복식, 2015년 7월 30일

이러한 활동은 당장은 구체적인 성과가 보이지 않으나, 구성원들의 의식 변화와 치유의 계기가 되기도 한다. 그리고 생활방식의 변화를 가져오기도 한다. 유족회 사무실로 쓰고 있는 채영희 회장의 식당에는 각지의 유족들이 찾아온다. 그들 중에는 유족회를 처음 접할 뿐 아니라 65년 이상 말 못하고 있던 가족사를 다른 사람 앞에서 처음 털어놓는 사람도 많다. 그래서 식당과 유족회 사무실은 일상적인 상담 장소로 활용된다. 10월항쟁유족회에서는 유족회에 처음 가입하는 '미신청 미조사 유족'들에게도 인우보증서와 참고인 증언 자료를 수집하도록 하고 있다. 연로한 증언자들이 하나둘 세상을 떠나고 있는 상태에서, 언젠가 제2의 진실화해위원회가 문을 열면 자료로 쓸 수 있도록 하기 위해서다.

우리 아버지들이 20대에 등골이 서늘하게 끌려가서 돌아가셨기에 아무한테도 말할 수 없었던 사실들이 내 속에 응어리져 뭉쳐 있었는데, 같은 시기에 아버지를 잃은 사람들이 모여서 고생했던 얘기, 이런저런 얘기, 끝없이 할 수 있는 것이 좋고. 내 살아생전에 재판에서 승소해서 어디서든지 당당하게 우리 아버지는 10월 항쟁에서 돌아가셨다, 말할 수 있게 되었으니 정말 감사합니다. 그래서 아직 말 못하고 숨어 있는 사람들이 나와서 같이 얘기하고 마음을 드러내면 좋겠다는 생각이 듭니다.

_ 채영희, 2015년 8월 12일

집에 가서 잠이 안 오는데 천장을 보고 있으면, 내일 유족회 뭘 해야 할지 아니면 글을 어떻게 올려 사람들 마음을 돌릴지 생각하고. 또 그러다 보니 제가 초등학교 4학년도 못 나왔는데 이제 받침 자도 안 틀리게 하려고 신경 쓰고. 예순아홉 살까지 살면서 즐겁게 일할 수 있고 내 마음을 털어놓고 날 인정해주는 사람도 있고. 이거는 누가 시킨다고 될 일도 아니지요.

_ 나정태, 2015년 8월 12일

유족회는 여러 가지 어려움이 있음에도 헌신적인 간부진을 중심으로 활동하면서 공동체로서의 통합성을 보이고 있다. 이것은 특정한 지역이나 특정한 학살 사건에 기반을 두기보다는 한국전쟁 전후 민간인 학살을 포괄적으로 아우를 수 있는 10월항쟁유족회 자체의 통합적 성격 때문에 가능한 것이기도 하다.

　유족들은 언젠가 제2의 진실화해위원회가 열려 민간인 학살 진상규명과 희생자 명예회복 사업이 국가 차원에서 공식적으로 재개되기를 염원하고 있다. 그리고 1946년 10월 항쟁의 희생자들은 '좌익 폭동이 아닌 민중항쟁'으로 항쟁의 역사적 성격이 복권되기를 70년 동안 기다리고 있다.

미주

서장. 10월 항쟁은 무엇이었는가

1   정근식, 「한국전쟁 경험과 공동체적 기억」, 『구림 연구―마을공동체의 구조와 변동』, 경인문화사, 2003; 지수걸, 「한국전쟁과 군 단위 지방정치: 공주·영동·예산 지역 사례를 중심으로」, 『지역과 역사』 27권, 2010.

2   박명림, 「한국의 국가형성, 1945~48: 미시적 접근과 해석」, 『한국정치외교사논총』, 한국정치외교사학회, 1995; 박찬표, 『한국의 국가형성과 민주주의』, 후마니타스, 2007.

3   각 장 원고의 원자료는 다음과 같다. 2장은 「1946년 10월 항쟁과 대구 지역의 진보적 사회운동」(『민주주의와 인권』 16권 2호, 2016a), 3장은 「농민 항쟁의 측면에서 본 1946년 10월 사건: 경북 영천의 사례 연구」(『기억과 전망』 25호, 2011a), 4장은 「1947~1949년 대구 지역의 진보적 사회운동과 민간인 학살」(『기억과 전망』 34호, 2016b), 5장은 「1948~1949년 지역 내전과 마을 청년들의 경험: 경북 영천의 사례를 중심으로」(『경제와 사회』 101호, 2014), 6장은 「한국전쟁 전 대구·경북 지역 민간인 학살 사건의 실태와 특징」(『대구사학』 102집, 2011b)을 수정하고 보완했다. 이외에도 「과거사 청산과 지역 시민정치: 1946년 10월 항쟁의 전개 과정과 진상규명의 과제」(민주연구단체협의모임 2010 여름학술대회), 「1946년 10월 항쟁의 지역적 전개 양상」(『통일문제연구』 30집, 2011c)과 '진실위 조사관 백서 준비모임' 명의로 집필한 「손가락 까딱하면 타당… 박정희 대통령 형마저도」(『오마이뉴스』, 2011. 8. 9, 2011e) 등의 원고를 참고했다. 에필로그에 실은 글은 「아홉 살 난 정립분은 왜?」 (『역사와 책임』 8호, 2015), 「한국전쟁 후 홀로 된 여성들의 오늘」(『여성신문』, 2011. 6. 17, 2011d), 「10월항쟁유족회와 과거청산운동」(『NGO연구』 11권 1호, 2016c) 등의 원고를 바탕으로 하고 있다.

4   제99군정단 본부, 부대일지, 1946. 10. 1~1946. 10. 5; 제6사단 본부, G-2 Summary of Kyongsang, Kyongsang Communist Uprising of October 1946, 1946. 12. 1 등.

5   진실화해위원회, 「대구 10월 사건 관련 민간인 희생 사건」, 『2010년 상반기 조사보고서』 4권, 2010a; 진실화해위원회, 「영천 민간인 희생 사건」, 『2009년 하반기 조사

보고서』 7권, 2009e; 진실화해위원회, 「경북 영천 국민보도연맹 사건」, 『2009년 하반기 조사보고서』 5권, 2009d.

6   2008년 피해자 현황조사 용역사업단, 『한국전쟁 전후 민간인 집단희생 관련 2008년 피해자 현황조사 용역사업 구술증언보고서』, 2009a; 2008년 피해자 현황조사 용역사업단, 『한국전쟁 전후 민간인 집단희생 관련 2008년 피해자 현황조사 용역사업 최종결과보고서 ─ 경북 영천시』, 2009b; 민주화운동기념사업회, 『민주화운동 관련 인사 구술사료』, 2003 등.

1부. 10월 항쟁

1장. 건국의 푸른 꿈

1   『대구시보』, 1946. 1. 1; 경북대학교 인문과학연구소 대형과제연구단, 『근현대 대구 지역 좌파세력의 조직과 활동 Ⅱ』, 영한, 2006, 45쪽; 정영진, 『폭풍의 10월』, 한길사, 1990, 166쪽.

2   『영남일보』, 1945. 11. 20; 김일수, 「모스크바 삼상회의 결정에 대한 대구 지역 정치세력의 대응」, 『사림』 16호, 2001, 86쪽.

3   조선은행 조사부, 『경제연감』, 1949, 22~23쪽; 대구시사편찬위원회, 『대구시사』 3권 (산업·경제), 1995b, 173쪽.

4   유병화 구술, 2013. 9. 5; 이일재, 「해방 직후 대구지방의 조공·전평활동과 '야산대'」, 『역사비평』 11호, 1990, 368~369쪽; 이원식, 『조국이 부르는 벽 밑에서』, 미출간 옥중수기, 1964.
이일재(1923년 출생)는 1946년 화학노조 대구시지부 서기로 10월 항쟁에 참여했고, 경북 영천과 문경에서 남로당 활동가로 활동하면서 두 차례 구속되었다. 1949년 8월에는 팔공산 빨치산부대로 입산했다가 1950년 4월에 비슬산에서 군경에게 총상을 입고 체포되었다. 그 뒤 줄곧 사회운동을 하다가 2012년에 작고했다. 이원식(해방 당시 32세)은 일제강점기부터 학생운동을 했던 사회운동가이자 의사이다. 해방 직후 건국준비 경상북도치안유지회 운동부장을 맡았고, 대구에서 의료·노동·문화·예술 등 다양한 분야의 조직을 건설했다. 또한 지역 진보운동에서 중견 세대와 청년 세대를 잇는 핵심 역할을 했다. 한국전쟁 직후 아내 정신자가 대신 강제연행된 뒤 학살되었으며, 1960년에는 피학살자유족회 대구지구 대표위원을 맡아 유족회운동을 하다가 5·16쿠데타 직후 구속되어 사형선고를 받았다. 그 뒤 13년간 옥고를 치르고 1978년에 세상을 떠났다.

5   안태정, 「조선노동조합전국평의회 결성대회 연구」, 『역사연구』 9호, 2001, 66~72쪽.

6   『해방일보』, 1945. 12. 4.

7   유병화(1929년 출생)는 1945년 대구역 기관구 철도 노동자로 입사하여 해방 직후 대구철도노조 결성에 참여했으며, 대구철도노조 조직부장으로 1946년 10월 항쟁 현장에 있었다. 1949년 6월에 국가보안법 위반 혐의로 구속되어 1950년 9월에 출소했다. 그는 오랜 기간 국가기관의 사찰과 고문 후유증에 시달리다 2016년 3월에 작고했다.

8   유쾌동은 이선장, 김관제와 함께 신간회 대구지부 간부와 대구청년동맹 부원으로 활동하다가 1930년 8월 29일 독립사상을 고취하기 위한 격문을 작성했다는 이유로 징역 8월을 복역한 적이 있다. 해방 후에는 의무노조 활동을 했고, 한국전쟁 발발 직후 국민보도연맹 사건으로 학살되었다(진실화해위원회, 앞의 글, 2010a, 125쪽).

9   『조선중앙일보』, 1948. 3. 21.

10 유병화 구술, 2013. 9. 5.

11 유병화 구술, 2013. 9. 5.

12 이원식, 앞의 책, 1964.

13 유병화 구술, 2013. 9. 5.

14 대구시사편찬위원회, 『대구시사』 5권(문화), 1995c, 121~122쪽.

15 중학교의 경우 3년 뒤 1949년 6월 학도호국단 사열식을 할 때는 15개 교에 학생 수가 1만 2천여 명에 달했다(『영남일보』, 1949. 6. 26).

16 『영남일보』, 1945. 11. 7.

17 강창덕 구술, 2013. 9. 28.

18 당시 서울에는 진보적 학생연합 조직으로 조선학병동맹과 조선학도대가 재경학생통일촉성회('학통')를 결성하여 활동하고 있었다(이재오, 『해방 후 한국 학생운동사』, 형성사, 1984, 73쪽).

19 『대구시보』, 1946. 4. 9; 강창덕 구술, 2013. 9. 28; 주한미군방첩대, Taegu Riots—chart of organization, 1946. 12. 26; 허종, 「1945~1946년 대구 지역 좌파세력의 국가건설 운동과 '10월 인민항쟁'」, 『대구사학』 75집, 2004, 153쪽.

20 정영진, 앞의 책, 1990, 280~283쪽, 329쪽.

21 배일천 구술, 2013. 7. 20.

22 김행선, 『해방정국 청년운동사』, 선인, 2004, 86쪽; 허종, 앞의 글, 2004, 162쪽.

23 『영남일보』, 1945. 10. 21; 이원식, 앞의 책, 1964; 정영진, 앞의 책, 1990, 97쪽, 177쪽, 272쪽; 유병화 구술, 2013. 9. 5.

24 주한미군방첩대, 앞의 글, 1946. 12. 26; 허종, 앞의 글, 2004, 153쪽.

25 김행선, 앞의 책, 2004, 224쪽; 『대구시보』, 1946. 5. 20.

26 허종, 앞의 글, 2004, 162~163쪽.

27 이원식, 앞의 책, 1964; 박창원, 『해방기(1945~1948) 대구·경북 진보적 민족주의 세력의 영화·연극운동 연구』, 계명대학교 박사학위논문, 2012.

28 대구시사편찬위원회, 앞의 책, 1995b, 53쪽.

29 대구시사편찬위원회, 『대구시사』 2권(정치·행정), 1995a, 26쪽.

30 『영남일보』, 1945. 10. 28; 허은, 「경상북도 지역 지방인민위원회의 역사적 배경과 활동」, 『역사연구』 3호, 1994, 167쪽; 정영진, 앞의 책, 1990, 12쪽.

31 김이성은 1946년 10월 항쟁 직후 경찰에 연행되어 15일간 유치장 생활을 했고, 나중에 국민보도연맹에 가입한 후 한국전쟁 발발 직후 국민보도연맹 사건으로 학살되었다(진실화해위원회, 앞의 글, 2010a, 124쪽, 134쪽).

32 이원식, 앞의 책, 1964; 이일재, 앞의 글, 1990, 378쪽.

33 1946년 들어 조선공산당과 조선인민당 외에 대구에서 결성된 진보세력의 정당은 조선신민당, 조선민족혁명당 등이 있었으나 세력이 미미했다(허종, 앞의 글, 2004, 157~158쪽).

34 서울에서는 1945년 8월 18일 장안파를 중심으로 조선공산당 서울시당을 결성했고, 대구에서는 이에 영향을 받아 8월 26일 이원식, 곽수범, 이상길 등 장안파가 중심이 되어 8월 27일에 당을 결성했다. 그러나 서울에서 재건파 중심의 당이 결성되면서 장안파가 해체되자 대구에서도 9월 10일 장안파를 해체하고 나중에 대구 사회주의 세력은 조선공산당 대구시당으로 통일했다(이원식, 앞의 책, 1964; 허종, 앞의 글, 2004, 152쪽).

35 이일재, 앞의 글, 1990, 373~374쪽.

36 허종, 앞의 글, 2004, 155쪽.

37 이일재, 앞의 글, 1990, 367쪽, 373~374쪽.

38 이원식, 앞의 책, 1964.

39 김광식, 「유한종 인터뷰: 한국현대사의 증언—혁신계 변혁·통일운동의 맥」, 『역사비평』 7호, 1989, 328쪽.

40 주한미군방첩대, 앞의 글, 1946. 12. 26; 이일재, 앞의 글, 1990, 369쪽.

41 『영남일보』, 1949. 11. 29.

42 주한미군사령부, G-2 Periodic Report, No. 166, 1946. 3. 4; 주한미군사령부, G-2 Weekly Summary, No. 33, 1946. 5. 1; 정해구, 『10월인민항쟁연구』, 열음사, 1988, 70쪽.

43 이원식, 앞의 책, 1964.

44 정해구, 앞의 책, 1988, 53~54쪽.

45   정영진, 앞의 책, 1990, 347쪽; 유병화 구술, 2013. 9. 5.

46   이일재, 앞의 글, 1990, 375쪽.

47   브루스 커밍스, 김자동 옮김, 『한국전쟁의 기원』, 일월서각, 1986, 472쪽(원문은 Bruce Cumings, *The Origins of the Korean War: Liberation and the Emergence of Separate Regimes, 1945~1947*, New Jersey : Princeton Univ. Press, 1981).

48   한림대학교 아시아문화연구소, 『CIC(방첩대) 보고서』, 한림대학교 출판부, 1995b, 555~559쪽; 허종, 앞의 글, 2004, 155쪽.

49   『영남일보』, 1945. 10. 21.

50   정정웅 구술, 2016. 7. 4.

51   유병화 구술, 2013. 9. 5.

52   이원식, 앞의 책, 1964; 정영진, 앞의 책, 1990, 177쪽.

53   주한미군방첩대, Communist Schools and Educational Program(1946. 7. 3), 한림대학교 아시아문화연구소, 앞의 책, 1995b, 529쪽.

54   제63군정단 본부, Weekly Military Occupational Activities Report, 1946. 3. 30.

55   재조선 미군정청 보건후생부 생정국, 『남조선(38도 이남) 지역급 성별 현재 인구(1946. 9)』, 45~55쪽. 정해구, 앞의 책, 1988, 142쪽에서 재인용.

56   허은, 앞의 글, 1994, 171~175쪽.

57   허은, 앞의 글, 1994, 170쪽.

58   안종철, 「전남 지역 인민위원회의 성격에 관하여」, 『역사비평』 12호, 1991, 178쪽, 181쪽.

59   강창덕(1927년 출생)은 1945년 해방 직후 경산군 하양에서 민청 활동을 했으며 1946년 10월에는 대구상업학교 학생으로서 10월 항쟁 현장에 있었다. 1947년에는 민주학련 활동을 하다 11월에 포고령 위반으로 구류와 벌금형을 받고 학교에서 퇴학당했다. 그 뒤 수십 년 동안 진보정당 운동과 통일운동에 종사했다.

60   정영진, 앞의 책, 1990, 121쪽; 『대구시보』, 1946. 1. 23; 정해구, 앞의 책, 1988, 73쪽.

61   허은, 앞의 글, 1994, 185쪽.

62   허은, 앞의 글, 1994, 186쪽.

63   브루스 커밍스, 앞의 책, 1986, 436쪽.

64   허은, 앞의 글, 1994, 165~166쪽.

65   김진웅, 「미군정기 국내정치에 있어서 경찰의 역할」, 『대구사학』 97집, 2009, 29쪽.

66   주한미군사령부, G-2 Periodic Report, 1946. 4. 3.

67   진실화해위원회, 앞의 글, 2009d, 130~131쪽; 진실화해위원회, 앞의 글, 2010a, 150~154쪽.

68   김진웅, 앞의 글, 2009, 14쪽.

69   주한미군사령부 24군단, G2, Historical Section, History of Police Department (Drafts+Notes), 주한미군정 경찰부, 경찰부 조직도, 1948. 2. 10, NARA, RG554 (구RG332), Box 25.

70   김진웅, 앞의 글, 2009, 30쪽.

71   Albert E. Brown, Report of Investigation of Disorders Occurring at Taegu Conducted by Major General Albert E. Brown October 4th. 1946(1946. 10. 5)(한림대학교 아시아문화연구소, 『미군정기 정보자료집: 시민소요·여론조사보고서 (1945. 9~1948. 6)』 1권, 한림대학교 출판부, 1995a, 193~206쪽).

72   『영남일보』, 1945. 11. 19, 1945. 11. 20; 정해구, 앞의 책, 1988, 47~48쪽.

73   『영남일보』, 1945. 11. 7, 1945. 11. 8; 김일수, 앞의 글, 2001, 86쪽.

74   『대구시보』, 1946. 1. 17, 1946. 3. 14.

75   김일수, 앞의 글, 2001, 87쪽, 99쪽, 100쪽.

76   영남일보사, 『경북총감』, 1947, 100~103쪽; 이영도, 「1945~1948 대구 지역 우익 세력의 정치조직 결성과 국가건설 운동」, 『대구사학』 79집, 2005, 124쪽; 최태육, 『남북 분단과 6·25전쟁 시기(1945~1953) 민간인 집단희생과 한국기독교의 관계 연구』, 목원대학교 박사학위논문, 2015, 82쪽, 139~140쪽.

77   최태육, 앞의 글, 2015, 114쪽.

78   영남일보사, 앞의 책, 1947, 96쪽, 99쪽; 이영도, 앞의 글, 2005, 127~128쪽.

79   한림대학교 아시아문화연구소, 앞의 책, 1995a, 193~206쪽.

80   정해구, 앞의 책, 1988, 84~88쪽; 정영진, 앞의 책, 1990, 267~271쪽.

81   『대구시보』, 1946. 8. 20; 정해구, 앞의 책, 1988, 94~98쪽; 정영진, 앞의 책, 1990, 250~258쪽.

82   이윤갑, 「해방 후 경상도 성주 지역의 건국운동과 국민보도연맹」, 『한국학논집』 42권, 2011, 282~283쪽.

83   정해구, 앞의 책, 1988, 65~66쪽.

84   『전국노동자신문』, 1946. 4. 5, 1946. 4. 26, 1946. 5. 3, 1946. 5. 31.

85   『영남일보』, 1946. 3. 1, 1946. 3. 30, 1946. 8. 27; 『대구시보』, 1946. 5. 26; 정영진, 앞의 책, 1990, 176쪽, 185쪽.

86   배일천 구술, 2013. 7. 20.

87   정해구, 앞의 책, 1988, 90~91쪽; 정영진, 앞의 책, 1990, 231~246쪽.

88   『대구시보』, 1946. 4. 4; 『영남일보』, 1946. 4. 9; 김일수, 앞의 글, 2001, 104쪽.

89   대구·경북역사연구회, 『역사 속의 대구, 대구 사람들』, 중심, 2001, 127쪽.

90   정해구, 앞의 책, 1988, 81쪽.

91   제6사단 본부, G-2 Periodic Report, No. 243, 1946. 6. 18; 『동아일보』, 1946. 8. 13.

92   허종, 앞의 글, 2004, 173~175쪽.

93   정해구, 「해방 직후 대구지방 정치의 전개 과정」, 『역사비평』 1호, 1987, 97쪽 등.

94   정영진, 앞의 책, 1990, 241쪽.

95   『동아일보』, 1946. 7. 27.

96   이일재, 앞의 글, 1990, 376~378쪽.

97   『대구시보』, 1946. 8. 31; 주한미군사령부, G-2 Periodic Report, No. 333, 1946. 9. 19.

98   서중석, 『한국현대민족운동연구』, 역사비평사, 1991, 418~423쪽.

99   정해구, 앞의 책, 1988, 105쪽; 정영진, 앞의 책, 1990, 301~305쪽.

100   정해구, 앞의 책, 1988, 106쪽.

2장. 대구, 10월 항쟁의 서막

1   미 24군단 사령부 감찰참모실, Report of Investigation regarding Disturbances at Taegu, Korea, 1946. 11. 22; 심지연, 『대구10월항쟁연구』, 청계연구소, 1991, 164쪽.

2   심지연, 앞의 책, 1991, 165쪽.

3   정해구, 앞의 책, 1988, 107~108쪽.

4   『매일신문』, 1986. 10. 1.

5   박경호, 「10·1폭동사건과 나―45년이 지난 그때를 회상하며(1991년 10월 기록)」, 『목우 박경호 총재 유고집』, 국제로타리 3630지구 포항로타리클럽, 2005. 박경호의 회고록은 1991년 10월에 기록된 것으로 2005년 박경호가 세상을 떠난 뒤에 발간된 유고집에 실린 것이다.

6   제99군정단 본부, 부대일지, 1946. 10. 1.

7   이일재, 앞의 글, 1990, 379쪽; 정영진, 앞의 책, 1990, 339쪽에 실린 송재익 순경의 증언 등.

8   박헌영, 「10월인민항쟁」, 1946a(심지연, 앞의 책, 1991, 64쪽에 수록).

9   박헌영, 「투쟁일지: 인민항쟁의 피어린 기록」, 1946b(심지연, 앞의 책, 1991, 98쪽에 수록).

10   정해구, 앞의 책, 1988, 109쪽.

11   진실화해위원회, 앞의 글, 2010a, 150쪽.

12   제99군정단 본부, 부대일지, 1946. 10. 2.

13   정영진, 앞의 책, 1990, 321쪽에 실린 당시 대구의대 학생 송조영의 증언: 신복룡, 『한국분단사연구: 1943~1953』, 한울, 2011 등.

14   이일재, 『민주운동 관련 인사 구술사료: 이일재 구술(2003. 7. 5)』, 민주화운동기념사업회, 2003.

15   경찰청과거사위원회, 『46년 대구 10·1사건 중간조사결과』, 2006.

16   진실화해위원회, 앞의 글, 2010a, 73~75쪽.

17   미 24군단 사령부 헌병참모실, Report of Taegu Situation, 1946. 10. 26. 원문은 다음과 같다.

Information as to the actual start of the riot on 1 October 1946 is as follows: During a demonstration in front of the Railroad Station police fired into the demonstrators which resulted in two deaths; - #1, a Lee Sang Ik of 144 Cheel Sung Jung Street, Taegu, was shot in the stomach and died on 3 October in a Taegu Hospital. This person was a well known leader in the labor association(name of the association unknown). #2 died before arriving at the hospital and is unidentified. When #2 was brought to the hospital and placed in the morgue a medical student by the name of Che Mu Hak secured this body and paraded it before students in classes at the Medical College. Che Mu Hak then formed a group of students and paraded through the streets of Taegu exposing the body and shouting in words to this effect, "This is a laboring man shot for no cause by the police". There is no record at the hospital to show who brought this body to the hospital or what time it arrived on 1 October.

18   『대구시보』, 1946. 11. 14; 정해구, 앞의 책, 1988, 157쪽.

19   진실화해위원회, 앞의 글, 2010a, 74쪽.

20   박헌영, 앞의 글, 1946b(심지연, 앞의 책, 1991, 98쪽에 수록).

21   정해구, 앞의 책, 1988, 109쪽.

22   유병화 구술, 2013. 9. 5.

23   허영구, 「혁명의 전사, 영원한 노동자 이수갑 의장을 추모하며」, 『월간좌파』 10호, 2014. 이수갑이 2013년에 작고했으므로 이를 구체적으로 확인하지는 못했다.

24   『자유신문』, 1946. 10. 8.

25   허종, 앞의 글, 2004, 181쪽. 허종이 인용한 원자료는 『민성일보』, 1947. 6. 21, 1947. 6. 28; 제99군정단 본부, 부대일지(국사편찬위원회, 『미군정기 군정단·군정중대 문서』 5권, 2001, 391쪽) 참조.

26   김용락, 「이종하 박사 대담: 민중은 평생을 땀 흘려 노동하는 사람(2003. 1. 22)」,
      『대구사회비평』 7호, 2003. 이종하 교수에 관해서는 김용락의 인터뷰 글 참조. 황태
      성의 활동에 관해서는 김학민·이창훈, 『박정희 장군, 나를 꼭 죽여야겠소: 한국 현
      대사의 미스터리 황태성사건의 전모』, 푸른역사, 2015 참조.

27   정영진, 앞의 책, 1990, 320쪽, 347쪽.

28   미 24군단 사령부 헌병참모실, 앞의 글, 1946. 10. 26.

29   『민성일보』, 1947. 8. 3.

30   『민성일보』, 1947. 2. 28.

31   『대구시보』, 1946. 12. 14; 『경향신문』, 1946. 12. 14. 그러나 최문학의 처 김연선
      이, "남편은 10월 1일 화원 우익단체 지도자가 찾아와 전하는 말에 피신했다가, 경찰
      이 남편의 소재를 알려달라고 나를 고문하는 바람에 잡혔습니다. 우리 남편은 이번
      항쟁에는 가담하지도 못하고 극형을 받게 되어 억울하기 짝이 없습니다"라고 기자에
      게 말했으므로(『독립신보』, 1947. 1. 11), 최문학은 사건과 무관함에도 최무학이 대
      구경찰서 시위를 주도한 것과 화원 주민들이 화원지서를 습격하여 경찰을 살해한 것
      에 대한 보복으로 사형선고를 받았던 것으로 보인다.

32   유병화 구술, 2013. 9. 5.

33   유병화 구술, 2013. 9. 5.

34   한림대학교 아시아문화연구소, 앞의 책, 1995b, 52~53쪽; 허종, 앞의 글, 2004,
      153쪽.

35   정영진, 앞의 책, 1990, 347쪽.

36   이종하, 『민주화운동 관련 인사 구술사료: 이종하 구술(2003. 7. 4)』, 민주화운동기
      념사업회, 2003; 미 24군단 사령부, 앞의 글, 1946. 11. 22; 심지연, 앞의 책, 1991,
      256~257쪽.

37   나중에 윤장혁은 재판정에서 "파업과 폭동은 전혀 관계가 없다"고 주장했다. 『민성
      일보』, 1947. 2. 28.

38   유병화 구술, 2013. 9. 5.

39   정영진, 앞의 책, 1990, 323~334쪽.

40   배일천 구술, 2013. 7. 20.

41   강창덕 구술, 2013. 9. 28.

42   강창덕 구술, 2013. 9. 28.

43   이종하, 앞의 구술사료, 민주화운동기념사업회, 2003; 정영진, 앞의 책, 1990,
      365~366쪽.

44   이일재, 앞의 글, 1990, 380쪽; 강창덕 구술, 2013. 9. 28.

45   이종하, 앞의 구술사료, 민주화운동기념사업회, 2003; 강창덕 구술, 2013. 9. 28; 유

병화 구술, 2013. 9. 5; 정영진, 앞의 책, 1990, 365~366쪽.

46   정영진, 앞의 책, 1990, 366쪽.

47   『대구시보』, 1946. 10. 19; 정해구, 앞의 책, 1988, 113쪽; 정영진, 앞의 책, 1990,
      376쪽.

48   정인우, 「학생운동의 감성적 동인에 대한 일고찰―미군정기 '국대안 반대 운동'을
      중심으로」, 『감성연구』 9집, 2014, 155~156쪽.

49   김상숙, 앞의 글, 2011a, 177쪽. 농민들의 '결당작란'에 대해서는 이 책의 3장 참조.

50   브루스 커밍스, 앞의 책, 1986, 435쪽.

51   브루스 커밍스, 앞의 책, 1986, 459쪽.

52   박헌영, 앞의 글, 1946a(심지연, 앞의 책, 1991, 68쪽 수록); 신복룡, 앞의 책, 2011.

53   이일재, 앞의 글, 1990, 381쪽.

54   김현식 · 정선태, 『삐라로 듣는 해방 직후의 목소리』, 현대, 2011, 317쪽.

3장. 농촌으로 간 10월 항쟁

1   중앙통신사, 『조선중앙연감』, 1949, 217쪽. 당시 경북 인구는 1장 미주 55번 출처
      참조.

2   정해구, 앞의 책, 1988, 133쪽.

3   제6사단 본부, 앞의 글, 1946. 12. 1; 정해구, 앞의 책, 1988, 114~131쪽; 한림대학
      교 아시아문화연구소, 앞의 책, 1995a, 604~609쪽.

4   강창덕 구술, 2013. 9. 28.

5   브루스 커밍스, 앞의 책, 1986, 409쪽, 415쪽; 정해구, 앞의 책, 1988, 78쪽.

6   한국반공연맹 경상북도지부, 『내 고장의 대공투쟁사』, 1987, 367쪽.

7   제6사단 본부, 앞의 글, 1946. 12. 1.

8   주한미군방첩대, Report of Angang Area Disturbances, 1946. 11. 14.

9   배일천 구술, 2013. 7. 20; 진실화해위원회, 「경북 고령 · 성주 · 칠곡군 국민보도연맹
      사건」, 『2010년 상반기 조사보고서』 4권, 2010b, 669쪽.

10   제6사단 본부, 앞의 글, 1946. 12. 1; 내무부 치안국, 『대한경찰전사 제1집: 민족의
      선봉』, 1952, 55쪽; 브루스 커밍스, 앞의 책, 1986, 446쪽.

11   『자유신문』, 1946. 12. 4.

12   중앙통신사, 앞의 책, 1949, 217쪽; 정해구, 앞의 책, 1988, 142쪽.

13   정해구, 앞의 책, 1988, 133~138쪽.

14   『자유신문』, 1946. 12. 4; 『대구시보』, 1946. 8. 20; 정해구, 앞의 책, 1988, 94쪽.

97쪽.

15   박찬승, 『마을로 간 한국전쟁』, 돌베개, 2010, 25~26쪽.

16   영천 임고면 최○수, 대창면 김○조, 청통면 김○복 구술(진실화해위원회, 앞의 글, 2009d, 109~131쪽 진술요지; 진실화해위원회, 앞의 글, 2010a, 138~145쪽 진술 요지 참조).

17   정해구, 앞의 책, 1988, 141쪽.

18   브루스 커밍스, 앞의 책, 1986, 73쪽; 허은, 앞의 글, 1994, 70쪽; 『자유신문』, 1946. 12. 4.

19   영천 대창면 김○조, 금호면 조○환, 영천읍 박○원 구술(진실화해위원회, 앞의 글, 2009d, 109~131쪽 진술요지; 진실화해위원회, 앞의 글, 2010a, 138~145쪽 진술 요지 참조).

20   진실화해위원회, 앞의 책, 2009d, 59쪽; 『동아일보』, 1934. 2. 1; 『동아일보』, 1940. 2. 24; 김진화, 『일제하의 대구의 언론 연구』, 화다출판사, 1979, 150~152쪽; 정해 구, 앞의 책, 1988, 43쪽.

21   진실화해위원회, 앞의 글, 2010a, 92쪽.

22   『자유신문』, 1946. 12. 4.

23   1946년 10월 항쟁과 관련된 미군정의 재판 기록 중 유일하게 공개된 전범대 재판기 록은 한림대학교 아시아문화연구소, 『미군정기 정보자료집: 질레트 보고서, 전범대 재판기록』(1996)에 영인본으로 수록되어 있다. 이 기록에 따르면, 전범대는 1946년 10월 5일에 검거되었고 1947년 3월 4일에 기소되었으며 3월 24일에 재판을 받았다. 재판 결과 살인 혐의는 증거불충분으로 무죄가 선고되었고 폭동 참가에 대해서만 유 죄가 인정되어 징역 5년을 선고받았다(전현수, 「10·1사건 판결문 분석」, 10·1사건 60주년 기념 학술대회 발표문, 2006, 58~59쪽).

24   전범대의 재판 기록에 관해서는 전현수, 앞의 글, 2006 참조.

25   『영남일보』, 1947. 3. 11; 『대구시보』, 1947. 3. 15, 1947. 3. 17, 1947. 3. 28, 1947. 4. 6; 정해구, 앞의 책, 1988, 160쪽.

26   내무부 치안국, 앞의 책, 1952, 55쪽.

27   제6사단 본부, 앞의 글, 1946. 12. 1.

28   영천 각 면의 항쟁은 진실화해위원회, 앞의 글(2010a, 138~154쪽)에 실린 영천 지 역 주민들의 증언을 참조했다. 그리고 2008년 피해자 현황조사 용역사업단, 앞의 책 (2009a)과 2008년 피해자 현황조사 용역사업단, 앞의 책(2009b)에 실린 구술 자료 를 참조했고, 『자유신문』(1946. 12. 4) 기사와 내무부 치안국, 앞의 책(1952, 55쪽) 의 내용도 참조했다.

29   진실화해위원회, 앞의 글, 2010a, 139~141쪽.

30 영천 금호면 도남동의 안재기는 광주 안씨 일가의 종손이자 지주로서 와세다대학을 나와 영천에서 조양인쇄소를 경영했으며, 10월 항쟁 전에 영천군 인민위원장직을 맡은 경력이 있다(영천 금호면 안수환·안병완 구술, 진실화해위원회, 앞의 글, 2009d, 26쪽).

31 신범이는 미군정 특별재판에서 성재모 살해혐의로 사형 선고를 받았다는 기록이 있다(『영남일보』, 1947. 3. 11).

32 정해구, 앞의 책, 1988, 133쪽.

33 진실화해위원회, 앞의 글, 2010a, 139~141쪽: 제6사단 본부, 앞의 글, 1946. 12. 1; 정해구, 앞의 책, 1988, 117~118쪽.

34 박명회의 사형 선고 사실은 『대구시보』, 1947. 6. 13 기사 참조.

35 브루스 커밍스, 앞의 책, 1986, 409쪽.

36 진실화해위원회, 앞의 글, 2009d, 26쪽, 57쪽.

37 정해구, 앞의 책, 1988, 69쪽; 허종, 앞의 글, 2004, 152쪽.

38 진실화해위원회, 앞의 글, 2009d, 59쪽. 안달수에 대해서는 다음 자료를 참조했다. 허은, 앞의 글, 1994, 164쪽, 176쪽; 정해구, 앞의 책, 1988, 69쪽; 진실화해위원회, 「청도 민간인 희생 사건」, 『2008년 상반기 조사보고서』 2권, 2008a, 789쪽.

39 진실화해위원회, 앞의 글, 2010a, 138쪽; 진실화해위원회, 앞의 글, 2009d, 59쪽.

40 『자유신문』, 1946. 12. 4.

41 『대구시보』, 1946. 10. 13; 정해구, 앞의 책, 1988, 123쪽.

42 양진석, 「1862년 농민 항쟁의 배경과 주도층의 성격」, 『1894년 농민전쟁연구 2』, 역사비평사, 1992, 209쪽, 214~216쪽.

43 강위姜瑋, 「의삼정구폐책」擬三政捄弊策, 『고환당수초』古歡堂收草 권4; 양진석, 앞의 글, 1992, 217쪽.

44 윤형숙, 「전쟁과 농촌사회의 구조 변화」, 『전쟁과 사람들: 아래로부터의 한국전쟁 연구』, 한울, 2003.

45 진실화해위원회, 앞의 글, 2010a, 89쪽.

46 영천 화북면 함○원, 이○만, 오○칠 구술(진실화해위원회, 앞의 글, 2010a, 138~145쪽 진술요지 참조).

47 영천 영천읍 박○원 구술(2008년 피해자 현황조사 용역사업단, 앞의 책, 2009a, 206쪽).

48 진실화해위원회, 앞의 글, 2009d, 26~28쪽, 46~48쪽, 60~62쪽.

49 영천 자양면 이○식 구술(2008년 피해자 현황조사 용역사업단, 앞의 책, 2009a, 171쪽).

50 안병욱, 「19세기 민중의식의 성장과 민중운동: '향회'와 '민란'을 중심으로」, 『역사비

평』1호, 1987, 154~157쪽.

51 백승철, 「개항 이후(1876~1893) 농민 항쟁의 전개와 지향」, 『1894년 농민전쟁 연구 2』, 역사비평사, 1992, 319~320쪽.

52 『임술록』壬戌錄, 44쪽; 안병욱, 앞의 글, 1987, 169~170쪽.

53 「영천향회중하첩」永川鄕會中下帖, 『첩이』牒移, 1837; 안병욱, 앞의 글, 1987, 168쪽.

54 고석규, 「18·19세기 농민 항쟁의 추이」, 『1894년 농민전쟁연구 2』, 역사비평사, 1992, 23쪽.

55 한상권, 「18세기 중·후반의 농민 항쟁」, 『1894년 농민전쟁 연구 2』, 역사비평사, 1992, 101~105쪽.

56 양진석, 앞의 글, 1992, 217~220쪽.

57 『경상도읍지』신녕 편, 1833; 망원한국사연구실, 『1862년 농민 항쟁』, 동녘, 1988, 243쪽, 424쪽.

58 『고종실록』32권 고종 31년(1894) 10월 13일 두 번째 기사. 원문은 다음과 같다.
議政府啓: (……) "卽伏見永川按覈使李重夏狀本啓下, 則臚列諸就首從, 以待處分, 而該邑民擾, 其源有三. 一則結賦過重也, 一則官政貪婪也, 一則明禮宮洑稅也, 令廟堂稟處'爲辭矣. 今此永民之起擾, 始聞新令之蠲役, 妄議官吏之掩匿, 樂禍之徒, 接踵而聚, 燒毀人家, 攔入官衙, 至有异棄之變. 犯分干紀, 自底罔赦. 鄭容采本以有名亂類, 一邑皆曰可殺, 今又首倡作擾, 萬戮猶輕. 而方在逃躱, 飭令刻期跟捕, 卽施一律. 鄭基碩雖曰次狀頭, 聚黨作變, 與首倡二而一也. 李承然稱以推錢, 乘勢倡亂, 奪衣逼辱, 罔有紀極. 上項兩犯, 衆招同然, 渠皆自服, 令道臣大會軍民, 梟首警衆. 朴東業懷憾乘亂, 至犯內衙, 合施次律, 嚴刑三次, 遠惡島限己身定配. 李正用等三人, 同惡相濟, 指證莫掩, 竝嚴刑二次, 絶島定配, 其餘諸囚, 使之分輕重酌處. 前郡守洪用觀屢典之餘, 忍行割剝, 久積闔境之怨, 竟遭無前之變, 合施重勘, 贓錢夥數, 令法務衙門徵辦. 至於結戶滋弊, 實爲民隱攸關, 當此經擾之後, 宜施益下之政. 結戶之減斂, 宮洑之還給, 竝依覈啓施行何如?"竝允之.

59 브루스 커밍스, 앞의 책, 1986, 436쪽, 472쪽.

2부. 작은 전쟁과 학살

4장. 삐라를 뿌리는 소년들

1 진실화해위원회, 앞의 글, 2010a, 77쪽.

2 Albert E. Brown, 앞의 글, 1946. 10. 5; 미 24군단 사령부 감찰참모실, 앞의 글,

1946. 11. 22.

3   진실화해위원회, 앞의 글, 2010a, 83쪽.

4   진실화해위원회, 앞의 글, 2010a, 87~90쪽.

5   김상숙, 앞의 글, 2011e.

6   제6사단 본부, 앞의 글, 1946. 12. 1.

7   진실화해위원회, 앞의 글, 2010a, 70~71쪽.

8   『대구시보』, 1946. 5. 25; 허종, 「미군정기 후반 대구 지역 좌파세력의 조직과 국가
    건설 운동」, 『대구사학』 79집, 2005, 163쪽.

9   김남식·심지연, 『박헌영 노선 비판』, 세계, 1986, 72쪽; 브루스 커밍스, 앞의 책,
    1986, 473쪽 등.

10 영남일보사, 앞의 책, 1947, 98쪽.

11 정영진, 앞의 책, 1990, 428쪽.

12 허종, 앞의 글, 2005, 143~144쪽.

13 김상숙, 앞의 글, 2011a, 180쪽; 김상숙, 앞의 글, 2014, 135쪽.

14 이완범, 「해방 직후 공산주의자들의 혁명단계론」, 『정신문화연구』 31권, 2008,
    31~32쪽.

15 『조선인민보』, 1946. 4. 26; 이완범, 앞의 글, 2008, 31쪽.

16 『남선경제신문』, 1947. 6. 21.

17 『영남일보』, 1947. 2. 23.

18 김득중, 「남조선노동당의 조직 활동과 대중운동」, 『진보평론』, 2001년 6월호, 321쪽.

19 김현식·정선태, 앞의 책, 2011, 387쪽.

20 『영남일보』, 1947. 5. 8, 1947. 5. 21; 허종, 앞의 글, 2005, 163~164쪽.

21 『서울신문』, 1947. 7. 31.

22 『남선경제신문』, 1947. 7. 29.

23 허종, 앞의 글, 2005, 157~158쪽.

24 『영남일보』, 1947. 3. 3.

25 『조선일보』, 1947. 3. 23; 한국노동조합총연맹, 『한국노동조합운동사』, 1979, 329쪽.

26 『영남일보』, 1947. 5. 8, 1947. 5. 21.

27 『서울신문』, 1947. 7. 31.

28 허종, 앞의 글, 2005, 152~153쪽.

29 유병화 구술, 2013. 9. 5.

30 전○희 구술, 2015. 7. 30.

31 최혜월, 「미군정기 국대안 반대 운동의 성격」, 『역사비평』 창간호, 1988.

32 『자유신문』, 1947. 7. 9.

33 강창덕 구술, 2013. 9. 28.

34 『영남일보』, 1949. 12. 7.

35 류상영, 「8·15 이후 좌·우익 청년단체의 조직과 활동」, 『해방전후사의 인식』, 한길사, 1989, 68쪽; 허종, 앞의 글, 2005, 154쪽.

36 류상영, 앞의 글, 1989, 66~68쪽.

37 『민성일보』, 1947. 2. 23; 허종, 앞의 글, 2005, 155쪽.

38 유병화 구술, 2013. 9. 5.

39 한○영 구술, 2015. 10. 31.

40 이일재, 앞의 글, 1990, 381~382쪽.

41 진실화해위원회, 앞의 글, 2009d, 24쪽.

42 진실화해위원회, 앞의 글, 2009d, 24쪽.

43 김상숙, 앞의 글, 2014, 122쪽.

44 김○회 구술, 2015. 8. 27; 진실화해위원회, 앞의 글, 2008a, 820쪽.

45 이윤갑, 앞의 글, 2011, 295쪽.

46 『영남일보』, 1947. 5. 20.

47 『대구시보』, 1947. 8. 17.

48 『대구시보』, 1947. 11. 7.

49 『영남일보』, 1948. 2. 28.

50 김득중 외, 『죽엄으로써 나라를 지키자: 1950년대 반공 동원 감시의 시대』, 선인, 2007; 2008년 피해자 현황조사 용역사업단, 앞의 책, 2009b, 44쪽.

51 진실화해위원회, 앞의 글, 2010a, 90쪽.

52 이○규 구술, 2011. 11. 13.

53 진실화해위원회, 앞의 글, 2009e, 813쪽.

54 이영도, 앞의 글, 2005, 133~134쪽.

55 김상숙, 앞의 글, 2014, 124쪽.

56 최○○ 구술(진실화해위원회, 앞의 글, 2010a, 152쪽).

57 강창덕 구술, 2013. 9. 28.

58 윤○희 구술, 2012. 11. 7.

59 한국노동조합총연맹, 앞의 책, 1979, 333~334쪽.

60 『영남일보』, 1948. 3. 23.

61 『영남일보』, 1948. 5. 6.

62 『영남일보』, 1948. 5. 9.

63 『동아일보』, 1948. 5. 12.

64 주한미군사령부, G-2 Periodic Report, No. 831, 1948. 5. 11; No. 832, 1948. 5. 12.

65   대구시사편찬위원회, 앞의 책, 1995a, 1206쪽.

66   김진웅, 앞의 글, 2009, 26쪽.

67   김진웅, 앞의 글, 2009, 26~28쪽.

68   대한민국 국회 홈페이지: http://www.assembly.go.kr(2016년 8월 24일 접속)

69   중앙선거관리위원회, 『대한민국선거사 1』, 1973, 17쪽, 616~617쪽.

70   『영남일보』, 1948. 5. 20.

71   주한미군사령부, 1948. 5. 20; 허종, 앞의 글, 2005, 170쪽.

72   『서울신문』, 1948. 6. 15.

73   『동아일보』, 1948. 5. 12.

74   진실화해위원회, 앞의 글, 2010b, 280쪽, 291쪽.

75   최재림 등 3명 신고서(제4대 국회, 『양민학살사건 진상조사보고서 6-23 대구·경주·
      김천시』, 1960). 이하 1960년 제4대 국회에서 발간한 『양민학살사건 진상조사보고
      서』는 보고서 각 권의 제목만 표시함.

76   한국반공연맹 경상북도지부, 앞의 책, 1987, 243쪽.

77   이수천 구술, 2013. 7. 19.

78   이윤갑, 앞의 글, 2011, 297~298쪽.

79   이일재, 『노동자 평의회와 공산주의 길』, 빛나는 전망, 2009, 54쪽. 이 사건은 이일
      재의 증언록 『노동자 평의회와 공산주의 길』에 '용감한 7인조' 사건으로 기록되어 있
      다. 그러나 이일재는 필자에게 구술할 때나 다른 여러 구술 자료에는 '용감한 6인조'
      사건으로 구술했다(이일재 구술, 2008. 1. 4).

80   2008년 피해자 현황조사 용역사업단, 앞의 책, 2009a, 261쪽, 264쪽, 266쪽.

81   국방부전사편찬위원회, 『대비정규전사』, 1988, 44~45쪽; 이일재, 앞의 글, 1990,
      386쪽.

5장. 산으로 간 청년들과 작은 전쟁

1   『매일신문』, 2006. 7. 24.

2   조○석 구술, 2011. 11. 20.

3   『국제신문』, 1948. 11. 6.

4   『서울신문』, 1948. 12. 10; 『세계일보』, 1948. 12. 11.

5   『수산경제신문』, 1949. 2. 2; 『동광신문』, 1949. 5. 29.

6   김득중, 앞의 글, 2001, 322쪽.

7   전갑생, 「3인3색으로 본 6·25전쟁: 북 노획문서로 본 6·25전쟁」, 『민족21』 123호,

2011.

8   이일재, 앞의 글, 1990, 387쪽.

9   이일재, 앞의 글, 1990, 387쪽.

10   서상일 구술, 2015. 7. 4.

11   이일재, 앞의 글, 1990, 388쪽.

12   경북지방경찰청, 『경북경찰발전사』, 2001, 76쪽.

13   보병 제3사단, 『백골사단역사』, 1980, 110쪽.

14   국방부전사편찬위원회, 『한국전쟁사』 제1권, 1968; 진실화해위원회, 「영천 청통면
     이영쇠 사망 사건」, 『2008년 하반기 조사보고서』 2권, 2008c, 468쪽.

15   제4대 국회, 『6-12 영천군 보고서』, 1960; 진실화해위원회, 앞의 글, 2008c,
     466~469쪽; 진실화해위원회, 앞의 글, 2009e, 814~816쪽.

16   『대구시보』, 1948. 12. 23; 『민국일보』, 1948. 12. 29.

17   『대구시보』, 1948. 12. 21.

18   『대구시보』, 1949. 2. 23.

19   『조선중앙일보』, 1949. 9. 8.

20   『영남일보』, 1949. 9. 17.

21   『서울신문』, 1949. 9. 13.

22   『서울신문』, 1949. 11. 7.

23   『영남일보』, 1949. 11. 20; 『동아일보』, 1949. 11. 28; 『자유신문』, 1950. 1. 18.

24   『영남일보』, 1949. 12. 11.

25   『영남일보』, 1949. 11. 29.

26   이일재, 앞의 글, 1990, 384~389쪽.

27   김남식, 「1948~50년 남한 내 빨치산 활동의 양상과 성격」, 『해방전후사의 인식 4』,
     한길사, 1989, 211쪽; 이일재, 앞의 글, 1990, 384~389쪽.

28   김○한 구술, 2011. 11. 20.

29   이일재, 앞의 글, 1990, 387쪽.

30   노용석, 『민간인 학살을 통해 본 지역민의 국가인식과 국가권력의 형성』, 영남대학
     교 박사학위논문, 2005, 86쪽.

31   김득중, 앞의 글, 2001, 324쪽.

32   김종준, 「한국전쟁기 서부 경남 지역 빨치산의 조직과 활동: 1950년 10월~1951년
     6월을 중심으로」, 『제노사이드 연구』 2호, 2007, 46~50쪽.

33   김○한 구술, 2011. 11. 20.

34   이일재 구술, 2008. 1. 4.

35   김○한 구술, 2011. 11. 20; 최○동 구술, 2013. 8. 1.

36   미군사고문단, G-2 Periodic Report #1013. 이선아, 「여순사건 이후 빨치산 활동과
      그 영향」, 『역사연구』 20호, 2011, 183~184쪽에서 재인용.

37   진실화해위원회, 앞의 글, 2009e, 782~784쪽; 김○재 구술, 2013. 8. 1.

38   한국반공연맹 경상북도지부, 앞의 책, 1987, 243쪽.

39   한국반공연맹 경상북도지부, 앞의 책, 1987, 246쪽; 「한국전쟁 이전 경산 민간인(김
      종학 외 9명) 희생 사건」, 『2009년 상반기 조사보고서』 4권, 2009c, 106쪽.

40   진실화해위원회, 앞의 글, 2009d, 28쪽.

41   정○식 구술, 2013. 7. 31.

42   진실화해위원회, 앞의 글, 2009d, 28쪽.

43   진실화해위원회, 앞의 글, 2009e, 788쪽.

44   2008년 피해자 현황조사 용역사업단, 2009a, 255쪽.

45   노용석, 앞의 글, 2005, 79~84쪽.

46   김상숙, 앞의 글, 2011b, 169~172쪽.

47   노용석, 앞의 글, 2005, 84쪽.

48   이종만 구술, 2013. 9. 5.

49   함태원 구술, 2013. 9. 5.

50   김○한 구술, 2011. 11. 20.

51   진실화해위원회, 앞의 글, 2009e, 778쪽, 801쪽.

52   황보○ 구술, 2011. 11. 21.

53   진실화해위원회, 앞의 글, 2009d, 28쪽.

54   2008년 피해자 현황조사 용역사업단, 앞의 책, 2009a, 89쪽.

55   노용석, 앞의 글, 2005, 85쪽, 89~93쪽.

6장. 학살과 통제

1   제4대 국회, 『6-16 달성군 보고서』, 1960; 제4대 국회, 『6-22 대구시 보고서』, 1960;
      제4대 국회, 『6-23 대구·경주·김천시 보고서』, 1960.

2   제4대 국회, 『최종 보고서』, 1960.

3   서상일 구술, 2015. 7. 4.

4   진실화해위원회, 앞의 글, 2010a, 123쪽. 제4대 국회 보고서에는 달성군 신재식 등
      3명의 신고서에 1949년 여름 화원면 마비곡(매포장), 또는 본리동 부채골에서 학살
      되었다는 기록이 있고, 달성군 이기훈 등 6명의 신고서에는 "1949년 8월 29일 화원
      면 주민 여러 명이 지서에 경비를 간 후 화원면 본리동 하음곡에서 폭도라는 명목으

로 경찰에게 살해당했다"는 기록이 있다. '화원면 마비곡(매포장)', '본리동 부채골', '본리동 하음곡'은 같은 장소(대구시 달서구 본리동 학산 일대의 골짜기)를 가리키는 것으로 보인다(제4대 국회, 『6-16 달성군 보고서』, 1960).

5   『영남일보』, 1960. 8. 23.

6   진실화해위원회, 앞의 글, 2009d, 26~28쪽, 45~48쪽, 60~62쪽; 진실화해위원회, 앞의 글, 2009e, 795쪽, 799~802쪽, 804쪽.

7   제4대 국회, 『6-12 영천군 보고서』, 1960; 김상숙, 앞의 글, 2011b, 100쪽.

8   진실화해위원회, 앞의 글, 2009e, 809~810쪽.

9   김득중, 앞의 글, 2001, 327쪽.

10   관련 기사는 다음과 같다. "퇴학생에 대한 훈련소 설치 계획"(『대구시보』, 1949. 2. 8). "경상북도, 군관연석회의에서 귀순한 좌익학생을 위한 학생교화원 설치 결정"(『영남일보』, 1949. 5. 26). "학교 재학 중의 청소년 중 불온사상을 가지고 있는 자를 적극 선도하기 위하여 경북도 학무당국에서는 학도훈련소 발족에 맹활동 중이던 바 훈련소 장소로 결정된 칠성동 어망공장 내부 공사가 거의 완성되어감으로써 오는 7월 1일경에 개소식을 거행하고 훈련 사무를 시작키로 되었다 한다"(『영남일보』, 1949. 6. 24).

11   경찰 노○○ 구술, 2010. 11. 10.

12   『남선경제신문』, 1949. 11. 3, 1949. 11. 7.

13   『영남일보』, 1949. 11. 6.

14   『매일신문』, 2006. 8. 21.

15   『영남일보』, 1949. 12. 7.

16   신문기사 원문에 양재업, 이발사, 미장원, 간판업, 자전거업, 제재업, 토목, 전력업, 정미업, 광업, 대서소 항목으로 적혀 있는 인원은 '기타 광공업, 자영업'으로 묶어서 집계했다.

17   강만길·성대경 편, 『한국사회주의운동인명사전』, 창작과비평사, 1996.

18   유한종 증언(김광식, 앞의 글, 1989, 327쪽).

19   『영남일보』, 1950. 3. 12.

20   이일재, 앞의 글, 1990, 385쪽; 『매일신문』, 2006. 9. 11.

21   황보○ 구술, 2011. 11. 21.

22   진실화해위원회, 「군위·경주·대구 지역 국민보도연맹 사건」, 『2009년 하반기 조사보고서』 4권, 2009b, 616~617쪽.

23   김상숙, 앞의 글, 2011b, 15쪽.

24   『영남일보』, 1950. 2. 7; 『동아일보』, 1950. 2. 27.

25   진실화해위원회, 앞의 글, 2009d, 30쪽, 78쪽.

26 제25사단 본부, G-2 보고서, 1950. 7. 16, NARA, RG338, Box3617: 1950년 7월 16일, 정보원을 인터뷰하여 얻은 정보. 문서의 원문은 다음과 같다.

"On 16 July 1950, Informant U-1 was interviewed and the following information was obtained: In 1946 an uprising was conducted by the Yonchon Communists in an attempt to seize the Yonchon Police Headquarters and the local government. Although the Communists were initially successful in their uprising, they were defeated and ousted after assistance was obtained from other areas. Immediately after the unsuccessful attempt to seize the town of Yonchon, many known Communist Party members and sympathizers either fled or openly withdrew from the Communist Party. Informant believes that many of the seceders are still imbued in Communist ideology and are conducting their activity in secrecy. Shortly afterward the alleged seceders from the Korean Communist Party organized the PODO LEAGUE(PODO RYONMENG) and openly claim that the league is non-communist in ideology. However, Informant believes that this league is a Communist front organization and is a subversive element. Informant is presently investigating the leaders, membership and the activities of the PODO LEAGUE in Yonchon."

27 진실화해위원회, 앞의 글, 2009d, 72~74쪽.

28 신고서에 기록된 피살 일자는 같은 사건이라도 양력으로 신고한 경우와 음력으로 신고한 경우, 연행일 기준으로 신고한 경우와 실제 사망일 기준으로 신고한 경우가 각각 다르다. 피살 장소도 현지에서 여러 가지 지명으로 불릴 때, 각각 다른 지명으로 신고한 경우가 있다. 피살자들이 같은 마을 거주자이면서, 피살 경위가 같고, 피살 일자가 같거나 유사하며, 신고서에 기록된 지명이 조금씩 다르더라도 현지 탐문에 의해 같은 장소로 판단되는 곳에서 살해되었다고 기록한 경우 집단학살된 것으로 판단된다.

29 월성군 안강읍 권택주 등 12명 신고서(제4대 국회, 『6-5 월성군 보고서』, 1960).

30 월성군 안강읍 이도연 등 3명 신고서(제4대 국회, 『6-5 월성군 보고서』, 1960).

31 월성군 안강읍 최원택 등 3명 신고서(제4대 국회, 『6-5 월성군 보고서』, 1960).

32 월성군 안강읍 정인조 등 3명 신고서(제4대 국회, 『6-5 월성군 보고서』, 1960).

33 월성군 안강읍 황명준 등 신고서(제4대 국회, 『6-13 월성·청도·성주·안동·금릉군 보고서』, 1960).

34 안강 주민 이조우 등 6명의 구술(진실화해위원회, 앞의 글, 2010a, 127~128쪽).

35 경주군 내동면 황룡리 이봉식 등 일가족 5명 신고서와 경주시 황룡동 박분선 등 2명

신고서(제4대 국회, 『6-23 대구·경주·김천시 보고서』, 1960).

36   월성군 내남면 최순근 등 6명 신고서(제4대 국회, 『6-23 대구·경주·김천시 보고 서』, 1960).

37   월성군 내남면 최현준 등 일가 22명 신고서(제4대 국회, 『6-5 월성군 보고서』, 1960).

38   월성군 내남면 김지수 등 일가 22명 신고서(제4대 국회, 『6-5 월성군 보고서』, 1960); 진실화해위원회, 「경주 지역 민간인 희생 사건」, 『2010년 상반기 조사보고 서』 6권, 2010d, 41~45쪽.

39   경산군 용성면 김태권 등 신고서(제4대 국회, 『6-18 경산군 보고서』, 1960); 진실화 해위원회, 앞의 글, 2009c, 110~112쪽.

40   진실화해위원회, 앞의 글, 2008a, 738~748쪽.

41   청도군 이서면 이장호 등 6명 신고서(제4대 국회, 『6-7 청도군 보고서』, 1960); 청도 군 매전면 이일수 등 5명 신고서(제4대 국회, 『6-13 월성·청도·성주·안동·금릉군 보고서』, 1960).

42   청도군 오진면 김달곤 등 22명 신고서(제4대 국회, 『6-7 청도군 보고서』, 1960).

43   영일군 죽장면 김영석 등 6명 신고서(제4대 국회, 『6-17 영일군 보고서』, 1960).

44   영일군 동해면 김필익 등 5명 신고서(제4대 국회, 『6-17 영일군 보고서』, 1960).

45   영일군 지행면 이갑출 등 4명 신고서(제4대 국회, 『6-17 영일군 보고서』, 1960).

46   영일군 지행면 김승용 등 일가족 4명 신고서(제4대 국회, 『6-17 영일군 보고서』, 1960).

47   영일군 죽장면 김대안 등 5명 신고서(제4대 국회, 『6-17 영일군 보고서』, 1960).

48   영일군 죽장면 황위조 등 5명 신고서(제4대 국회, 『6-17 영일군 보고서』, 1960).

49   『영남일보』, 1961. 5. 7.

50   칠곡 지천면 주민 이수진 등 6명의 구술(진실화해위원회, 앞의 글, 2010a, 126쪽). 제4대 국회 보고서에는 이수영 등 5명의 신고서가 있으나 피살 일자와 피살 장소가 각각 다르게 기록되어 있다(제4대 국회, 『6-6 칠곡군 보고서』, 1960).

51   진실화해위원회, 「영덕 지품면 민간인 희생 사건」, 『2008년 하반기 조사보고서』 2권, 2008b, 339~404쪽.

52   영덕군 지품면 김수호 등 15명 신고서(제4대 국회, 『6-21 영덕군 보고서』, 1960).

53   영덕군 지품면 신분돌 등 20명 신고서(제4대 국회, 『6-21 영덕군 보고서』, 1960).

54   영덕군 지품면 장대석 등 6명 신고서(제4대 국회, 『6-21 영덕군 보고서』, 1960).

55   영양군 석보면 신현학 등 3명 신고서(제4대 국회, 『6-11 영주·영양군 보고서』, 1960).

56   영덕군 영해면 최천호 등 17명 신고서(제4대 국회, 『6-20, 6-21 영덕군 보고서』,

1960).

57 『대구일보』, 1960. 5. 21.

58 영덕군 창수면 이병학 등 14명 신고서(제4대 국회, 『6-20 영덕군 보고서』, 1960).

59 『대구일보』, 1960. 5. 21.

60 영양군 석보면 김이기 등 12명 신고서(제4대 국회, 『6-11 영주·영양군 보고서』, 1960).

61 영양군 입암면 신기환 등 7명 신고서(제4대 국회, 『6-11 영주·영양군 보고서』, 1960).

62 영양군 입암면 권노흠 등 7명 신고서(제4대 국회, 『6-11 영주·영양군 보고서』, 1960).

63 영양군 일월면 지덕생 등 9명 신고서(제4대 국회, 『6-11 영주·영양군 보고서』, 1960).

64 진실화해위원회, 「경북 봉화·영양·청송 민간인 희생 사건」, 『2010년 상반기 조사보고서』 5권, 2010c, 46~47쪽.

65 영양군 일월면 장지수 등 8명 신고서(제4대 국회, 『6-11 영주·영양군 보고서』, 1960).

66 안동군 예안면 이분행 등 10명 신고서(제4대 국회, 『6-19 안동군 보고서』, 1960).

67 안동군 길안면 김태진 등 7명 신고서(제4대 국회, 『6-19 안동군 보고서』, 1960).

68 안동군 풍산면 황길영 등 13명 신고서(제4대 국회, 『6-19 안동군 보고서』, 1960).

69 안동군 도산면 이창섭 등 3명 신고서(제4대 국회, 『6-19 안동군 보고서』, 1960).

70 영주군 단산면 신원조 등 6명 신고서(제4대 국회, 『6-11 영주·영양군 보고서』, 1960).

71 예천군 용궁면 안의식 등 4명 신고서(제4대 국회, 『6-10 예천군 보고서』, 1960).

72 진실화해위원회, 「군위·안동·영주·의성 민간인 희생 사건」, 『2010년 상반기 조사보고서』 6권, 2010e, 697~698쪽; 진실화해위원회, 「예천·문경 민간인 희생 사건」, 『2010년 상반기 조사보고서』 8권, 2010g, 103~104쪽.

73 의성군 안계면 장정훈 등 5명 신고서(제4대 국회, 『6-14 창녕·의성·금릉군 보고서』, 1960).

74 경상북도의회, 『경상북도 양민학살진상규명특별위원회 활동결과보고서』, 2000, 426쪽.

75 경상북도의회, 앞의 책, 2000, 56쪽; 진실화해위원회, 「문경 석달 사건」, 『2007년 상반기 조사보고서』, 2007, 361~465쪽; 진실화해위원회, 앞의 글, 2010g, 121~124쪽.

76 김동춘, 『전쟁과 사회』, 돌베개, 2000, 293~321쪽.

77   이복녕 증언(정희상, 『이대로는 눈감을 수 없소』, 돌베개, 1990).

78   진실화해위원회, 앞의 글, 2009e, 781~784쪽.

79   진실화해위원회, 앞의 글, 2007; 진실화해위원회, 앞의 글, 2008b.

80   학계에서는 전갑생과 이강수가 제4대 국회 보고서와 관련된 연구를 했다. 전갑생은
      제4대 국회 특위의 구성과 활동 경과, 『최종 보고서』의 '양민학살사건 증언청취 속기
      록'에 실린 경남 지역 민간인 학살 실태를 소개하고 국회 진상조사의 한계와 자료 활
      용 방안을 다루었다.
      이강수는 제4대 국회의 진상조사위원회 조직 과정과 함께 『최종 보고서』와 『시·
      군별 보고서』 내용 중 일부를 분석했다(전갑생, 「1960년 국회 '양민학살 사건조사
      특별위원회' 자료—경남을 중심으로」, 『제노사이드 연구』 창간호, 2007; 이강수,
      「1960년 '양민학살 사건진상조사위원회'의 조직과 활동: "조사보고서" 분석을 중심
      으로」, 『한국근현대사연구』 45호, 2008 참조).

81   이강수, 앞의 글, 2008, 186~191쪽.

82   진실화해위원회, 앞의 글, 2009d, 105~108쪽; 진실화해위원회, 앞의 글, 2009e,
      835~837쪽; 진실화해위원회, 앞의 글, 2010a, 104~110쪽.

83   2008년 피해자 현황조사 용역사업단, 앞의 책, 2009b, 279쪽.

84   진실화해위원회, 앞의 글, 2009d, 78쪽.

85   정희상, 앞의 책, 1990.

86   진실화해위원회, 앞의 글, 2010a, 101~114쪽.

87   보병제3사단, 앞의 책, 1980, 93쪽.

에필로그. 10월 항쟁의 유산 그리고 남겨진 이야기

1   심지연, 앞의 책, 1991, 2쪽; 정해구, 앞의 책, 1988, 203쪽.

2   정해구, 앞의 책, 1988, 163쪽.

3   진실화해위원회, 앞의 글, 2009d, 54~56쪽, 79~80쪽, 140~141쪽.

4   진실화해위원회, 앞의 글, 2009e, 838~857쪽 진술요지 참조.

5   보건사회부, 『보건사회통계연보』, 1962. 이임하, 『전쟁미망인, 한국현대사의 침묵을
     깨다: 구술로 풀어 쓴 한국전쟁과 전후 사회』, 책과함께, 2010에서 재인용. 이 통계
     는 한국전쟁에서 전사한 군경의 미망인과 한국전쟁 전후 군경에게 학살당한 민간인
     희생자의 미망인을 포함한 것이다.

6   진실화해위원회, 앞의 글, 2009e, 838~857쪽 진술요지 참조.

7   진실화해위원회, 앞의 글, 2009d, 109~131쪽 진술요지 참조.

8   진실화해위원회, 앞의 글, 2009e, 838~857쪽 진술요지 참조.

9   이령경, 『한국전쟁 전후 좌익 관련 여성 유족의 경험 연구: 여성주의 평화 개념에
        서』, 성공회대학교 석사학위논문, 2003.

10   진실화해위원회, 『진실화해위원회 종합보고서 Ⅰ』, 2010h, 70쪽.

미주

참고문헌

1차 자료

구술 자료

강창덕(1927년 출생, 대구상업학교 학생), 2013. 9. 28, 대구시 중구 민주화운동원로회
    사무실.

김○재(1921년 출생, 면 서기 1948~1952), 2013. 8. 1, 경북 영천시 대창면 식당.

김○희(1927년 출생, 청도 국민보도연맹 사건 유족), 2015. 8. 27, 대구시 동구 10월항
    쟁유족회 사무실.

김○우(1929년 출생, 영천 주민), 2011. 2. 19, 경북 영천시 화북면 자천리 마을회관.

김○한(1923년 출생, 영천 주민, 1949년 8월 입산, 1950년 3월 체포), 2011. 11. 20, 경
    북 영천시 청통면 자택.

나정태(1947년 출생, 10월 항쟁 유족), 2015. 8. 12, 대구시 동구 10월항쟁유족회 사무실.

노○○(1916년 출생, 대한청년단 감찰부장, 1950년 이후 경찰 근무), 2010. 11. 10, 대
    구시 중구 소재 다방.

박○길(1924년 출생, 영천 주민, 1948년 이후 경찰 재직), 2011. 11. 18, 경북 영천시
    화남면 자택.

박○준(1927년 출생, 1948년 청년단원, 1949년 이후 경찰 재직), 2011. 11. 19, 경북
    영천시 대창면 자택.

배일천(1927년 출생, 대륜중학교 학생), 2013. 7. 20, 경북 칠곡군 지천면 마을회관.

서상일(1927년 출생, 달성 중석광산 직원), 2015. 7. 4, 대구 달성군 가창면 자택.

신○춘(1927년 출생, 1947~1948년 민애청 구성원), 2010. 11. 9, 대구시 남구 자택.

유병화(1929년 출생, 대구철도노조 조직부장), 2013. 9. 5, 대구시 중구 자택.

윤○희(1933년 출생, 영덕 ○○중학교 학생), 2012. 11. 7, 서울시 서대문구 자택.

이수천(1932년 출생, 1946년 10월 항쟁 목격자), 2013. 7. 19, 경북 칠곡군 석적면 광산 이씨 종택.

이일재(1923년 출생, 화학노조 대구지부 서기 등), 2008. 1. 4.

이○규(1928년 출생, 1946~1947년 서북청년단원), 2011. 11. 13, 경기도 용인시 자택.

이종만(1926년 출생, 1948~1949년 청년단과 민보단에 동원), 2013. 9. 5, 영천시 화북면 자택.

임복식(1947년 출생, 대구 국민보도연맹 사건 유족), 2015. 7. 30, 대구시 동구 10월항쟁유족회 사무실.

전○희(1927년 출생, 1949년 달성 중석광산 학살 사건 생존자), 2015. 7. 30, 대구시 동구 10월항쟁유족회 사무실·달성군 가창면.

정정웅(1941년 출생, 경상북도 인민위원회 노동부장 정시명의 아들), 2016. 7. 4, 대구시 동구 카페.

정○식(1925년 출생, 영천 화산면 주민), 2013. 7. 31, 경북 영천시 화산면 마을회관.

조○석(1926년 출생, 1948년 2·7총파업 투쟁 참가 후 제6연대 입대), 2011. 11. 20, 경북 영천시 고경면 자택.

채영희(1945년 출생, 10월 항쟁 유족), 2015. 8. 12, 대구시 동구 10월항쟁유족회 사무실.

최○동(1924년 출생, 1947~1949년 산간마을 주민으로 빨치산 활동에 동원), 2013. 8. 1, 경북 영천시 화남면 자택.

최○규(1934년 출생, 영천 고경면 주민), 2013. 7. 31, 경북 영천시 고경면 자택.

한○영(1929년 출생, 서울 ○○중학교 학생), 2015. 10. 31, 대구시 수성구 자택.

함태원(1927년 출생, 1946년 10월 항쟁 참가자), 2013. 9. 5, 경북 영천시 화북면 자택.

황보○(1934년 출생, 국민보도연맹 사건 유족), 2011. 11. 21, 경북 영천시 화남면 자택.

기관 발간 자료, 보고서, 통계

경북대학교 인문과학연구소 대형과제연구단, 『근현대 대구 지역 좌파세력의 조직과 활동 Ⅱ』, 영한, 2006.

경북지방경찰청, 『경북경찰발전사』, 2001.

경상북도의회, 『경상북도양민학살진상규명특별위원회 활동결과보고서』, 2000.

경찰청과거사위원회, 『46년 대구 10·1사건 중간조사결과』, 2006.

국방부전사편찬위원회, 『한국전쟁사』 제1권, 1968.

_____, 『대비정규전사』, 1988.

내무부 치안국, 『대한경찰전사 제1집: 민족의 선봉』, 1952.

대구시사편찬위원회, 『대구시사』 2권(정치·행정), 1995a.

대구시사편찬위원회, 『대구시사』 3권(산업·경제), 1995b.

대구시사편찬위원회, 『대구시사』 5권(문화), 1995c.

민주화운동기념사업회, 『민주화운동 관련 인사 구술사료』, 2003.

보건사회부, 『보건사회통계연보』, 1962.

보병제3사단, 『백골사단역사』, 1980.

영남일보사, 『경북총감』, 1947.

영천경찰서, 『대공인적위해자조사표』, 영천경찰서, 1979.

_____, 『신원기록편람』, 영천경찰서, 1981.

2008년 피해자 현황조사 용역사업단, 『한국전쟁 전후 민간인 집단희생 관련 2008년 피해자 현황조사 용역사업 구술증언보고서』, 2009a.

_____, 『한국전쟁 전후 민간인 집단희생 관련 2008년 피해자 현황조사 용역사업 최종결과보고서─경북 영천시』, 2009b.

제4대 국회, 『양민학살사건 진상조사보고서: 최종 보고서』, 1960.

_____, 『양민학살사건 진상조사보고서 6-5 월성군』, 1960.

_____, 『양민학살사건 진상조사보고서 6-6 칠곡군』, 1960.

_____, 『양민학살사건 진상조사보고서 6-7 청도군』, 1960.

_____, 『양민학살사건 진상조사보고서 6-10 예천군』, 1960.

_____, 『양민학살사건 진상조사보고서 6-11 영주·영양군』, 1960.

_____, 『양민학살사건 진상조사보고서 6-12 영천군』, 1960.

_____, 『양민학살사건 진상조사보고서 6-13 월성·청도·성주·안동·금릉군』, 1960.

_____, 『양민학살사건 진상조사보고서 6-14 창녕·의성·금릉군』, 1960.

_____, 『양민학살사건 진상조사보고서 6-16 달성군』, 1960.

_____, 『양민학살사건 진상조사보고서 6-17 영일군』, 1960.

_____, 『양민학살사건 진상조사보고서 6-18 경산군』, 1960.

_____, 『양민학살사건 진상조사보고서 6-19 안동군』, 1960.

_____, 『양민학살사건 진상조사보고서 6-20 영덕군』, 1960.

_____, 『양민학살사건 진상조사보고서 6-21 영덕군』, 1960.

_____, 『양민학살사건 진상조사보고서 6-22 대구시』, 1960.

_____, 『양민학살사건 진상조사보고서 6-23 대구·경주·김천시』, 1960.

조선은행 조사부, 『경제연감』, 조선은행, 1949.

중앙선거관리위원회, 『대한민국선거사』 1권, 1973.

중앙통신사, 『조선중앙연감』, 1949.

진실·화해를위한과거사정리위원회(진실화해위원회), 「문경 석달 사건」, 『2007년 상반기 조사보고서』, 2007.

_____, 「청도 민간인 희생 사건」, 『2008년 상반기 조사보고서』 2권, 2008a.

_____, 「영덕 지품면 민간인 희생 사건」, 『2008년 하반기 조사보고서』 2권, 2008b.

_____, 「영천 청통면 이영쇠 사망 사건」, 『2008년 하반기 조사보고서』 2권, 2008c.

_____, 「경주 감포읍 정호식, 정의선 희생 사건」, 『2009년 상반기 조사보고서』 4권, 2009a.

_____, 「군위·경주·대구 지역 국민보도연맹 사건」, 『2009년 하반기 조사보고서』 4권, 2009b.

_____, 「한국전쟁 이전 경산 민간인(김종학 외 9명) 희생 사건」, 『2009년 상반기 조사보고서』 4권, 2009c.

_____, 「경북 영천 국민보도연맹 사건」, 『2009년 하반기 조사보고서』 5권, 2009d.

_____, 「영천 민간인 희생 사건」, 『2009년 하반기 조사보고서』 7권, 2009e.

_____, 「대구 10월 사건 관련 민간인 희생 사건」, 『2010년 상반기 조사보고서』 4권, 2010a.

_____, 「경북 고령·성주·칠곡군 국민보도연맹 사건」, 『2010년 상반기 조사보고서』 4권, 2010b.

_____, 「경북 봉화·영양·청송 민간인 희생 사건」, 『2010년 상반기 조사보고서』 5권, 2010c.

_____, 「경주 지역 민간인 희생 사건」, 『2010년 상반기 조사보고서』 6권, 2010d.

_____, 「군위·안동·영주·의성 민간인 희생 사건」, 『2010년 상반기 조사보고서』 6권, 2010e.

_____, 「대구·고령·성주·영천 민간인 희생 사건」, 『2010년 상반기 조사보고서』 7권, 2010f.

_____, 「예천·문경 민간인 희생 사건」, 『2010년 상반기 조사보고서』 8권, 2010g.

_____, 『진실·화해를위한과거사정리위원회 종합보고서 I』, 2010h.

증언록, 구술녹취록, 인터뷰, 신문기사 등

김광식, 「유한종 인터뷰: 한국현대사의 증언―혁신계 변혁·통일운동의 맥」, 『역사비평』 7호, 1989.

김용락, 「이종하 박사 대담: 민중은 평생을 땀 흘려 노동하는 사람(2003. 1. 22)」, 『대구사회비평』 7호, 2003.

박경호, 「10·1폭동사건과 나―45년이 지난 그때를 회상하며(1991년 10월 기록)」, 『목우 박경호 총재 유고집』, 국제로타리 3630지구 포항로타리클럽, 2005.

박헌영, 「10월인민항쟁」, 1946a(심지연, 『대구10월항쟁연구』, 한길사, 1991).

_____, 「투쟁일지: 인민항쟁의 피어린 기록」, 1946b(심지연, 『대구10월항쟁연구』, 한길사, 1991).

이원식, 『조국이 부르는 벽 밑에서』, 미출간 옥중수기, 1964.

이일재, 「해방 직후 대구지방의 조공·전평활동과 '야산대'」, 『역사비평』 11호, 1990.

_____, 『민주화운동 관련 인사 구술사료: 이일재 구술(2003. 7. 5)』, 민주화운동기념사업회, 2003.

이종하, 『민주화운동 관련 인사 구술사료: 이종하 구술(2003. 7. 4)』, 민주화운동기념사업회, 2003.

한국반공연맹 경상북도지부, 『내 고장의 대공투쟁사』, 1987.

허영구, 「혁명의 전사, 영원한 노동자 이수갑 의장을 추모하며」, 『월간좌파』 10호, 2014.

신문기사(『경향신문』, 『국제신문』, 『남선경제신문』, 『대구시보』, 『대구일보』, 『독립신보』, 『동광신문』, 『동아일보』, 『매일신문』, 『민국일보』, 『민성일보』, 『서울신문』, 『수산경제신문』, 『여성신문』, 『영남일보』, 『오마이뉴스』, 『자유신문』, 『전국노동자신문』, 『조선일보』, 『조선인민보』, 『조선중앙일보』, 『해방일보』 등)

인터넷 홈페이지

대한민국 국회 홈페이지: http://www.assembly.go.kr(2016. 8. 24 접속).

10월항쟁유족회 홈페이지: http://cafe.daum.net/daegu-10·1(2016. 3. 20 접속).

진실화해위원회 홈페이지: http://www.jinsil.go.kr(2016. 3. 20 접속).

한국사 고서

강위姜瑋, 「의삼정구폐책」擬三政捄弊策, 『고환당수초』古歡堂收草 권4.

『경상도읍지』, 신녕 편, 1833.

『고종실록』, 고종 31년(1894) 10월 13일 기사.

「영천향회중하첩」永川鄕會中下帖, 『첩이』牒移, 1837.

미군 문서

Albert E. Brown, Report of Investigation of Disorders Occurring at Taegu Conducted by Major General Albert E. Brown October 4th. 1946, 1946. 10. 5.

미군사고문단, G-2 Periodic Report, #1013(『미군사고문단 정보일지』, 한림대학교 아시아문화연구소 편, 한림대학교 아시아문화연구소, 1989).

미24군단 사령부 감찰참모실, Report of Investigation regarding Disturbances at Taegu, Korea, 1946. 11. 22.

미24군단 사령부 헌병참모실, Report of Taegu Situation, 1946. 10. 26.

재조선 미군정청 보건후생부 생정국, 『남조선(38도 이남) 지역급 성별 현재 인구(1946. 9)』Population of South Korea, by geographical divisions and sex, September, 1946.

제25사단 본부, G-2 보고서, 1950. 7. 16, NARA, RG338, Box 3617.

제63군정단 본부, Weekly Military Occupational Activities Report, 1946. 3. 30.

제6사단 본부, G-2 Periodic Report, No. 243, 1946. 6. 18.

제6사단 본부, G-2 Summary of Kyongsang, Kyongsang Communist Uprising of October 1946, 1946. 12. 1.

제99군정단 본부, 부대일지, 1946. 10. 1~1946. 10. 5.

주한미군방첩대, Communist Schools and Educational Program, 1946. 7. 3.

주한미군방첩대, Report of Angang Area Disturbances, 1946. 11. 14.

주한미군방첩대, Taegu Riots—chart of organization, 1946. 12. 26.

주한미군사령부 24군단, G2, Historical Section, History of Police Department (Drafts+Notes), 주한미군정 경찰부, 경찰부 조직도, 1948. 2. 10, NARA, RG554 (구RG332), Box 25.

주한미군사령부, G-2 Periodic Report, No. 166, 1946. 3. 4.

주한미군사령부, G-2 Periodic Report, No. 333, 1946. 9. 19.

주한미군사령부, G-2 Periodic Report, No. 831, 1948. 5. 11.

주한미군사령부, G-2 Periodic Report, No. 832, 1948. 5. 12.

주한미군사령부, G-2 Periodic Report, No. 839, 1948. 5. 20.

주한미군사령부, G-2 Weekly Summary, No. 33, 1946. 5. 1.

주한미군사령부, The Quasi-Revolt of October 1946, 1948(『주한미군사』, 돌베개 간행 영인본, 1988).

경남대학교 극동문제연구소, 『지방미군정 자료집 II』, 경인문화사, 1993.

국사편찬위원회, 『미군정기 군정단·군정중대 문서』 5권, 2001.

한림대학교 아시아문화연구소, 『미군정 정보자료집: 시민소요·여론조사보고서 (1945. 9~1948. 6)』, 한림대학교 출판부, 1995a.

한림대학교 아시아문화연구소, 『CIC(방첩대) 보고서』, 한림대학교 출판부, 1995b.

한림대학교 아시아문화연구소, 『미군정기 정보자료집: 질레트 보고서, 전범대 재판기록』, 한림대학교 출판부, 1996.

한림대학교 아시아문화연구소, 『미국극동사령부 G-2 일일정보 요약』 8·9·10권, 1999.

연구 자료

논저

강만길·성대경 편, 『한국사회주의운동인명사전』, 창작과비평사, 1996.

김남식·심지연, 『박헌영 노선 비판』, 세계, 1986.

김도형 외, 『근대 대구·경북 49인』, 혜안, 1999.

김동춘, 『전쟁과 사회』, 돌베개, 2000.

김득중 외, 『죽엄으로써 나라를 지키자: 1950년대 반공 동원 감시의 시대』, 선인, 2007.

김진화, 『일제하의 대구의 언론 연구』, 화다출판사, 1979.

김학민·이창훈, 『박정희 장군, 나를 꼭 죽여야겠소: 한국 현대사의 미스터리 황태성사건의 전모』, 푸른역사, 2015.

김행선, 『해방정국 청년운동사』, 선인, 2004.

김현식·정선태, 『삐라로 듣는 해방 직후의 목소리』, 현대, 2011.

노용석, 『민간인 학살을 통해 본 지역민의 국가인식과 국가권력의 형성』, 영남대학교 박사학위논문, 2005.

대구·경북역사연구회, 『역사 속의 대구, 대구 사람들』, 중심, 2001.

망원한국사연구실, 『1862년 농민 항쟁』, 동녘, 1988.

박찬승, 『마을로 간 한국전쟁』, 돌베개, 2010.

박찬표, 『한국의 국가형성과 민주주의』, 후마니타스, 2007.

박창원, 『해방기(1945~1948) 대구·경북 진보적 민족주의 세력의 영화·연극운동 연구』, 계명대학교 박사학위논문, 2012.

서중석, 『한국현대민족운동연구』, 역사비평사, 1991.

신복룡, 『한국분단사연구: 1943~1953』, 한울, 2011.

심지연, 『대구10월항쟁연구』, 청계연구소, 1991.

이령경, 『한국전쟁 전후 좌익 관련 여성 유족의 경험 연구: 여성주의 평화 개념에서』, 성공회대학교 석사학위논문, 2003.

이일재, 『노동자 평의회와 공산주의 길』, 빛나는 전망, 2009.

이임하, 『전쟁미망인, 한국현대사의 침묵을 깨다: 구술로 풀어 쓴 한국전쟁과 전후 사회』, 책과함께, 2010.

이재오, 『해방 후 한국학생운동사』, 형성사, 1984.

정영진, 『폭풍의 10월』, 한길사, 1990.

정해구, 『10월인민항쟁연구』, 열음사, 1988.

정희상, 『이대로는 눈감을 수 없소』, 돌베개, 1990.

최태육, 『남북 분단과 6·25전쟁 시기(1945~1953) 민간인 집단희생과 한국기독교의 관계 연구」, 목원대학교 박사학위논문, 2015.

커밍스, 브루스, 김자동 옮김, 『한국전쟁의 기원』, 일월서각, 1986(Cumings, Bruce,
    *The Origins of the Korean War: Liberation and the Emergence of Separate
    Regimes, 1945~1947*, New Jersey: Princeton Univ. Press, 1981).

한국노동조합총연맹, 『한국노동조합운동사』, 1979.

논문

고석규, 「18·19세기 농민 항쟁의 추이」, 『1894년 농민전쟁연구 2』, 역사비평사, 1992.

김남식, 「1948~50년 남한 내 빨치산 활동의 양상과 성격」, 『해방전후사의 인식 4』, 한
    길사, 1989.

김득중, 「남조선노동당의 조직 활동과 대중운동」, 『진보평론』 2001년 6월호, 2001.

김상숙, 「과거사 청산과 지역 시민정치: 1946년 10월 항쟁의 전개 과정과 진상규명의
    과제」, 민주연구단체협의모임 2010 여름학술대회.

_____, 「농민 항쟁의 측면에서 본 1946년 10월 사건: 경북 영천의 사례 연구」, 『기억과
    전망』 25호, 2011a.

_____, 「한국전쟁 전 대구·경북 지역 민간인 학살 사건의 실태와 특징」, 『대구사학』
    102집, 2011b.

_____, 「1946년 10월 항쟁의 지역적 전개양상」, 『통일문제연구』 30집, 2011c.

_____, 「한국전쟁 후 홀로 된 여성들의 오늘」, 『여성신문』, 2011. 6. 17, 2011d.

_____, 「손가락 까딱하면 타당… 박정희 대통령 형마저도」, 『오마이뉴스』, 2011. 8. 9,
    2011e.

_____, 「1948~1949년 지역 내전과 마을 청년들의 경험: 경북 영천의 사례를 중심으
    로」, 『경제와 사회』 101호, 2014.

_____, 「아홉 살 난 정립분은 왜?」, 『역사와 책임』 8호, 2015.

_____, 「1946년 10월 항쟁과 대구 지역의 진보적 사회운동」, 『민주주의와 인권』 16권
    2호, 2016a.

_____, 「1947~1949년 대구 지역의 진보적 사회운동과 민간인 학살」, 『기억과 전망』
    34호, 2016b.

_____, 「10월항쟁유족회와 과거청산운동」, 『NGO연구』 11권 1호, 2016c.

김일수, 「모스크바 삼상회의 결정에 대한 대구 지역 정치세력의 대응」, 『사림』 16호, 2001.

_____, 「지역의 목소리: 대구와 10월 항쟁—"10·1사건"을 보는 눈, 폭동에서 항쟁으로」, 『기억과 전망』 8호, 2004.

김종준, 「한국전쟁기 서부 경남 지역 빨치산의 조직과 활동: 1950년 10월~1951년 6월을 중심으로」, 『제노사이드 연구』 2호, 2007.

김진웅, 「미군정기 국내정치에 있어서 경찰의 역할」, 『대구사학』 97집, 2009.

류상영, 「8·15 이후 좌·우익 청년단체의 조직과 활동」, 『해방전후사의 인식 4』, 한길사, 1989.

박명림, 「한국의 국가형성, 1945~48: 미시적 접근과 해석」, 『한국정치외교사학회』, 한국정치외교사논총, 1995.

백승철, 「개항 이후(1876~1893) 농민 항쟁의 전개와 지향」, 『1894년 농민전쟁연구 2』, 역사비평사, 1992.

안병욱, 「19세기 민중의식의 성장과 민중운동: '향회'와 '민란'을 중심으로」, 『역사비평』 1호, 1987.

안소영, 「해방 직후 경북 지역 인민위원회의 조직과 활동」, 『한국근현대 지역운동사 I (영남편)』, 여강, 1993.

안종철, 「전남 지역 인민위원회의 성격에 관하여」, 『역사비평』 12호, 1991.

안태정, 「조선노동조합전국평의회 결성대회 연구」, 『역사연구』 9호, 2001.

양진석, 「1862년 농민 항쟁의 배경과 주도층의 성격」, 『1894년 농민전쟁연구 2』, 역사비평사, 1992.

윤형숙, 「전쟁과 농촌사회의 구조 변화」, 『전쟁과 사람들: 아래로부터의 한국전쟁연구』, 한울, 2003.

이강수, 「1960년 '양민학살사건 진상조사위원회'의 조직과 활동: "조사보고서" 분석을 중심으로」, 『한국근현대사연구』 45, 2008.

이동진, 「한국전쟁과 제노사이드: 경북 영천군을 사례로」, 『사회과학 담론과 정책』 5권 1호, 2012.

이선아, 「여순사건 이후 빨치산 활동과 그 영향」, 『역사연구』 20호, 2011.

이영도, 「1945~1948년 대구 지역 우익세력의 정치조직 결성과 국가건설운동」, 『대구사학』 79집, 2005.

이완범, 「해방 직후 공산주의자들의 혁명단계론」, 『정신문화연구』 31권, 2008.

이윤갑, 「해방 후 경상도 성주 지역의 건국운동과 국민보도연맹」, 『한국학논집』 42권, 2011.

전갑생, 「1960년 국회 '양민학살사건 조사특별위원회' 자료—경남을 중심으로」, 『제노사이드 연구』 창간호, 2007.

_____, 「3인3색으로 본 6·25전쟁: 북 노획문서로 본 6·25전쟁」, 『민족21』 123호, 2011.

전현수, 「10·1사건 판결문 분석」, 10·1사건 60주년 기념 학술대회 발표문, 2006.

정근식, 「한국전쟁 경험과 공동체적 기억」, 『구림 연구—마을공동체의 구조와 변동』, 경인문화사, 2003.

정인우, 「학생운동의 감성적 동인에 대한 일고찰—미군정기 '국대안 반대 운동'을 중심으로」, 『감성연구』 9집, 2014.

정해구, 「해방 직후 대구지방 정치의 전개과정」, 『역사비평』 1호, 1987.

지수걸, 「한국전쟁과 군 단위 지방정치: 공주·영동·예산 지역 사례를 중심으로」, 『지역과 역사』 27권, 2010.

최혜월, 「미군정기 국대안 반대 운동의 성격」, 『역사비평』 창간호, 1988.

한상권, 「18세기 중·후반의 농민 항쟁」, 『1894년 농민전쟁연구 2』, 역사비평사, 1992.

허은, 「경상북도 지역 지방인민위원회의 역사적 배경과 활동」, 『역사연구』 3호, 1994.

허종, 「1945~1946년 대구 지역 좌파세력의 국가건설 운동과 '10월 인민항쟁'」, 『대구사학』 75집, 2004.

_____, 「미군정기 후반 대구 지역 좌파세력의 조직과 국가건설 운동」, 『대구사학』 79집, 2005.

찾아보기